Udo Bürger

Historische Kriminalfälle in Württemberg

Guillotine, Schwert und Schafott

Udo Bürger

HISTORISCHE KRIMINALFÄLLE IN WÜRTTEMBERG

Guillotine, Schwert und Schafott

ibidem
Verlag

Bibliografische Information der Deutschen Nationalbibliothek
Die Deutsche Nationalbibliothek verzeichnet diese Publikation in der Deutschen Nationalbibliografie; detaillierte bibliografische Daten sind im Internet über http://dnb.d-nb.de abrufbar.

Bibliographic information published by the Deutsche Nationalbibliothek
Die Deutsche Nationalbibliothek lists this publication in the Deutsche Nationalbibliografie; detailed bibliographic data are available in the Internet at http://dnb.d-nb.de.

ISBN-13: 978-3-8382-1505-1

Printed in the EU

Inhaltsverzeichnis

Vorwort

Im vorliegenden Buch werden Kriminalfälle aus Württemberg von 1808 bis 1932 dargestellt, die alle mit Hinrichtungen endeten. Den württembergischen Monarchen bzw. den späteren Behörden oblag in letzter Instanz das nicht selten beanspruchte Recht, zum Tode Verurteilte zu begnadigen, die dann meist mit einer lebenslänglichen Freiheitsstrafe davonkamen. Wenn eine Begnadigung nicht gewährt wurde, lag zum überwiegenden Teil ein besonders schweres Verbrechen zugrunde.

Sehr erfreulich ist, dass zu vielen dieser Kapitalverbrechen entsprechende Gerichtsakten in württembergischen Archiven, besonders im Staatsarchiv Ludwigsburg, vorhanden sind, die es ermöglicht haben, die Fälle möglichst realistisch und „hautnah" zu schildern. Zu mehreren dieser Fälle war bislang in der Literatur nichts zu lesen.

Neben den Originalakten dienten auch Artikel in der damaligen Presse als Quelle. Da die meisten Zeitungen sehr lokal ausgerichtet waren, hat es sich als zweckmäßig erwiesen, solche Zeitungen zu bearbeiten, die in der gleichen Stadt erschienen sind, in der auch die Prozesse bzw. Exekutionen stattfanden. Eine Zeitlang war es in Württemberg üblich, „Kurze aktenmäßige Beschreibungen" über die Verbrechen zu verfassen, die zu den Hinrichtungen geführt hatten. Sie wurden vor den Hinrichtungen öffentlich verlesen und als Flugblätter unter den Zuschauern verteilt bzw. an sie verkauft. Die meisten sind heute noch vorhanden und bildeten ebenfalls eine wichtige Quelle.

Das Buch bietet erstmalig eine vollständige Erfassung aller Hinrichtungen, die in Württemberg im Zeitraum von 1808 bis 1932 vorgekommen sind. Das waren – mit Ausnahme kriegsgerichtlicher Exekutionen – insgesamt 131. In Württemberg gab es die meisten Hinrichtungen in Tübingen (13), gefolgt von Rottweil und Ulm (jeweils zehn) sowie Ellwangen, Ravensburg und Stuttgart (jeweils neun). Die anderen erfolgten in Mergentheim, Öhringen, Stockach, Leonberg, Altdorf, Calw, Ludwigsburg, Esslingen am Neckar, Heilbronn, Göppingen, Urach, Böblingen, Münsingen, Aalen, Nagold, Gaildorf, Gerabronn, Welzheim, Schwäbisch Hall, Horb am Neckar, Weinsberg, Herrenberg, Blaubeuren, Reutlingen, Pfedelbach, Geislingen an der Steige, Schwäbisch Gmünd, Biberach an der Riß, Wangen im Allgäu, Künzelsau, Backnang, Tettnang und Canstatt. Das Buch ist nach den Städten geordnet, in denen die Hinrichtungen stattfanden.

Die Hinrichtung durch das Schwert, die sich oft als unsicher erwiesen hatte, wurde in Württemberg 1853 durch die Guillotine ersetzt. Gleichzeitig legte man fest, dass die Hinrichtungen künftig nicht mehr auf öffentlichen Richtplätzen, sondern unter weitgehendem Ausschluss der Öffentlichkeit innerhalb der Gefängnisse der jeweiligen Städte vorgenommen werden sollten.

Wie schon bei meinen Veröffentlichungen über Kriminalfälle und Hinrichtungen im Rheinland („Rheinische Unterwelt", Köln 2013; Nachweis von 127 Exekutionen 1815 bis 1918), in Westfalen („Westfälische Unterwelt", Münster 2014; Nachweis von 56 Hinrichtungen im gleichen Zeitraum), in Hessen („Die spektakulärsten Kriminalfälle in Hessen", Erfurt 2016; Nachweis von 96 Hinrichtungen im gleichen Zeitraum), in Baden („Die spektakulärsten Kriminalfälle in Baden", Erfurt 2018; Nachweis von 70 Hinrichtungen 1815 bis 1932), in Nieder- und Oberbayern sowie der Oberpfalz („Die spektakulärsten Kriminalfälle in Altbayern", Erfurt 2018; Nachweis von 132 Hinrichtungen 1815 bis 1918), Franken und Schwaben („Historische Kriminalfälle in Franken und Schwaben von 1815 bis 1936", Regenstauf 2018; Nachweis von 117 Hinrichtungen) und Berlin („Morde im preußischen Berlin 1815-1918", Berlin 2020; Nachweis von 59 Hinrichtungen) möchte ich mich auch bezüglich des vorliegenden Buches ganz herzlich bei Herrn Christian Schrepper aus Essen bedanken, der bereits seit vielen Jahren zum Thema Hinrichtungen forscht und mir sein umfangreiches Recherchematerial zu Württemberg zur Verfügung gestellt hat.

Durch die Schilderung der einzelnen Kriminalfälle und der Umstände, die dazu geführt haben, spiegeln sich in dem Buch die sozialen, gesellschaftlichen und wirtschaftlichen Hintergründe des früheren Königreichs Württemberg und der Zeit bis 1932 wider. Das Buch bestätigt, dass die Realität oft unglaublichere Geschichten hervorzubringen vermag, als es die Fantasie erahnen lässt.

Udo Bürger

I. Ellwangen

Erste Hinrichtungen in Ellwangen und der Übergang vom Schwert zur Guillotine

In Ellwangen wie auch in anderen württembergischen Städten spiegelt sich noch zu Beginn des Bearbeitungszeitraums die Vielschichtigkeit der Hinrichtungsmodalitäten früherer Zeiten wider. Eine Variante war, nach der Enthauptung mit dem Schwert den Körper des Hingerichteten auf ein Rad zu flechten. Auf diese Weise verfuhr man am 23. Februar 1808 in Ellwangen mit Georg Michael Knieser aus Unterscheffach (heute ein Weiler der Gemeinde Wolpertshausen im Landkreis Schwäbisch Hall). Er war am 8. Februar 1808 wegen Ermordung seiner Ehefrau zum Tode verurteilt worden.[1]

Wegen eines am 9. April 1806 an dem Amtsboten Johann Caspar Augustin aus Harburg (nördlich von Donauwörth) verübten Raubmordes wurde Johann Denteler aus Trochtelfingen (Bopfingen) im damaligen Oberamt Neresheim ursprünglich zum Tode durch das Rad verurteilt. Am 13. Oktober 1812 entschied aber das Königliche Kriminaltribunal, dass er „statt der erkannten Strafe des Rads, mit dem Schwerdte hingerichtet, sofort sein Körper auf das Rad geflochten, und sein Kopf auf einen Spieß gesteckt" werden sollte. Am 19. Oktober 1812 wurde das Todesurteil demgemäß in Ellwangen vollstreckt.[2]

In der vom Oberamtsgericht Ellwangen verhandelten Untersuchungssache gegen den ledigen Maurergesellen Lorenz Sing aus Forstweiler (Tannhausen) erkannte der Kriminalgerichtshof für den Jagstkreis, dass der Angeschuldigte wegen eines am 4. Juli 1819 an dem Zimmergesellen Andreas Spegel aus Tannhausen verübten vorsätzlichen Totschlags sowie weiterer kleinerer Vergehen mit dem Schwert vom Leben zum Tode zu bringen sei. Außerdem musste er mit seinem Vermögen, „so weit ein solches vorhanden", für seine Gefängnis-, Gerichts- und Hinrichtungskosten haften. Seine Enthauptung erfolgte am 3. Mai 1821 in Ellwangen, nachdem König Wilhelm I. das Todesurteil am 17. April jenes Jahres bestätigt hatte. Ihm und seinen Nachfolgern oblag in letzter Instanz eine Begnadigung eines/einer zum Tode Verteilten. Die Hinrichtung Sings war die letzte in Ellwangen mit dem Schwert.[3]

Wenn in der ersten Hälfte des 19. Jahrhunderts in Württemberg noch die Hinrichtungsmethoden mit dem Rad (Erschlagen eines auf dem Boden liegenden Verurteilten mit einem Wagenrad) und besonders dem Schwert üblich waren, änderte sich dies im Jahre 1853 grundlegend, als man zur Hinrichtungsmethode mit der Guillotine (Fallschwert) überging. Die Exekutionen mit dem Rad hatten sich als unzeitgemäß erwiesen und die mit dem Schwert als zu unsicher.

Am 13. August 1849 war in Württemberg die Todesstrafe aufgehoben, durch ein Gesetz vom 17. Juni 1853 aber wieder eingeführt worden.[4] In einer Verordnung des württembergischen Königs Wilhelm I. vom 1. Oktober 1853 zur Vollziehung des Gesetzes vom 17. Juni, betreffend die Wiedereinführung der Todesstrafe, heißt es: „§. 1. Die Vollziehung der Todesstrafe geschieht durch Enthauptung mittelst des Fallbeils. §. 2. Dieselbe ist am Orte des Schwurgerichtshofs, vor welchem die betreffende Anklagesache verhandelt worden ist, nach der Anordnung des betreffenden Staatsanwalts und unter gemeinschaftlicher Leitung des Bezirksrichters und Bezirkspolizeibeamten jenes Ortes von dem Nachrichter des Kreises vorzunehmen, zu welchem das Bezirksgericht gehört. Uebrigens kann das Justiz-Ministerium auch einen anderen oder einen weiteren Nachrichter berufen. Die Polizeiwache bei dem Acte der Hinrichtung liegt dem Landjägercorps ob.“[5]

Ein Beispiel einer gründlich missglückten Hinrichtung mit dem Schwert trug sich am 11. Mai 1854 in München zu, als der Scharfrichter sieben Schwerthiebe brauchte, um den Kopf eines Verurteilten vom Rumpf zu trennen. Dies war ein wesentlicher Anlass zur Einführung der Guillotine in Bayern am 4. August 1854. Man prüfte dort die ausgeliehene württembergische Guillotine, um daraus Schlüsse auf den Bau der bayerischen Guillotine zu ziehen, die 1854 in der Maschinenfabrik Mannhardt in München angefertigt wurde.[6]

Missglückte Hinrichtung am 11. Mai 1854 in München.

Eine weitere wesentliche Änderung ergab sich 1853 in Württemberg, indem man die öffentlichen Hinrichtungen abschaffte, da sie oft den Charakter eines massenhaft besuchten Volksfestes angenommen hatten und den erwünschten Abschreckungseffekt vermissen ließen. Die Richtplätze befanden sich in der Regel außerhalb der Städte und boten genügend Platz für die Volksmenge. Das Gesetz vom 17. Juni 1853 sah vor, dass die Hinrichtungen „nicht mehr im Freien vor Jedermanns Augen, sondern in einem geschlossenen Raume in Gegenwart einer beschränkten Zahl von Personen" vorgenommen werden sollten. Diese sogenannten Intramuranhinrichtungen fanden meist auf den Gefängnishöfen der jeweiligen Städte statt.[7]

Tod im Zuchthaus Gotteszell, 1861

Die erste Hinrichtung mit der Guillotine fand in Ellwangen am 30. Juli 1862 statt. Sie betraf die 25-jährige Barbara Schweizer aus Oberriffingen (Bopfingen, westlich von Nördlingen), Tochter des dortigen Nachtwächters Bernhard Schweizer, die am 2. Juli 1862 nach dreitägiger Verhandlung vom Schwurgericht Ellwangen zum Tode verurteilt worden war.

Sie hatte schon im zweiten Lebensjahr ihre Mutter verloren und wohnte dann in Ulm, wo ihr Vater arbeitete. Dort, so sagte sie vor dem Schwurgericht aus, sei sie „verlüderlicht worden, mit den Buben herumgezogen u.s.w." Im Alter von zwölf Jahren wurde sie in einem Waisenhaus untergebracht. Als sie nach zwei Jahren davonlief, entwickelte sich ihr Leben in „eine fortwährende Reise von arbeitsscheuer Landstreicherei" und mündete in einer Reihe von Haftstrafen.[8] Am 11. Juni 1860 machte sie in der Strafanstalt in Rottenburg mit einem Beil einen Mordversuch auf eine bejahrte Frau, worauf sie das Schwurgericht Tübingen am 15. September 1860 zu einer 14-jährigen Zuchthausstrafe verurteilte. Eine Verschärfung der Strafe durch 25 Rutenschläge wurde ihr erlassen.[9]

Bei ihrer Einlieferung am 22. September 1860 in die Strafanstalt Gotteszell in Schwäbisch Gmünd wies man sie der erfahrenen Aufseherin Wilhelmine Stiefbold zu, die das Arbeitszimmer Nr. 6 beaufsichtigte, in dem Zigarren hergestellt wurden. Da die Neuinhaftierte aber auf diesem Gebiet kein Geschick bewies, beschäftigte man sie mit Spinnarbeiten.

Während sie in der ersten Zeit seitens der Aufseherin, der Geistlichkeit und der Gefängnisverwaltung gute Beurteilungen erhielt, begannen diese im Mai 1861 schlechter zu werden, indem über ein „launenhaftes, öfters aufbrausendes Wesen der Schweizer gegen Mitgefangene, über Gleichgültigkeit und Unempfänglichkeit gegen ihr ertheilte Mahnungen" berichtet wurde. Im Juni 1861 schilderte die Aufseherin sie als „unerträgliche, widerspenstige, bösartige Person", die für ihre „Umgebung lebensgefährlich sey". Diese Beurteilung hatte eine zweiwöchige Isolierhaft zur Folge, während welcher Schweizer den Wunsch vorbrachte, danach in ein anderes Arbeitszimmer unter einer anderen Aufseherin versetzt zu werden, was die Verwaltung bei guter Führung auch nicht ausschloss. Vorerst aber führten ihr Verhalten und einige Ordnungswidrigkeiten zu weiteren Bestrafungen durch „einsame Einkerkerung", die noch durch „schmale Kost" geschärft werden konnte.

Als Barbara Schweizer Ende November 1861 aus einer weiteren Isolierhaft entlassen wurde, trug sie sich nach eigenen Angaben schon seit einigen Wochen mit dem Gedanken, die ihr verhasste Aufseherin zu töten. Einer Mitgefangenen sagte sie: „Du wirst sehen, der Jungfer [Stiefbold] thue ich noch einen Tuck" (Stoß, Schlag).[10] Außerdem schien ihr der Gedanke, noch 14 Jahre in dem Zuchthaus zubringen zu müssen, unerträglich gewesen zu sein.

Am 1. Dezember 1861 äußerte sie den Wunsch, am nächsten Tag von der Aufseherin zu einem Arztbesuch ins Spital geführt zu werden. Sie hatte vor, sie auf dem Weg dorthin zu überwältigen, es kam aber etwas dazwischen. Am Morgen des 2. Dezember um 7 Uhr wurde Schweizer mit anderen weiblichen Häftlingen zum Teppichausklopfen in den Hof geführt. Sie führte ein hölzernes Werkzeug mit sich, um damit der Aufseherin auf den Kopf zu schlagen, aber auch dieser Plan misslang, da eine andere Aufseherin das Ausklopfen der Teppiche überwachte. Mit der Äußerung, „heute gebe es noch etwas", wurde Schweizer in ihr Arbeitszimmer zurückgeführt und von dort nach kurzer Beschäftigung um 7.30 Uhr zur Morgensuppe in den Speisesaal. Die Frauen gingen hintereinander in einer Reihe, in die sich Schweizer, die im Arbeitszimmer ein Messer an sich genommen hatte, als letzte einreihte. Während die anderen Frauen weitergingen, schloss Stiefbold eine Gittertür ab. Auch Schweizer blieb zurück und machte sich an ihren Schuhen zu schaffen, ehe sie plötzlich die Aufseherin überfiel und ihr fünf Messerstiche in den Kopf und einen in den Oberarm versetzte. Auf die Hilferufe der Schwerverletzten eilten die Frauen herbei, wurden aber ebenfalls von Schweizer mit dem Messer bedroht. Erst als ein Aufseher hinzukam, steckte sie das blutige Messer in die Tasche. Die Aufseherin erlag einige Tage später, am 4. Dezember, im Alter von 61 Jahren ihren Verletzungen.[11]

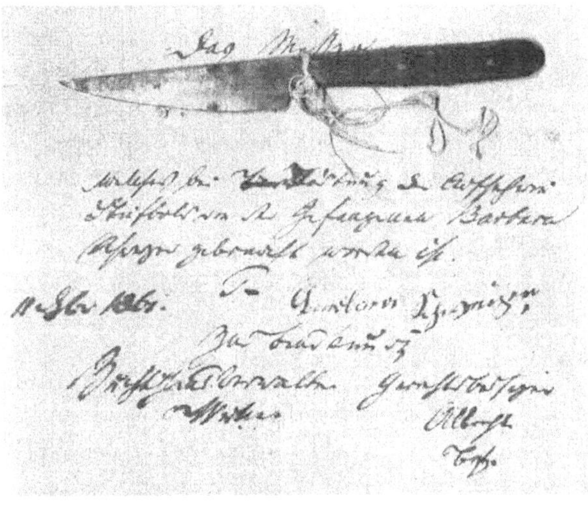

Das Tatmesser, das sich in der Akte Schweizer im Staatsarchiv Ludwigsburg befindet.

Während Schweizer in der Voruntersuchung als Motiv ihrer Tat angab, sie habe die Aufseherin gehasst, weil sie von ihr schlecht behandelt worden sei, wiederholte sie in ihrer Schwurgerichtsverhandlung vielfach, sie habe sie umgebracht, „um auch ums Leben zu kommen" – sie wolle „lieber aufs Schaffot, als noch einmal ins Zuchthaus". Zwei Versuche, sich zu erhängen, seien ihr misslungen. Viel Zeit, so hieß es in einem Pressebericht, nahm die Vernehmung der Zeugen und Sachverständigen in Anspruch, „wobei 13 weibliche Zuchthaussträflinge, deren Mehrzahl Kindsmörderinnen, einen schmerzlichen Eindruck machten". In einem Gutachten des Medizinal-Kollegiums kam man zu dem Schluss, dass die Angeklagte „Recht und Unrecht unterscheiden könne, daß sie sich dessen, was sie gethan, bewußt gewesen, daß sie also zurechnungsfähig sei". Die Geschworenen erklärten sie des Mordes für schuldig.[12]

Am 26. Juli 1862 wurde der Verurteilten eröffnet, dass König Wilhelm I. am 20. Juli von einer Begnadigung abgesehen hatte, das Todesurteil also zur Vollstreckung komme. Ihre letzten drei Tage brachte sie ruhig und im Gebet mit einem Geistlichen und den barmherzigen Schwestern zu.[13]

Ihre Hinrichtung nahm Scharfrichter Schwarz (erster Gehilfe: Kleemeister Aloys Kaufmann aus Ellwangen)[14] am 30. Juli um 5 Uhr morgens in Ellwangen „in einem mit Mauern umgebenen Raum, unter den Fenstern des Saals, in welchem die Verurtheilung erfolgt war", mit dem Fallbeil vor. Sie wurde von dem gesetzlichen Stellvertreter des Bezirksgerichtsvorstandes geleitet. Anwesend waren noch der Oberamtmann, der Kommandant des Landjägerkorps, der Gerichtsnotar des Bezirksgerichtskollegiums, zwei Geistliche und etwa 200 weitere Personen. Nachdem das schwurgerichtliche Urteil verlesen und der Verurteilten in üblicher Weise der Stab gebrochen worden war, beteten zwei Geistliche mit ihr und geleiteten sie hinauf auf das Schafott, das sie ohne Zögern bestieg.[15]

Am Abend vor der Hinrichtung sowie am Morgen des 30. Juli sollten in den Wirtshäusern der Stadt „lärmende Gelage" nicht geduldet werden.[16]

Der „württembergische Kneißl" aus Pforzheim

Unter großem Andrang des Publikums begann Mitte Dezember 1903 in Ellwangen die Schwurgerichtsverhandlung gegen den 24 Jahre alten Schreiner, Glaser und Artisten Emil Chr. Josef Fink aus Pforzheim, der auch als „württembergischer Kneißl" bezeichnet wurde – in Anlehnung an den bekannten Räuber Matthias Kneißl, der am 21. Februar 1902 in Augsburg hingerichtet wurde und dessen Festnahme ähnlich schwierig verlaufen war. Zum Erscheinungsbild Finks vor Gericht schrieb die Presse, dass in ihm, einem nur mittelgroßen, schmächtigen, jungen Mann, kaum jemand einen „frechen, verwegenen und gefährlichen Verbrecher" vermutet hätte. Zwischen zwei Landjägern wurde er von der Anklagebank aus vernommen.

Als Fink in der Nacht vom 7. auf den 8. Mai 1903 in Korntal-Münchingen bei einem Einbruchsversuch überrascht wurde, schoss er den Nachtwächter Barrett und einen Bäcker nieder. Beide wurden in die Brust getroffen und schwer verwundet, kamen aber mit dem Leben davon. Da es nicht gelang, des Täters habhaft zu werden, erließ man ein Steckbrief gegen ihn.

Am 18. Juli 1903 griff der Landjäger Schmidt aus Heidenheim den Gesuchten in Steinheim am Albuch auf, wo dieser bei der Familie Reinecker zu Besuch war. Da sich Fink weigerte, seine Personalien anzugeben und sich verhaften zu lassen, bat der Landjäger, Verstärkung aus einer Ziegelei zu holen. Während er sich aber unterdessen im Reinecker'schen Haus allein mit Fink aufhielt, gab dieser plötzlich zwei Schüsse auf ihn ab. Ehe Fink entfloh, schoss er noch mehrmals auf den Landjäger, der aber schon tot war. Schließlich gelang es, ihn im Elsass festzunehmen. Als er sich bei einem Zirkus Arbeit suchte, erkannte ihn die Frau des Zirkusbesitzers und veranlasste seine Verhaftung.

Nachdem die Geschworenen alle Schuldfragen bejaht hatten, lautete das Urteil des Schwurgerichts am Abend des 15. Dezember 1903 nach achtstündiger Sitzung auf Todesstrafe wegen Mordes und auf sechs Jahre Zuchthaus wegen versuchten Totschlags. Auf die Frage des Vorsitzenden, ob er noch etwas zu seiner Verteidigung anzufügen habe, erklärte Fink, er bitte um „rücksichtslose Behandlung“.[17]

Nach Bestätigung des Todesurteils durch König Wilhelm II. erfolgte die Guillotinierung des Verurteilten am Morgen des 10. Februar 1904 auf dem Hof des Amtsgerichts in Ellwangen. Begleitet wurde er auf seinem letzten Gang vom protestantischen Stadtvikar.[18]

Raubmord zwischen Heidenheim und Heldenfingen, 1920

Der ehemalige russische Kriegsgefangene Josef Orlowski, der als Heizer und landwirtschaftlicher Arbeiter in Polen tätig war, lauerte am 22. August 1920 in einem Wald zwischen Heldenfingen (Ortsteil von Gerstetten) und Heidenheim dem 72 Jahre alten Schuhmacher und ehemaligem Briefträger Johannes Junginger aus Heldenfingen auf, überfiel ihn aus dem Hinterhalt und schlug ihn mit einem Prügel nieder, um ihn seiner Habseligkeiten zu berauben. Als Orlowski ihm die Stiefel auszog, bemerkte er, dass Junginger noch stöhnte. Um ihn vollends zu töten, schob er ihm Moos und Erde soweit in den Rachen, dass der Erstickungstod eintrat.[19]

Wegen Raubmordes wurde Orlowski am 1. Oktober 1920 vom Schwurgericht in Ellwangen zum Tode verurteilt.[20] Angesichts der Kaltblütigkeit, mit welcher die Tat an dem harmlos seines Weges gehenden alten Mannes verübt worden war, und da mildernde Umstände dem Verbrecher nicht zugebilligt werden konnten, sah Staatspräsident Johannes von Hieber davon ab, von dem ihm verfassungsmäßig zustehenden Begnadigungsrecht Gebrauch zu machen.[21]

Die Vollstreckung des Urteils mit der Guillotine erfolgte am Montag, dem 21. März 1921, morgens um 7.30 Uhr auf dem Hof des Ellwanger Amtsgerichtsgefängnisses. Orlowski wollte „selbst lieber sterben als zu lebenslänglichem Zuchthaus verdammt sein". Den Staatsanwalt hatte er gebeten, seinen Angehörigen noch zu schreiben.[22]

Bluttat bei Lorch, 1923

Der am 23. Februar 1903 in London geborene Hilfsarbeiter Ernst Richmann, wohnhaft in Untertürkheim/Gartenstadt Luginsland (Stuttgart), lernte 1921 den fast auf den Tag gleichaltrigen Fräser Wilhelm Geist, gebürtig aus Maisenbach (Bad Liebenzell) und wohnhaft in Cannstatt in der Eberhardstraße 7, kennen, da er in jenem Jahr ein Verhältnis mit der 16-jährigen Schwester Geists, Maria Geist, begann, die 1923 von ihm schwanger wurde.

Ein anderer Freund Richmanns war der Kriegsinvalide Jakob Stingel aus Untertürkheim, der dort in einem eigenen Haus mit Mietern wohnte. Diese hielten ihn mehrheitlich für einen verschuldeten Müßiggänger, der ein „liederliches Leben" führte und meist bis nachmittags im Bett blieb, dafür aber zum Missfallen der Hausbewohner und Nachbarn oft bis spät in die Nacht Ziehharmonika spielte, sodass mitunter die Polizei gerufen wurde. Zu jeder Tageszeit gingen „zweifelhafte junge Leute beiderlei Geschlechts", darunter auch Richmann, bei ihm ein und aus und vergnügten sich beim Tanz. Stingel, der seine Kriegsinvalidenrente nur unregelmäßig abholte, da sie ihm zu gering erschien, stand nach dem Dafürhalten vieler Bekannter völlig unter dem Einfluss Richmanns, der einen eigenen Hausschlüssel besaß. Im Gegenzug war Stingel auch oft bei Richmann, dessen Eltern und Geschwistern zu Hause in der Gartenstadt, ohne für seine Beköstigung etwas zu zahlen.

Als Wilhelm Geist und Richmann erfuhren, dass Stingel sein Haus für zehn Millionen Mark (Inflationszeit) verkaufen wollte, beschlossen sie, ihm den Verkaufserlös abspenstig zu machen. Sie planten, den 31-Jährigen unter einem Vorwand nach Lorch zu locken und ihn dort zu erstechen. Die Tat selber wollte Richmann verüben.

Am 11. Juni 1923, als Stingel den Hauptteil des Geldes aus dem Hausverkauf erhielt und mit sich führte, da Richmann ihm vorgemacht hatte, er könne einen Acker in der Lorcher bzw. Schwäbisch Gmünder Gegend erwerben, trafen sich die drei in einer Wirtschaft in Cannstatt. Von dort fuhren sie mit einem Eilzug nach Lorch, wo sie abends ankamen. Nach gemeinsamer

Verabredung legten sie sich in einem Wald bei Oberkirneck zum Schlafen nieder. Gegen Mitternacht – Stingel war schon eingeschlafen – gab Geist seinem Komplizen sein Taschenmesser, da er das von Richmann mitgebrachte Küchenmesser als ungeeignet ansah. Dann knöpfte er die Weste ihres Opfers auf und klappte sie zur Seite, damit Richmann besser zustechen konnte. Dieser schilderte die Mordtat später folgendermaßen: „Auf den Zuruf des Geist voran zu machen, wartete ich wieder eine Weile. Ich kauerte halb kniend, halb sitzend neben dem schlafenden Stingel. Jetzt richtete ich mich etwas auf und legte meinen Kopf in die Herzgegend von Stingel, um mich von dem Sitz des Herzens zu vergewissern und hörte das Herz schlagen. Ich erhob mich und wartete nun noch eine kleine Weile, weil ich immer noch nicht den Mut zur Tat fand. Nun sagte ich mir, jetzt müsse es sein, ging in die kniende Stellung, erhob das Messer, das ich schon, als ich horchte, in der rechten Hand hielt, und stach dem Stingel mit einem kräftigen Schlag das Messer in die Brust. Gezielt habe ich nicht genau, dazu war ich zu aufgeregt, sondern habe, als der Entschluß gefaßt war, einfach zugestochen, ob ich nun ins Herz treffe, oder nicht. Nach dem Stich bin ich gleich weg gesprungen."[23]

Die Leiche Stingels beim Eintreffen der Polizei.

Stingel war nicht sofort tot, sondern sprang auf und rief: „Mich hat einer gestochen." Dann stürzte er zu Boden. Richmann hielt sich nach eigenen Angaben an einem Baum fest, da ihm übel wurde. Beide nahmen nun die Ledertasche Stingels an sich, in der das Geld verwahrt war, und entfernten sich in Richtung Bahnhof, um nach Cannstatt zurückzufahren. Nach einigen Schritten fiel

Richmann ein, dass Stingel noch Geld in der Brusttasche haben müsse, sie kehrten aber nicht zurück, da ihnen, so Richmann, vor dem Toten gruselte.

Als Geist am 12. Juni von der Arbeit nach Hause kam, traf er Richmann und seine Schwester Maria beim Geldzählen an. Richmann gab ihm eine Million Mark als Anteil. Seine Schwester erhielt 100.000 Mark, womit sie Richmann ein Paar Schnürschuhe kaufen sollte. Ein jüngeres Mitglied der Familie besorgte für 10.000 Mark Wurst, die noch am gleichen Abend verzehrt wurde. Richmann unterrichtete Maria Geist über den verübten Raubmord und gab ihr auf, im Falle einer Befragung anzugeben, dass sie von nichts wisse.

Bereits am 13. Juni wurden die beiden Komplizen verhaftet und legten ein umfassendes Geständnis ab, nachdem die Ledertasche und zwei Schecks Stingels in der Geist'schen Wohnung gefunden worden waren. Geist sagte aus: „Ich bereue die Tat, weil wir jetzt nicht mehr unter die Leute können und es ist mir auch leid, daß Stingel sein Leben verloren hat. Ich habe die Folgen der Tat in ihrer Furchtbarkeit mir nicht vorgestellt. Ich habe dem Richmann meine Mitwirkung zugesagt, weil ich nicht den Feigen spielen wollte." Richmann gab an, dass die Schwangerschaft seiner Freundin die eigentliche Hauptveranlassung zu der Tat gewesen sei.[24]

Das Schwurgericht Ellwangen verurteilte Geist und Richmann am 25. September 1923 wegen gemeinschaftlich ausgeführten Raubmordes zum Tode.[25] Nach der Bestätigung des Urteils durch Staatspräsident Hieber fand die Doppelhinrichtung am 29. Dezember 1923 auf dem Hof des Amtsgerichts in Ellwangen statt. Der „Schwäbische Volksbote" schrieb: „Der Abschied von den Angehörigen war herzzerreißend. Richmann ermahnte seinen jüngeren Bruder eindringlich und äußerte immer wieder den Wunsch, zur Jugend reden zu dürfen, um sie vor schlechten Gelegenheiten zu warnen – ein Wunsch, der begreiflicherweise nicht erfüllt werden konnte."[26] Zuerst wurde Geist vorgeführt, „der völlig gebrochen war und ebenso in den Tod ging", während Richmann hoch erhobenen Hauptes zur Richtstätte schritt. Noch unter dem Fallbeil rief er den Namen „Jesus".[27]

Drama am Ufer der Jagst, 1926

An Christi Himmelfahrt, dem 13. Mai 1926, wurde eine unbekannte Tote zwischen Schwabsberg und Buch (Rainau) aus der Jagst gezogen. Anscheinend lag Selbstmord vor. Es wurde jedoch schon bei der noch am gleichen Tag vorgenommenen gerichtlichen Inaugenscheinnahme festgestellt, dass ein Selbstmord nur vorgetäuscht werden sollte. Die Getötete war, wie am folgenden Tag ermittelt werden konnte, die 20 Jahre alte, ledige Bauerntochter und Dienstmagd Maria Karch aus Söhnstetten (gehört seit 1971 zur Gemeinde Steinheim am Albuch). Sie hatte ein damals zwei Monate altes Kind, das im städtischen Kinderheim in Stuttgart untergebracht war. Der Vater des Kindes hatte ihr eine Heirat in Aussicht gestellt.[28]

In den Verdacht der Täterschaft geriet der im August 1888 in Buch geborene Maurer und Hilfsarbeiter Franz Xaver Eberhardt, zuletzt wohnhaft in Schwabsberg, der am Morgen jenes 13. Mai mit der Verstorbenen an der Jagst gesehen worden war. Am 9. Juli 1926 musste er sich vor dem Schwurgericht in Ellwangen verantworten. Er hatte eine Zeitlang in Norddeutschland gelebt und im Ersten Weltkrieg in der Marine gedient, teils im Feld (Flandern), teils in der Garnison in Wilhelmshaven. Er war mehrfach vorbestraft, in der Hauptsache wegen Diebstahls, Betrugs, Unterschlagung, Amtsanmaßung und Urkundenfälschung. Seine erste, im März 1916 geschlossene Ehe wurde geschieden, nachdem er sich im Juni 1920 einer versuchten Vergewaltigung schuldig gemacht hatte. Das Schwurgericht Oldenburg verurteilte ihn deshalb im Oktober 1920 zu einer Gefängnisstrafe von einem Jahr und neun Monaten. Ende Oktober 1922 schloss er eine zweite Ehe mit Else Kampen, mit der er wenig später nach Buch zog und Ende 1923 nach Schwabsberg. In den letzten drei bis vier Wochen vor der Tat bezog er für sich und seine Frau Erwerbslosenunterstützung. Vom Schultheiß in Schwabsberg wurde ihm das Zeugnis ausgestellt, nicht besonders arbeitsliebend und ein „Sprüchemacher" gewesen zu sein. Er habe aber auch „ein gewandtes Benehmen gehabt und habe fliessend hochdeutsch reden können. So sei es ihm immer wieder gelungen, bei den Leuten Vertrauen zu finden."[29]

Auch seine zweite Ehe änderte nichts daran, dass Frauen eine große Rolle im Leben Eberhardts spielten. 1924 und 1925 hatte er mit einer größeren Anzahl Frauen mehr oder weniger intime Verhältnisse. Immer gab er sich als ledig und seine Frau als seine Schwester oder Schwägerin aus, die seltsamerweise hierbei mitspielte.

Am 12. Mai 1926 war er wegen einer Grundstücksangelegenheit in Stuttgart, wo er im Hauptbahnhof Maria Karch kennenlernte. Sie war am Morgen von Söhnstetten abgereist, um ihre frühere Dienstherrschaft in Münchingen nördlich von Stuttgart zu besuchen und sich, falls sie dort nicht mehr arbeiten könnte, eine andere Stelle zu suchen. In Stuttgart besuchte sie ihr Kind und holte ihr Wochenhilfegeld ab. Eberhardt fand schnell heraus, dass sie arbeitslos war und stellte ihr eine gute Stelle in Aalen in Aussicht. Sie könne bei ihm und seiner „Schwester" übernachten und am nächsten Tag würden sie sich um die Stelle kümmern. Die junge Frau ließ sich darauf ein.

Als sie gegen 21.40 Uhr mit dem Zug in Aalen ankamen und den Fußweg nach Schwabsberg antraten, regnete es. Während die Magd ihren Schirm öffnete, bat sie ihren Begleiter, ihre Handtasche an sich zu nehmen, was er auch tat. Unterwegs forderte er sie wiederholt zum Beischlaf auf, was sie aber strikt ablehnte. Er fasste sie um den Leib, griff ihr unter die Röcke und versuchte, sie zu Boden zu werfen, sie leistete jedoch heftigen Widerstand und drohte mit einer Anzeige. Nur gutem Zureden seinerseits war es zuzuschreiben, dass sie den weiteren Fußweg mit ihm bestritt. Als sie gegen Mitternacht Schwabsberg erreichten, bat er sie, bei einer Eisenbahnbrücke zu warten, bis er seine „Schwester" über ihr Kommen informiert habe. In der Wohnung teilte er seiner Frau mit, dass er eine junge Frau zum Übernachten mitgebracht habe und öffnete deren Handtasche, in der sich über 50 Mark befanden.

Spätestens jetzt kam er auf den Gedanken, die Magd zu töten, um sich in den Besitz ihrer Barschaft zu setzen und einer Anzeige wegen versuchter Notzucht zu entgehen. Er brauchte dringend Geld, um finanziellen Verpflichtungen nachkommen zu können. Offensichtlich wollte er den Plan sofort in die Tat umsetzen. Er zog sich mit Gummisohlen versehene Turnschuhe an und schlich sich an die Wartende heran, die, als sie ihn bemerkte, einen Angstschrei ausstieß. Der hierauf herbeigeeilten Frau Eberhardt, die wieder die Rolle der Schwester mitspielte, sagte sie: „Ich habe Ihren Bruder nicht gehört."

Während sich die Magd in der Wohnung der Eberhardts auf das Zubettgehen vorbereitete, ging Frau Eberhardt in die Küche zu ihrem Mann, machte ihm Vorwürfe und hielt ihm vor, dass er wahrscheinlich auf dem Weg von Aalen mit der jungen Frau Geschlechtsverkehr gehabt habe. Er bestritt dies und gab vor, er habe Mitleid mit ihr, da sie mit ihren Eltern in Söhnstetten zerstritten sei. Während er die Nacht zwischen den beiden Frauen im Ehebett verbrachte, legte ihm seine Frau ihren Kopf auf den Arm, damit ihr Mann „nicht mit der Karch geschlechtlich verkehren könne".[30]

Am nächsten Morgen schickte er seine Frau unter einem Vorwand mit dem 8-Uhr-Zug nach Ellwangen, um mit der Magd allein zu sein, die aber wieder einen Beischlaf ablehnte. Sie einigten sich auf einen gemeinsamen Spaziergang, bis die Ehefrau zurück sei. Da er bei seinen Tötungsabsichten mit einiger Gegenwehr der kräftigen jungen Frau rechnete, zog er sich Werktagskleidung an, um seine bessere Kleidung zu schonen, die er ja an jenem Feiertag noch brauchen würde. Er ließ sein Opfer ein Stück vorausgehen, um im Ort keinen Verdacht aufkommen zu lassen. Unter Umgehung seines Geburtsortes Buch führte er seine Begleiterin zur Jagst. Als sie auf einem schmalen Steg den Fluss überquerten, stieß er sie ins Wasser, verlor aber selbst das Gleichgewicht und wurde mitgerissen. Bei einem Handgemenge kamen sie flußabwärts ans

Ufer. Unter Aufbietung seiner ganzen Kraft drückte nun Eberhardt das Gesicht der jungen Frau mit beiden Händen solange in das schlammige Ufer, bis sie erstickt war. Dann entkleidete er sie und warf sie ins Wasser. Ihr auffallendes blaues Kleid vergrub er in einem Acker. Stattdessen legte er einige Kleidungsstücke seiner Frau, die er in einem Rucksack mitgenommen hatte, ans Ufer. Auf die Frage seiner Frau nach seiner durchnässten Kleidung gab er an, mit anderen zusammen ein Auto aus einem Wassergraben gezogen zu haben. Weiter teilte er ihr mit, die Magd sei mit einem Mann weggegangen, der sie habe einstellen wollen.

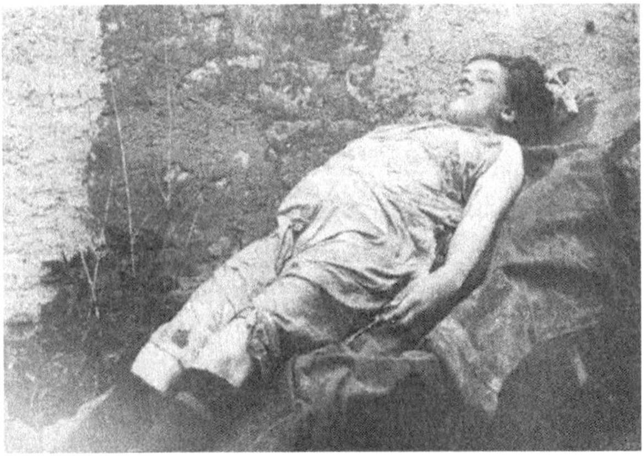

Foto der Leiche von Maria Karch.

Bei seinen ersten Vernehmungen machte er verschiedene Angaben. Einmal behauptete er, er habe einen Abtreibungsversuch an der jungen Frau vorgenommen, der daraufhin übel geworden und von dem Steg ins Wasser gefallen sei. Ein anderes Mal wollte er sie aus Wut, dass sie ihm nicht willfährig war, ins Wasser getunkt haben, „nach dem letzten Tunken habe er zu seinem Schrecken gesehen, daß sie tot sei". Schließlich gab er zu, den Mord schon vorher geplant zu haben.

In Übereinstimmung mit den Anträgen der Staatsanwaltschaft verhängte das Schwurgericht wegen Raubmordes die Todesstrafe über den Angeklagten. Hinsichtlich einer Anklage wegen versuchter Notzucht wurde das Verfahren vorläufig eingestellt.[31]

Nach der Bestätigung des Urteils durch Staatspräsident Bazille Ende August 1926 fand die Hinrichtung des Verurteilten am Morgen des 4. September 1926 um 5.30 Uhr auf dem Hof des Ellwanger Landesgerichtsgefängnisses statt.[32]

2. Mergentheim

Die „Rebellen" von Mergentheim, 1809

Das Mergentheimer Schloss war seit 1219 eine Niederlassung des Deutschen Ordens und von 1525 bis 1809 Residenz der Hoch- und Deutschmeister dieses Ordens. Die lange Tradition endete, als Napoleon am 24. April 1809 den Orden in den Rheinbundstaaten für aufgelöst erklärte. Das Fürstentum Mergentheim wies er dem König von Württemberg, Friedrich, zu, der die Besitznahme durch den Generallandeskommissar Freiherr von Maucler (1783-1859) veranlasste. Im Mai 1809 wurden sämtliche Deutschordenswappen durch königlich württembergische Hoheitszeichen ersetzt.[1]

Als am 13. Juni die früheren Deutschordensuntertanen König Friedrich huldigen mussten, rief dies Unmut hervor, weil es der Namenstag des abgesetzten Landesherren war, des bei der Bevölkerung beliebten Hochmeisters Erzherzog Anton Viktor, Bruder des österreichischen Kaisers.[2] Hinzu kam, dass Friedrich auf einer umgehenden Aushebung von Rekruten für die württembergische Armee bestand. Diese zwangsweise Truppenaushebung, die den früheren Deutschordensuntertanen unbekannt war, wurde bei der Landbevölkerung zum zündenden Funken des Aufruhrs. Sie wollte ihre Söhne nicht für einen Krieg gegen Österreich opfern, dem sie sich durch den ehemaligen Hochmeister Viktor verbunden fühlten.[3]

Am 22. Juni wies Maucler in Mergentheim die für die Ämter zuständigen Landbeamten auf die Dringlichkeit der Aushebung hin.[4] Als sie begann, leisteten die Bauern offenen Widerstand und entwaffneten die württembergischen Soldaten und Polizisten, die in den verschiedenen Dörfern die Aushebung zu überwachen hatten. Die auflehnende Haltung griff so schnell um sich, dass einige tausend bewaffnete Bauern in Mergentheim eindrangen, wo sie für mehrere Tage (26. bis 29. Juni) die Herrschaft übernahmen. Sie entwaffneten die in der Stadt als Garnison aufgestellten 46 Mann vom Landbataillon Ludwigsburg, bemächtigten sich der Person des Generallandeskommissärs und inhaftierten ihn wie auch andere königliche Bedienstete im Rathaus, wobei es zu

Plünderungen und Misshandlungen kam. Nach Wegnahme der herrschaftlichen Kassen und einem Besuch der wohlgefüllten Weinkeller gaben sie unter dem Ausruf „Vivat! Kaiser Franz und Erzherzog Anton!" ihrem Verlangen Ausdruck, die alte Regierung wiedereinzusetzen.[5]

Unruhestifter und zwielichtige Elemente vor allem aus benachbarten badischen Orten wie auch einige österreichische Deserteure nutzten die Situation für ihre Zwecke aus und stachelten die Bauern noch weiter auf. Die städtischen Behörden vermochten zusammen mit dem letzten Regierungspräsidenten des Hochmeistertums und dem Ordensritter Freiherr von Hornstein nur mit Mühe, die württembergischen Beamten, Soldaten und Polizisten durch bewaffnete Bürgerwachen zu schützen.[6]

Als die Nachricht von dem Aufstand Stuttgart erreichte, wurden württembergische Truppen in Eilmärschen nach Mergentheim entsandt. Viele Aufständische hatten die Stadt bereits wieder verlassen, kehrten aber zurück, als die vom Herannahen der Soldaten hörten. Sie machten Anstalten, das Rathaus zu stürmen, um die gefangenen Württemberger zu ermorden.

Das königliche Truppenkorps, das am 29. Juni vor Mergentheim eintraf, verhielt sich nicht besser. Es war beim Anmarsch durch Schüsse, zum Teil aus dem Hinterhalt, empfangen worden und rechnete mit erheblicher Gegenwehr in der Stadt. Allerdings hatten die Bauern nach dem ersten Feuerwechsel angesichts der überlegenen militärischen Kräfte mehrheitlich das Weite gesucht.[7]

Da die Tore nicht mehr rechtzeitig hatten geöffnet werden können, verschafften sich die Soldaten gewaltsam Zutritt und verhielten sich nun, „als wären sie im Feindeslande. Wer ihnen in den Weg kam, ward niedergestoßen, und wie alle Straßen gesäubert waren, drang man gewaltsam in die Häuser ein, um ungescheut zu rauben und zu plündern. Kurz Mergentheim ward in der ersten Hitze wie eine im Sturm eroberte Stadt behandelt und erst gegen Abend gelang es, Ruhe und Ordnung wieder herzustellen. Noch ärger übrigens trieben es die nach den nächsten Dörfern detachirten Soldaten, denn weil sich da wirkliche Empörer [Aufständische] vorfanden, so glaubten sie, gar nichts schonen zu dürfen, und so fanden im Ganzen gegen hundert Menschen an diesem 29. Juni ihren Tod."[8]

Bereits am nächsten Tag erließ der neu ernannte Generallandeskommissar v. Reischach eine Proklamation, die folgendes vorsah: 1) Verbot von Zusammenrottungen bei Todesstrafe, 2) Verhängung des Militärrechts über das Fürstentum, 3) Ablieferung aller Waffen, 4) Auslieferung von Rebellen und österreichischen Deserteuren, 5) Rückgabe des geplünderten königlichen Eigentums, 6) Verbot der Entfernung vom Wohnort. Darüber hinaus sollten die ländlichen Ärzte und Wundärzte alle Verwundeten anzeigen, die zu ihnen gekommen waren. Gleichzeitig wurden im Mergentheimer Landgebiet Geiseln genommen, die für die Ruhe im Gebiet garantieren sollten.[9]

Ein von Staatsminister Graf von Taube konstituiertes Kriegsgericht, das sogenannte Martialgericht, begann am 1. Juli in einem „mehr als fragwürdigen Schnellverfahren“[10] mit dem Verhör der Angeklagten. Da die Haupträdelsführer des Aufstandes entkommen waren, „wurden mehr oder weniger Schuldige vor das Gericht gestellt“.[11] Ihre Vernehmung verlief nach einem festgelegten Schema mit Fragen nach den Personalien, ob der Huldigungseid abgelegt worden sei, wie die Verhaftung erfolgt sei, ob und in welcher Weise eine Beteiligung an dem Aufstand bestanden habe, wer die Anführer gewesen seien usw. Die einen gaben an, gehuldigt zu haben, die anderen, sie seien gerade an diesem Tage verhindert gewesen. Bezüglich einer Anteilnahme an der Rebellion lauteten die Antworten meist stereotyp, dass sie nur am 26. und 29. in Mergentheim gewesen seien, da sie von ihren Dorfobrigkeiten dorthin entsendet worden seien. Im Übrigen sei man schlecht bewaffnet gewesen. Auch wurde auf Trunkenheit hingewiesen, durch die das Unrechtsbewusstsein getrübt worden sei.[12]

Als erster wurde an jenem 1. Juli der 60-jährigen Wirt Franz Werner aus Markelsheim verhört. Der dreifache Vater gab an, er sei bei dem Aufstand „immer hintenan gewesen, seine Buben seien bei der Conscription nicht betroffen worden“.[13] Nachdem er von Maucler belastet worden war, wurde Werner kurzerhand wegen Hochverrats zum Tode durch den Strang verurteilt. Seine Hinrichtung am Mergentheimer Galgen erfolgte noch während der weiteren Sitzung des Kriegsgerichts am Abend des 1. Juli. Sein Leichnam blieb einige Wochen dort hängen, ehe er von Soldaten einer durchmarschierenden französischen Kolonne abgeschnitten wurde. Reischach ließ ihn aber noch einmal aufhängen, bis der König am 30. Juli erlaubte, ihn endgültig vom Galgen abzunehmen.[14]

Nach der Aburteilung Werners wurde die Sitzung des Martialgerichts unterbrochen, um am Vormittag des 1. Juli eine Ehrung für württembergische Soldaten zu inszenieren. Nachmittags setzte das Gericht die Verhandlung fort, die sich über Mitternacht hinzog. Es verurteilte außer Werner noch fünf weitere Angeklagte wegen Hochverrats zum Tode – nicht aber durch Erhängen (der Galgen war ja auch noch von Werner „besetzt“), sondern durch Erschießen: Peter Kilian (26 Jahre), Franz Schieß (49) und Lorenz Haun (50), alle drei aus Oberbalbach (heute zu Lauda-Königshofen gehörend), sowie Paul Aichinger (46) und Josef Heim (44) aus Markelsheim. Kilian wurde noch am Abend des 1. Juli erschossen, die anderen vier nach Mitternacht gegen 2 Uhr.

Zu der letzteren Exekution war ein Bataillon Infanterie und eine Eskadron von der königlichen Garde ausgerückt. Hoppe schrieb zu dem „seltenen Muthe" der Hingerichteten: „Nicht eine Anwandlung von Angst, sonst die Gefährtin böser That, entstellte ihre Züge. Mit Entschlossenheit und unter der oft wiederholten Äußerung, dass sie unschuldig, für die gute Sache und ihren rechtmäßigen Fürsten stürben, vollendeten sie ihre Bahn."

Durch offene Anschläge wurde noch am 2. Juli die Vollstreckung der Todesurteile „an allen Ecken der Stadt" und in allen Ortschaften bekannt gemacht. Am 4. Juli erschien von Stuttgart aus im ganzen Reich eine Proklamation, in der die bis dahin verhängten Urteile zur allgemeinen Kenntnis gebracht wurden. Außer den Todesurteilen gab es einige Haftstrafen von drei Monaten bis lebenslänglich. Josef Lurz (54) aus Rengershausen, Johann Fischer (in den siebziger Jahren) aus Mergentheim und Christian Hofeler aus Hachtel verurteilte das Kriegsgericht zu lebenslänglicher Festungsarbeit in Eisen, die sie auf dem Hohenasperg zu verrichten hatten.[15]

Die Haupträdelsführer, so hieß es in einem „Geschichtsblatt aus dem Volke" (1859), „der Doktor Bottinger, der Leibjäger Link und der Wachtmeister Zierl hatten sich bei Zeiten aus dem Staube gemacht und erschienen auch nicht auf die dringende Einladung [steckbriefliche Verfolgung], welche in der großen Schwabenzeitung dreimal unter genauester Gestaltsbezeichnung in höflichster und zuvorkommendster Weise an sie erging, während einstweilen ihre Namen an den Galgen und an Schaupfähle geschlagen wurden".[16]

Die Hinrichtung Werners mit dem Strang am Abend des 1. Juli 1809 nahm Nicolaus Ritzer (Sohn des Scharfrichters in Dinkelsbühl) vor, der 1804 letzter Scharfrichter in Mergentheim wurde und zugleich ein „gesuchter Tierarzt" war; er starb 1857 im Alter von 84 Jahren.[17] Er wurde im Zusammenhang mit der Hinrichtung Werners als ein „in seinem neuen Geschäft ganz unerfahrener Henker" geschildert, der „den Delinquenten auf's Grausamste zerrte, in's Genick stieß und sich zuletzt an seine Füße hing, da es gar nicht mit ihm enden wollte. Die am Fuße des Galgens aufgestellten Wachen behaupteten wenigstens, der Unglückliche habe noch bis tief nach Mitternacht gestöhnt und sich bewegt. Die zum Erschießen Verurtheilten hatten jedenfalls weniger zu leiden."[18]

Vergegenwärtigt man sich die Dimension des Aufstandes, „so fällt deutlich auf, dass Württemberg ein Exempel statuieren, zugleich aber auch die große Mehrheit schonen wollte, um sich der Loyalität der neu erworbenen Untertanen zu versichern. Wird insgesamt von etwa 500 Aufständischen ausgegangen, so erscheint die Zahl der Verurteilten gering."[19]

Hinrichtungen in Mergentheim im Jahr 1818

Am 9. Juli 1818 enthauptete Scharfrichter Ritzer den 23-jährigen Raubmörder und Brandstifter Michael Singer aus Zaisenhausen (heute Teilort der Gemeinde Mulfingen) auf dem Galgenberg in Mergentheim mit dem Schwert, wobei mehr als 8.000 Zuschauer anwesend waren. Anschließend wurde der Körper des Hingerichteten auf ein Rad geflochten und sein Kopf auf einen Spieß gesteckt.[20]

Ursprünglich hatte das Urteil gegen Singer die Todesstrafe durch das Rad vorgesehen, König Wilhelm I. wandelte diese Strafe aber am 19. Juni 1818 „im Wege der Gnade" in die Todesstrafe durch das Schwert um.[21] Weiterhin sollte „die Bezahlung aller Inquisitions- Arrest- Azungs- und Vertheidigungs-Kosten, so wie der Ersatz des durch die Brandstiftung und die früher begangenen Diebstähle verursachten Schadens aus des Inquisiten hinterlassenen Vermögens zu erheben" sein.[22]

Der Mergentheimer Stadtpfarrer und ein Vikar hatten den katholischen Verurteilten drei Tage lang auf den Tod vorbereitet. Nachdem Singer am Morgen des 6. Juli 1818 mitgeteilt worden war, dass keine Begnadigung erfolgt und somit das Todesurteil zu vollziehen war (wenn auch „nur" mit dem Schwert), gab er im Rathaus kund: „Es wird keiner noch gerichtet worden sein, der ein so gutes Beispiel gegeben hat für alt und jung, groß und klein, arm und reich, wie ich eines geben werde."[23]

Am 7. Juli legte er dem Stadtpfarrer eine Generalbeichte ab, worauf am nächsten Tag in Anwesenheit einer Menge Menschen – Erwachsene und Schuljugend – eine Messe gehalten wurde. Die „Gnade Gottes stärkte den reuigen jungen Menschen so, daß er nach gebrochenem Stab 1. Auf dem Rathaus 2. Am oberen Tor 3. Am steinernem Kreuz und dann auf dem Schaffot eine Ermahnung an das versammelte Volk hielt, sich selbst auf den Stuhl [Richtstuhl] setzte und voll Reue u. Vertrauen auf Gott sein Leben ließ. Herr Stadtpfarrer Engelhart und Herr Vikar Bäuerlein begleiteten ihn auf einem Wagen sitzend zur Richtstätte unter Abbetung des Kreuzweges."[24]

Das Mergentheimer Rathaus um 1830.

Im Jahr 1818 gab es eine zweite Hinrichtung in Mergentheim, die ebenfalls von Scharfrichter Ritzer vorgenommen wurde.[25] Sie betraf den im März 1777 geborenen Bauern Johann Georg Dietrich aus Unterhöfen (Pfedelbach) im damaligen Oberamt Öhringen, der wegen Giftmordes an seinen Eltern zur Todesstrafe verurteilt worden war.

Das Verhältnis Dietrichs zu seinem Vater Michael Dietrich war nicht das beste gewesen. Er warf ihm vor, das 1771 übernommene Hofgut in Unterhöfen vor allem wegen Trunksucht schlecht bewirtschaftet zu haben, wodurch die Familie unter einem entbehrungsreichen Schicksal litt. Der Vater soll ihn auch beschimpft und gedroht haben, ihn mit einem Holzbeil zu erschlagen. Als Dietrich jun. den verschuldeten Hof übernahm, fielen die damit verbundenen Bedingungen hart für ihn aus: Er musste den Eltern einen größeren Geldbetrag zahlen und ihnen auf Lebenszeit die Hälfte aller Erträge aus der Landwirtschaft überlassen.

Nachdem Dietrich am 7. August 1817 einer von seiner Mutter Anna Catherina zubereiteten Suppe eine größere Menge Arsen (Mäusegift) beigegeben hatte, starb nicht nur – wie geplant – sein Vater, sondern auch seine Mutter, die – für den Sohn unerwartet – ebenfalls von der Suppe gegessen hatte. Nach anfänglichem Leugnen legte Dietrich schließlich ein Geständnis ab.[26]

Das über ihn verhängte Todesurteil sah vor, dass er gerädert werden sollte. Während „im benachbarten Bayern bereits 1813 ein modernes Strafrecht eingeführt worden war, das die Todesstrafe nur mehr in Form der Enthauptung vorsah, wurde in Württemberg noch die beinahe 300 Jahre alte *Peinliche Gerichtsordnung Kaiser Karls V.* samt ihrem drakonischen Strafenkatalog herangezogen. Lediglich die Folter als Mittel der Wahrheitsfindung war 1809 abgeschafft worden. Die Ahndung des Giftmordes ist Artikel 130 der *Carolina* gewidmet, der die Hinrichtung durch Rädern und strafverschärfende Maßnahmen wie das Schleifen zur Richtstätte oder das Zwicken mit glühenden Zangen vorsah.“[27]

Beim Rädern zerstieß der Scharfrichter den Körper bzw. die Knochen des unter ihm liegenden, gefesselten Verurteilten mit einem schweren, oft eisenbeschlagenen Rad. Eine relative Milderung der Strafe bestand darin, wenn er das „Rädern von oben“ vornahm, d. h., er ließ das Rad zuerst auf den Kopf/Hals oder die Brust fallen, sodass der Tod des Delinquenten in der Regel schnell eintrat. Das „Rädern von unten“ dagegen, bei dem der Scharfrichter mit dem Zerstoßen der Beine begann, war für den Verurteilten meist weitaus qualvoller.

Dietrich wurde am 10. September 1818 auf einer Kuhhaut zur Richtstätte auf dem Galgenberg geschleift. Er sollte „von oben an“ gerädert werden, aber das spielte für ihn keine Rolle mehr, da sein Urteil einen geheimen Beisatz enthielt, nach dem er „unmittelbar vor dem Rädern auf eine nicht sehr ins Auge fallende Weise zu strangulieren“ sei. Die eigentliche Hinrichtung wurde also an einer Leiche vollzogen und diente lediglich der Abschreckung. Wie schon bei Singer wurde auch der Körper Dietrichs auf ein Rad geflochten und sein Kopf auf einen Spieß gesteckt.[28]

Dietrich gehörte zu den letzten Verurteilten in Württemberg, die gerädert wurden. Im Jahr 1839 trat das „Strafgesetzbuch für das Königreich Württemberg“ in Kraft. Darin heißt es: „Die Todesstrafe soll öffentlich durch Enthauptung durchgeführt werden. Eine Schärfung derselben findet nicht statt.“[29]

Den Fall Dietrich hat Jan Wiechert in seinem Buch „Böse alte Zeit“ (2017) in einem eigenen Kapitel geschildert.[30]

3. Öhringen

Am 11. Juli 1809 wurde eine über Johann Lorenz Schmezer aus Niedernhall wegen eines Raubmordes an dem Boten Kraft verhängte Todesstrafe durch das Rad auf dem Weg der Begnadigung in eine Todesstrafe durch das Schwert abgeändert. Die Enthauptung fand am 17. Juli 1809 in Öhringen statt. Der Leichnam des Delinquenten wurde auf ein Rad geflochten.[1]

Ein Bürgermeister als Mörder, Hachtel (Mergentheim) 1814

In der Nacht vom 9. auf den 10. September 1814 erhielt das Oberamt Mergentheim eine schriftliche Anzeige, dass die ledige Catharina Ehrle aus Hachtel (heute Stadtteil von Bad Mergentheim) seit dem 28. August jenes Jahres vermisst werde. Sie hatte am frühen Morgen das Haus verlassen, um, wie sie ihrem Schwager erzählt hatte, eine Schwester in Markelsheim zu besuchen.

Am 27. August hatte sie hingegen einer Dorfmitbewohnerin gegenüber vertraulich mitgeteilt, dass sie vom Bürgermeister Hachtels, dem 1772 geborenen Landwirt Georg Landwehr, schwanger sei. Mit ihm wolle sie am nächsten Tag nach Künzelsau gehen, um sich in der dortigen Apotheke ein „fruchtabtreibendes Mittel" zu besorgen. Wenn sie in der nächsten Zeit nicht wieder nach Hause zurückkäme, müsse man davon ausgehen, dass ihr etwas zugestoßen sei.[2]

Als Landwehr, ein sechsfacher Vater, am 11. September aufgrund dieser Zeugenaussage vom Oberamt in Mergentheim verhört wurde, stellte er jeden Umgang mit der Vermissten in Abrede und behauptete, an jenem 28. August in Hollenbach gewesen zu sein, um ein neues Wagenrad zu bestellen. Dann sei er noch in andere Orte gegangen und später wieder nach Hause. Das Oberamt ließ Landwehr in ein Gefängnis im Rathaus bringen und veröffentlichte eine Suchanzeige bezüglich der Vermissten. Nach einem weiteren Verhör am 16. September und Zahlung einer Kaution setzte man den Bürgermeister am 20. September wieder auf freien Fuß.

Zwei Tage später wurde die schon stark verweste und von Tieren zerrissene Leiche der Vermissten im Gemeindewald von Ailringen (bei Dörzbach) gefunden. Man stellte fest, dass die Verstorbene Opfer einer Gewalttat geworden war. Dem erneut verhafteten Landwehr zeigte man im Wald die „Überreste des Cadavers“ vor, er blieb aber beim Leugnen. Im Oktober 1814 wurde die Untersuchung beim Oberamt geschlossen und die Sache an das Kriminalamt der Landvogtei an der Jagst in Öhringen übergeben, das zügig mit der „Special-Untersuchung“ begann und Beweise für eine Beziehung des Bürgermeisters zu der Ermordeten sammelte. Der Schultheiß von Rot, zu dessen Bezirk der Weiler Hachtel gehörte, schilderte Landwehr als einen „dienstfertigen, guten, aber sehr hizigen Mann, und der nur wenn er zu besonderen Gelegenheiten komme, ein Glas Wein zu viel trinkt“.[3]

Bei seinem zweiten Verhör durch das Kriminalamt am 24. November 1814 gestand er „durch religiöse Gefühle, die man in ihm angeregt hatte, bewogen, sein Verbrechen ein“.[4] Demnach regte sich in ihm auf dem Weg nach Künzelsau das schlechte Gewissen, eine Abtreibung durchzuführen. Er bot seiner Begleiterin eine Abfindungssumme an, wenn sie jemand anderes als Vater angeben würde. Sie war anscheinend dazu bereit, forderte aber einen so großen Betrag, dass es zu einem Wortwechsel kam. Erzürnt ergriff Landwehr einen Stein und schlug seiner Begleiterin damit auf den Kopf. Als sie rücklings zu Boden stürzte, versetzte er ihr einen weiteren Schlag, der eine tödliche Verwundung an der Stirn zur Folge hatte. Nachdem er die Leiche ein Stück weit in den Wald geschleift hatte, begab er sich nach Hollenbach und in die anderen Orte, wo sein aufgeregter Zustand auffiel.

Ein von Landwehr ausgesuchter Verteidiger schrieb in seiner im April 1815 verfassten „Rechtlichen Schutz-Schrift“, dass sein Mandant von Frau Ehrle, die schon früher ein uneheliches Kind geboren hatte, verführt worden und dass es nur einmal in betrunkenem Zustand zum Beischlaf gekommen sei. Mit Bezug auf den Artikel 137 der „Peinlichen Gerichtsordnung Kaiser Karls V.“ unterschied der Verteidiger zwischen einem vorsätzlichen Mord, der mit einer Hinrichtung durch das Rad geahndet wurde, und einem im Affekt begangenen Totschlag, der eine Hinrichtung mit dem Schwert nach sich zog. Um einen Mord könne es sich im Falle Landwehrs nicht handeln, „denn der Inquisit versichert standhaft, die Missethat weder mit Ueberlegung beschlossen, noch ausgeführt zu haben“. Vielmehr habe er sie in einem verwirrten und wütenden Gemütszustand verübt. Der Jurist hielt ein Strafmaß von etwa zehn Jahren Zuchthaus für angemessen.[5]

Bei einer bei Landwehr vorgenommen „Gant “ (veralteter Begriff aus dem Zwangsvollstreckungs- bzw. Insolvenzrecht) ergab sich nicht nur, dass sein Vermögen überschuldet war, sondern auch, dass es Unregelmäßigkeiten bei seinen als Bürgermeister ausgestellten Rechnungen gegeben hatte.[6]

Nachdem das Königliche Kriminaltribunal Landwehr am 4. August 1815 wegen „böslich verübten Todtschlags“ und Unterschlagung zum Tode durch das Schwert und Aufbringung der entstandenen Kosten verurteilt hatte, überführte man den Verurteilten am 11. August von Mergentheim in die Landvogtei-Stadt Öhringen. Hier wurde er im Rathaus unter Bewachung in dem „gewöhnlichen Armen Sünders Stüble“ untergebracht und erhielt geistlichen Beistand.

Am Tag der Hinrichtung, dem 14. August 1815, wurde Landwehr nochmals das Urteil vorgelesen und der Stab über ihn gebrochen, ehe man ihn Scharfrichter Schwarz übergab, der um 8.45 Uhr das Todesurteil mit dem Schwert vollstreckte.[7]

Mord bei der Geisterbeschwörung, Michelbach am Wald 1837

Der 1816 geborene Johann Friedrich Schindel, ein unehelicher Sohn von Katharina Hofmann aus Michelbach am Wald (Öhringen), war von 1830 bis 1832 Knecht bei dem Bauern Jakob Bort aus Michelbach, dann wieder ab 1835. Im Sommer des folgenden Jahres begann er ein Verhältnis mit dessen Frau Anna Sophia Bort (geborene Käppler), die ihn gerne geheiratet hätte, da er ihr besser gefiel, als ihr in die Jahre gekommener Ehemann. Schindel strebte eine Heirat an, da die Bäuerin nach dem Tod ihres Mannes über ein bedeutendes Vermögen verfügen würde. Sie hofften, dass er bald sterben möge, aber „so sehr sie nach seinem Tode sich sehnten, so blieb Jakob Bort doch immer gesund und wohl“.[8]

Im Frühjahr 1837 wurde Schindel zum Militär ausgehoben und sollte im Herbst bei der Reiterei einrücken. Weil dadurch sein Liebesverhältnis mit der Bäuerin wohl beendet gewesen wäre, wollte sie ihn vom Militär loskaufen. Die nötigen Mittel waren aber nur durch den Tod ihres Mannes zu erhalten, was dazu führte, dass Mordpläne geschmiedet wurden – dies umso mehr, als der Bauer seine Frau und seinen Knecht Anfang Juli 1837 in einer verfänglichen Situation erwischte.

Schindel dachte daran, sich den Aberglauben seines Dienstherren zunutze zu machen. Dieser ging mit ihm öfters nachts auf ein Feld, „um hier Geister zu beschwören, welche ihm [Bort] unterirdische Schätze herbeischaffen sollten“. Bei einem dieser nächtlichen Ausflüge wollte Schindel seinen Mordplan in die Tat umsetzen, konnte sich aber einstweilen nicht dazu durchringen.

Am 13. August 1837 bekam die Bäuerin Streit mit ihrem Mann, der ihr den Umgang mit Schindel vorwarf und ihr eine Bibel, in der er gelesen hatte, ins Gesicht schlug. Hierauf kam Schindel zu dem festen Entschluss, nun zur Tat zu schreiten. Er schlug Bort vor, in der Nacht wieder einen Geist zu beschwören, worauf dieser sofort einging. Nachdem er sich in einer Wirtschaft Mut angetrunken hatte, traf er sich an jenem 13. August gegen 23 Uhr mit dem Bauern, der seiner Gewohnheit gemäß zu der beabsichtigten Geisterbeschwörung einen sogenannten Heckenschnapper, „ein 1 ½ Schuhe langes, sehr schweres und scharfes Messer", dabeihatte. Zuerst begaben sie sich auf einen Acker, wo Bort, den Heckenschnapper in der Hand, seine Beschwörungsformeln hersagte, ohne dass jedoch ein Geist erschienen wäre. Dann gingen sie zu einem anderen, in der Nähe gelegenen Acker, wo Bort schon früher ein „verdächtiges Licht" wahrgenommen hatte und daraus auf die Anwesenheit eines verborgenen Schatzes schließen wollte. Hier sollte nun – da Bort selbst sich davor fürchtete – Schindel den Teufel beschwören. Wenn dieser erscheine, so wollte ihm der Bauer das Kind verschreiben, mit dem seine Frau zu jener Zeit schwanger war (und dessen Vater wahrscheinlich Schindel war). Er gab seinem Knecht das Messer und legte sich, beide Hände vor das Gesicht haltend, auf die Erde. Diesen Moment nutzte Schindel, um dem Bauern mit dem Messer mehrere Schläge zu versetzen, bis der ganze Hinterkopf zerschmettert war. Als er der Bäuerin das Geschehene mitteilte, erklärte sie sich damit zufrieden, dass sie jetzt den ihr verhassten Ehemann los sei.

Schindel, dem sein Gewissen keine Ruhe ließ, betrank sich am Morgen des folgenden Tages in einem Wirtshaus und benahm sich auf eine Weise, die ihn sehr verdächtig machen musste. Als man mittags die Leiche entdeckte, schritt man sofort zu seiner Verhaftung. Im Laufe der vom Oberamtsgericht Öhringen eingeleiteten Untersuchung legte er ein Geständnis ab, das mit den Angaben von Frau Bort übereinstimmte.[9]

Schindel wurde sowohl von dem Gerichtshof in Ellwangen als auch in der Revisionsinstanz vom Kriminalsenat des Königlichen Obertribunals am 18./19. März 1840 wegen Mordes zur Enthauptung mit dem Schwert verurteilt. Die Bäuerin erhielt wegen Beihilfe eine 15-jährige Zuchthausstrafe.[10] Nachdem König Wilhelm I. am 8. April 1840 eine Begnadigung nicht gewährt hatte, fand die Hinrichtung des Verurteilten am Morgen des 21. April 1840 um 7 Uhr in Öhringen statt. Nach Verlesung des Urteils und der Verbrechensdarstellung brach der Oberamtsrichter den Stab über den Verurteilten. Dann erfolgte unter Bewachung durch Landjäger seine Überführung vom Rathaus zum Richtplatz, wo das Todesurteil vollstreckt wurde.[11]

4. Rottweil

Der Ehefrau entledigt, Renquishausen und Grömbach

Der Bürger und Zimmermannsmeister Donat (Donatus) Mattes aus Renquishausen im heutigen Landkreis Tuttlingen heiratete im Februar 1804 im Alter von 23 Jahren die sechs Jahre ältere Theodore, geborene Mattes, ebenfalls aus Renquishausen, die als „gutgeartete fleißige Person" beschrieben wurde. Gebürtig kam er aus Unterdigisheim (Stadtteil von Meßkirchen), wo er auch die Schule besuchte und zu lesen sowie ein wenig zu schreiben lernte. Er wurde schon früh einem auswärtigen Bauern als Dienstjunge zum Viehhüten und Verrichten niedriger Arbeiten übergeben. Mit 17 Jahren kam er zu einem Zimmermann in Renquishausen in die Lehre, wohin er auch zurückkehrte, nachdem er an verschiedenen Orten gearbeitet hatte.

Er bekam drei Kinder mit seiner Frau, die ein weiteres Kind aus einer ersten Ehe mitbrachte. Laut einem Zeugnis seiner Ortsobrigkeit war er kein guter „Haushälter", sondern er vertrank lieber seinen Verdienst, als ihn für seine Familie zu verwenden. Das führte zu häufigem ehelichen Streit und tätlichen Übergriffen.

Anfang des Jahres 1811 begann er ein Verhältnis mit der in der Nachbarschaft in Renquishausen wohnhaften, damals 21 Jahre alten Franziska Kienle, Tochter des Beisitzers und Spenglers Severin Kienle. Während ihrer frühen Jugend waren ihre Eltern mit ihr vagierend umhergezogen, sodass sie die Schule nur unregelmäßig besuchen konnte.

Je inniger das Verhältnis die Beziehung zwischen Mattes und seiner jungen Geliebten wurde, desto mehr empfanden sie dessen Ehefrau als Hindernis ihres Glücks und einer gemeinsamen Zukunft. Die Folge war, dass sie verschiedene Mordpläne schmiedeten.

Eines Morgens legte Mattes seiner im Bett liegenden Frau einen Strick um den Hals. Er wollte sie erwürgen und im Wald an einem Baum aufhängen, um einen Selbstmord vorzutäuschen. Als er den Strick zuzog, hielten ihn aber Angstschreie seiner Frau und das Weinen des neben ihr erwachten Söhnchens davon ab, die Tat zu vollenden. Er bat seine Frau um Verzeihung und gab ihr auf, mit niemand über den Vorfall zu reden.

Am Sonntag, dem 28. Juli 1811, traf er in einem Waldstück seine Geliebte, um einen anderen Plan auszuhecken. Sie kamen überein, die Ehefrau noch am gleichen Abend zu ertränken. Gegen 20 Uhr verließ die junge Frau unter einem Vorwand ihr Elternhaus und versteckte sich in der Scheune von Mattes, der seine Frau zum Waschen seiner Kleidung angehalten hatte. Als er sich mit dieser in einem neben der Küche befindlichen Kämmerchen aufhielt, in dem der mit Wasser gefüllte Waschzuber stand, ergriff er sie plötzlich und tunkte ihren Kopf in den Zuber, es gelang ihr aber, sich wieder zu befreien. Franziska Kienle, welche die Haustür verschlossen hatte, kam hinzu, als Mattes seine Frau erneut packte und mit ihr rang. Beiden gelang es nun mit vereinten Kräften, den Kopf der Ehefrau erneut in den Zuber zu drücken. Sie hielten ihn „eine halbe Viertelstunde" unter Wasser, bis Frau Mattes keine Bewegung mehr machte. Dann entledigten sie die Leiche ihrer nassen und beschmutzten Sonntagskleider, die sie auf dem Hof versteckten, und zogen ihr Werktagskleidung an. Gegen 1.30 Uhr trug Mattes die Tote zu einem hinter der Kirche befindlichen Brunnen und warf sie hinein. Einen Pantoffel seiner Frau legte er in die Nähe des Brunnens, den anderen warf er hinein, um glauben zu machen, seine Frau habe sich selbst in den Brunnen gestürzt.

Nachdem er kaum Schlaf gefunden hatte, ging er gegen 4 Uhr durchs Dorf und fragte einige Leute nach seiner Frau, die verschwunden sei. Nicht viel später fand man sie in dem Brunnen, da Mattes auf den von ihm ausgelegten Pantoffel aufmerksam machte. Auf das „allgemeine laute Gerücht, daß Mattes der Mörder seines Weibes sey", wurde er festgenommen. Bei einer Durchsuchung seines Anwesens fand man die versteckten, teilweise immer noch nassen Kleidungsstücke, die sie am Tag zuvor anhatte. In dem Waschzuber befanden sich Haare, die von seiner Frau stammen konnten. Als Mattes davon erfuhr und wahrscheinlich auch unter dem Eindruck ihrer Beerdigung, räumte er am 30. Juli den Mord und die Mittäterschaft seiner Geliebten ein, worauf beide nach Tuttlingen abgeführt wurden.

Bei seinen Verhören versuchte Mattes, seiner Frau eine Mitschuld an dem Geschehenen zu geben. Vor Jahren habe sie ihn zu einem Diebstahl verleitet, was ihm eine Eintürmung und 24 Stockschläge eingebracht habe. Außerdem habe sie ihm seit längerer Zeit „die eheliche Pflicht verweigert". Sein Verteidiger zielte darauf ab, Franziska Kienle als eigentliche Anstifterin der Tat darzustellen.

Wegen „Meuchel- und Gattenmordes" wurden beide Angeklagte am 29. Dezember 1811 zum Tode verurteilt. Mattes sollte zur Richtstätte geschleift und mit dem Rad von oben herab hingerichtet werden. Weiter war vorgesehen, seinen Körper auf das Rad zu flechten. Seine Mitverurteilte sollte auf den Richtplatz geführt und mit dem Schwert vom Leben zum Tode gebracht werden. Anschließend hatte man ihren Kopf auf einen Pfahl zu stecken. Am 15. Januar 1812 wurde den beiden eröffnet, dass König Friedrich I. das Urteil bestätigt hatte.

Mattes musste mitansehen, wie seine Mitverurteilte am 18. Januar 1812 um 11 Uhr in Rottweil mit dem Schwert enthauptet wurde. Die Hinrichtung ging „schnell und ganz gut vonstatten". Er selbst hatte sich wohl schon darauf eingestellt, gerädert zu werden, da alle Vorbereitungen dazu getroffen worden waren, da wurde im letzten Moment ein „Begnadigungs-Decret" verkündet, demzufolge der König die Strafe des Rades in die des Schwertes abgemildert hatte. Mattes, der schon bei der Urteilspublikation den Wunsch geäußert hatte, mit dem Schwert hingerichtet zu werden, bedankte sich auf dem Richtplatz für diese „allergnädigste Abänderung".

Seine Leiche wurde „sofort an einem schicklichen, von jeder Straße entfernten Ort auf das Rad geflochten – und ebenda auch der Kopf der Kienlin auf den Pfahl gesteckt, der Rumpf der letztern aber an das anatomische Theater nach Tübingen abgeliefert". Die von Scharfrichter Ritter vorgenommene Doppelhinrichtung war teils durch die Gendarmerie, teils durch Militär abgesichert worden.

Ein Vertreter des Oberamts Rottweil fragte Ende März 1812 – gut zwei Monate nach der Exekution – nach, ob nicht die beiden aufgespießten Köpfe und der auf das Rad geflochtene Körper „noch vor eintretender warmer Witterung wieder herabgenommen und auf der Stelle, wo sie sich gegenwärtig befinden, in die Erde vergraben werden dürfen, damit nicht durch die Fäulniß derselben die Luft verpestet werde". Am 14. April 1812 entschied man an höherer Stelle, dass der Rumpf von Mattes verscharrt, „dessen Kopf aber, so wie der Kopf der Francisca Kienlen aufgesteckt bleiben" sollten.[1]

Ein ähnliches Ehedrama spielte sich, wenn auch einige Jahrzehnte später, in Grömbach im heutigen Landkreis Freudenstadt ab. Nicht weit von dem Ort entfernt besaß der Waldschütz Johann Michael Roller ein einzeln stehendes Haus, in dem am Morgen des 22. November 1855 seine Frau auf dem Boden der Scheune mit zerschmettertem Kopf gefunden wurde. Unter der Anklage, sie erschlagen zu haben, stand der 1811 in Kuppingen (Herrenberg) geborene Waldschütz im Frühjahr 1856 vor dem Schwurgericht in Rottweil.[2]

Nachdem er 1832 zum Militär ausgehoben worden war, wo er es bis zum Feldwebel brachte, kam der Angeklagte 1838 mit seinem Regiment nach Heilbronn. Dort begann er ein Verhältnis mit der Dienstmagd Elisabeth Happold, die Anfang 1841 ein Kind von ihm bekam. Roller knüpfte unterdessen eine Beziehung mit Margarethe Schickler an, die im Dezember 1842 ein Kind von ihm zur Welt brachte, für das er jährlich zwölf Gulden zu zahlen hatte. Im September 1842 suchte er eine Anstellung im Forstdienst und besuchte zu diesem Zweck einen Forstrat in Ellwangen. Bei dieser Gelegenheit erneuerte er die Bekanntschaft mit seiner früheren Geliebten Happold, die dort im Dienst war. Im Oktober 1842 wurde ihm die Waldschützenstelle in Weiler bei Jagstzell übertragen und im Juli 1843 heiratete er die acht Jahre ältere Elisabeth Happold, verführte aber während der Vorbereitungen zu der Heirat die Tochter eines Sägemüllers, Marianna Konle, die am 9. Februar 1844 ein Kind von ihm zur Welt brachte, für das Roller jährlich 15 Gulden zahlen musste. Auch eine Maria Keller wollte im gleichen Monat ein Kind und später noch eines von ihm geboren haben, Roller legte aber einen Schwur ab, nichts mit ihr zu tun gehabt zu haben. Frau Keller bezichtigte ihn daraufhin auf offener Straße des Meineids. Neben seiner Ehefrau und der Sägemüllerstochter hatte sich auch seine Magd seiner Gunst zu erfreuen. Für ein von ihr im September 1852 geborenes Kind hatte Roller jährlich weitere zwölf Gulden zu zahlen.

Wegen dieses Lebenswandels machte ihm seine Frau natürlich Vorwürfe. Vor allem war ihr Anliegen, ihn von der Sägemüllerstochter abzubringen. Sie nahm sogar deren Kind einige Zeit im Haus auf, um ihr jeden Grund zu nehmen, weitere Forderungen an ihren Mann stellen zu können. Ihre Hoffnung auf eine Rückkehr zu einem geordneten Leben war allerdings vergebens. Im Gegenteil, seine Frau wurde dem Angeklagten durch ihre Klagen und Vorwürfe lästig. Er fasste einen Widerwillen gegen sie, „und von nun an mißhandelte er sie auf die roheste Weise, so daß sie oft verwundet sich in Nachbarshäuser flüchten mußte, während Roller mit der Konle sein verbrecherisches Leben fortsetzte“.[3]

Das Verhalten Rollers blieb seiner vorgesetzten Behörde nicht fremd, sodass er im April 1855 nach Grömbach versetzt wurde, während seine Frau mit dem Sohn in Weiler blieb. Als sich Roller eine Gelegenheit bot, das dortige Haus zu verkaufen, richtete er ein reuevolles Schreiben an seine Frau mit dem Wunsch, sie und seinen Sohn Wilhelm wieder bei sich zu haben. Vertrauensvoll und freudig packte seine Frau ihre Habseligkeiten auf einen Wagen und machte sich auf den Weg nach Grömbach, wo sie am 12. November 1855 eintraf. Groß war aber ihre Enttäuschung, als sie dort eine neue Geliebte ihres Mannes antraf.

Dieser ging nun mit dem Gedanken um, sich seiner Gattin auf immer zu entledigen. Eine alte Frau, die bei ihm wohnte, musste am 21. November das Haus verlassen. Am Morgen des folgenden Tages lockte er seine Frau in den oberen Teil der Scheune und gab ihr rücklings einen Stoß, sodass sie durch das Garbenloch (Loch oder Fenster im Giebel, durch das die Korngarben gereicht wurden), an dem er ein Brett entfernt hatte, hinunterstürzte. Sie fiel auf eine Leiter, erlitt aber keine lebensgefährlichen Verletzungen. Als Roller sah, „daß sie durch den Sturz nicht zu Grunde" gegangen war, erschlug er sie mit einem Prügel.[4]

Die Geschworenen sprachen den Angeklagten des Mordes für schuldig, worauf er am 2. April 1856 zum Tode verurteilt wurde. Der Präsident richtete sich in einer Ansprache an Roller: „Ich habe nur noch wenige Worte an Sie zu richten. Sie haben Ihre Ehefrau, die Ihnen mit grenzenloser Liebe zugethan war, auf eine schauderhafte Weise ums Leben gebracht. Sie haben aber auch nunmehr eine so tiefe Reue an den Tag gelegt, daß ich glaube, es ist bei Manchem, der gegen Sie seither mit Abscheu erfüllt war, an dessen Stelle jetzt Mitleid mit Ihnen getreten. Wenn Ihnen die Gnade des Königs nicht zu Theil wird, haben Sie Ihre Schuld mit dem Tode zu büßen."[5]

Der am 2. Mai 1856 hingerichtete Johann Michael Roller.

Nachdem König Wilhelm I. das Urteil am 24. April bestätigt hatte, nahm Scharfrichter Schwarz aus Öhringen die Hinrichtung des Verurteilten am Morgen des 2. Mai 1856 um 5.30 Uhr in Anwesenheit von etwa 400 Personen im inneren Hof des ehemaligen Klosters Rottenmünster vor. Zur „Besichtigung" Rollers hatte sich am Tag zuvor eine solche „zahllose Menge Volkes aus Stadt und Land" im äußeren Klosterhof in Rottenmünster eingefunden, dass die Wachmannschaft vom Landjägerkorps immer nur gruppenweise den Zutritt in den inneren Hof, wo die Guillotine aufgestellt war, gestatten konnte.[6]

Verhasster Schwiegervater in Wurmlingen, 1856

Noch war kein Jahr verflossen, als am Morgen des 28. April 1857 auf dem Hof des ehemaligen Klosters erneut eine Hinrichtung erfolgte.[7] Ihr ging im April 1857 eine Verhandlung vor dem Schwurgericht Rottweil voraus, bei welcher der 34-jährige Müller Sebastian Bacher aus Wurmlingen (bei Tuttlingen) eines Mordes angeklagt war.

Bacher hatte 1849 geheiratet und lebte zusammen mit seiner Frau und seinem Schwiegervater, dem Schreiner Jakob Pauli, in dessen Haus in Wurmlingen. Im Gegenzug mussten sie sich um den Vater kümmern und Bacher bearbeitete dessen Güter. Im Laufe der Zeit gab es allerdings häufig Streit, weil sich Pauli weigerte, seinem Schwiegersohn den Besitz zu übertragen bzw. seiner Tochter etwas von seinem ansehnlichen Geldvermögen abzutreten. Dabei zögerte Bacher nicht, seinem Schwiegervater, den er „Vielfresser" nannte, einen gesonderten Platz hinter dem Ofen zum Essen anzuweisen. Auch die Tochter stellte sich gegen den Vater, der den ihm eigenen Geiz so weit trieb, „daß er Leute um Brod, Geld und dergl. anbettelte, daß er sich weder Kopfhaar noch den Bart scheeren ließ, sondern sich nur von Zeit zu Zeit einzelne Haare ausrupfte; nebendem klebte ihm auch noch ein hoher Grad von Unreinlichkeit an."[8]

Am 8. Oktober 1856 schien dem Angeklagten ein günstiger Augenblick gekommen zu sein, den „überlästigen" Schwiegervater aus dem Weg zu räumen. Zwischen 16 und 17 Uhr waren sie allein in einer gemeinschaftlich genutzten Scheune, als Bacher dem 75-Jährigen mehrere Schläge mit einem stumpfen Gegenstand auf den Kopf versetzte, infolge derer er wenig später starb. Obwohl der Angeklagte den herbeigekommenen Leuten erklärte, der alte Mann sei von einer Leiter gefallen, so verbreitete sich doch bald der Verdacht, dass hier kein Unglücksfall vorlag, sondern ein Verbrechen, und Bacher wurde dem Oberamtsgericht Tuttlingen übergeben.[9]

Porträt von Sebastian Bacher.

Nach anderthalbstündiger Beratung sprachen die Geschworenen am 4. April 1857 den Angeklagten des Mordes für schuldig, worauf die Todesstrafe über ihn verhängt wurde. Er hatte während der dreitägigen Verhandlung fortwährend seine Unschuld beteuert. Am 24. April eröffnete ihm der Gerichtsvorstand in Gegenwart weiterer Mitglieder des Bezirksgerichts, dass der König von einer Begnadigung abgesehen hatte.[10]

Bacher war der erste seit Wiedereinführung der Todesstrafe in Württemberg, der unter der Guillotine sein Leben ließ, ohne ein Geständnis abgelegt zu haben.[11]

Ein „leibarmes Bürschchen" vor dem Schwurgericht

Auf der Anklagebank des Schwurgerichts Rottweil saß im Oktober 1860 „ein ziemlich leibarmes Bürschchen von fast knabenhaftem Aussehen, dessen stechender Blick jedoch einen unheimlichen Eindruck" machte. Es war der 20 Jahre alte, wegen Diebstahls, Bettelns und Landstreicherei vorbestrafte Maurergeselle Joseph Armbruster aus Imbrand im ehemaligen Gemeindeverband Lauterbach bei Schramberg. Bei seinen früheren Bettelzügen stellte er sich zum Schein stumm oder trug den Arm in einer Schlinge. Auf dem Beweistisch befanden sich eine silberne Uhr, Frauenkleidung, Stücke Tuch und der Schädel einer Verstorbenen.

Am Montag, dem 12. März 1860, wurde in dem zu dem damaligen großherzoglich badischen Amtsbezirk Wolfach gehörigen Ort Bergzell (die Gemeinde Schenkenzell zerfiel 1819 in die Gemeinden Schenkenzell und Bergzell, letzterer Ort wurde 1937 wieder mit Schenkenzell vereinigt) die ledige 50 Jahre alte Katharina Summ in ihrem Haus tot aufgefunden. Der Leichnam war steif gefroren. An der Stirn bemerkte ihr Bruder Johann Summ eine Verletzung. Außerdem fiel ihm auf, dass eine silberne Taschenuhr seiner Schwester nicht mehr an ihrem gewohnten Platz an einem Nagel an der Wand hing.

Als Summ am folgenden Tag eine Anzeige beim Amtsgericht Wolfach aufgab, zeigte sich bald, dass hier ein Verbrechen vorlag. Badische Landjäger fanden heraus, dass die vermisste Taschenuhr der Verstorbenen schon am 10. März einem Uhrmacher in Schramberg zum Ausbessern übergeben worden war. Dies führte auf die Spur des Angeklagten, gegen den nun das Oberamtsgericht Oberndorf ermittelte.

Im Februar 1860 war Armbruster aus dem Zuchthaus, wo er wegen Diebstahls eine Haftstrafe von fünf Monaten zu verbüßen hatte, nach Hause zurückgekehrt. Da er sich bei seinen in ärmlichen Verhältnissen lebenden Eltern nicht längere Zeit aufhalten konnte, sich aber auch nicht weit von zu Hause entfernen durfte, da seine Aushebung zum Militär bevorstand, suchte er in der Umgebung nach Arbeit. Am 5. März trat er beim „Waldhornwirth" Schwenk vom Zollhaus (bei Schiltach) eine Beschäftigung als Knecht an. Dort gefielen ihm aber weder die Arbeit noch der geringe Lohn von 48 Kronen in der Woche, den er neben der Kost erhielt und beinahe ganz für Schnaps und Wein verbrauchte. So verfiel er auf den Gedanken, sich bei Gelegenheit seinen Unterhalt auf andere Weise zu verschaffen.

Bei Holztransporten kam er auf der Straße von Aichhalden nach Schiltach mehrmals an dem Häuschen der 50-Jährigen vorüber, welches etwa 100 Schritte abseits der Straße in der Nähe des Waldes lag. Am 8. März ging Frau Summ am Haus Schwenks vorbei, wo Armbruster mit Wassertragen beschäftigt war. Der 16-jährigen Tochter des Wirts fiel auf, dass Armbruster der Vorbeischreitenden aufmerksam nachsah.

Am nächsten Morgen begab er sich zu ihrem Haus und ging durch die vordere, nicht verschlossene Haustür hinein. In der Absicht, die Bewohnerin zu berauben und nötigenfalls umzubringen, kam es wahrscheinlich gleich, nachdem er das Haus betreten hatte, zu einem Kampf, bei dem er die Überfallene in der Wohnstube mit einem Prügel, einem Stein oder der bloßen Faust erschlug. Er legte sie dann so an der untersten Stufe einer Treppe nieder, dass es den Anschein haben sollte, als habe sie durch einen Sturz ihr Leben verloren. Dann ließ er sich Zeit, das Haus gründlich zu durchsuchen und entwendete Geld und einige Gegenstände. Vom Tatort aus begab er sich nach Schiltach, wo er „ganz erhizt, mit geröthetem Gesicht und von Schweiß durchnäßten Haaren" bei der „Bruckenwirthin" Trautwein einkehrte. Er verkaufte in der Gegend einige der gestohlenen Sachen, ehe er am 16. März 1860 in Schiltach verhaftet wurde.

Nach halbstündiger Beratung sprachen die Geschworenen den Angeklagten des Mordes schuldig, wonach das Urteil des Schwurgerichtshofes am 13. Oktober 1860 nach viertägiger Verhandlung auf Todesstrafe durch Enthauptung lautete. Ohne die geringste äußerlich bemerkbare Gemütsbewegung nahm Armbruster das Urteil zur Kenntnis.[12]

Poetischer Anhang.

Wie doch die Habsucht blenden kann
Die Menschen hier auf Erden,
Daß ein so schwacher, junger Mann
Raubmörder konnte werden!

Genußsucht und der Müssiggang
Sind leider böse Brüder;
Doch treiben sie es selten lang,
Das sehen wir hier wieder.

Wie tief der Mensch in Sünden fällt,
Seht Ihr hier an Armbruster,
Wie lockend oft sei Gut und Geld,
Da sehet Ihr ein Muster.

Im Leichtsinn und in Arbeitsscheu
Verbrauste er die Jugend,
Bei Spiel und Wein und Völlerei,
Fern von dem Pfad der Tugend.

Leicht hätte er sein täglich Brod
Verdienen können ehrlich,
Bei hohem Lohn und ohne Noth,
Und noch ersparen jährlich.

O nehmts zu Herzen inniglich,
Ihr lieben jungen Leute!
Und werdet doch nicht lüderlich
Und nicht des Lasters Beute!

Mensch, was du thust, bedenk das End',
Sonst wirst du es bereuen,
Es lauert vor der Thür die Sünd',
Thu' Gottes Auge scheuen!

Es ist gewiß, wie ich Euch sag',
Kein Haar so fein gesponnen,
Es kommt am Ende an den Tag
Und an das Licht der Sonnen.

Die böse That kommt an das Licht
Ganz unverhofft, wir sehen
Den Krug zum Brunnen, bis er bricht
In tausend Scherben gehen.

Hier steht ein Mensch auf dem Schaffot
Von kaum erst zwanzig Jahren,
Sechs Jahr erst aus der Schul', ach Gott,
Was muß man nicht erfahren!

Wie mag es da den Eltern seyn,
Geschwistern und Verwandten,
Ach welche Schande, Kreuz und Pein
Für alle, die ihn kannten!

Wie wird er beben im Gericht,
Wenn sie ihn wird verklagen
Und sagt: der junge Bösewicht
Hat meuchlings mich erschlagen!

Vom Thurme tönet bang und dumpf
Die Armensünder-Glocke,
Schon liegt sein Haupt getrennt v. Rumpf
Dort auf dem blut'gen Blocke.

O Vater, höre sein Gebet,
Hab' Mitleid mit dem Armen,
Der jetzt zu Dir um Gnade fleht,
Du wirst dich sein erbarmen!!!

„Poetischer Anhang" in einer zeitgenössischen Beschreibung des Verbrechens Armbrusters.

Seine Hinrichtung mit der Guillotine fand am Morgen des 6. November 1860 auf dem Hof „des aus kolossalen Quadern erbauten neuen aber noch nicht vollendeten Kriminalgefängnisses" in Rottweil statt.[13] Das württembergische Innenministerium in Stuttgart hatte in einem Schreiben vom 11. April 1859 an die Regierung des Schwarzwaldkreises „die Benutzung des Hofraumes des zu erbauenden Bezirksgefängnisses als Hinrichtungsplatz" in Rottweil befürwortet.[14]

Vier Italiener auf dem Schafott, 1863

Am späten Nachmittag des 19. März 1862 entdeckte der Kaufmann Megenhardt aus Tuttlingen in einem Wald auf dem Witthoh an einer dicht bewachsenen Stelle eine schon von Mäusen und anderen Tieren angefressene männliche Leiche. Er machte sofort dem Oberamt Tuttlingen Anzeige, worauf sich noch spät abends eine Kommission auf den Weg machte. Man glaubte zuerst, der Tote sei verunglückt, als man ihn aber nach Tuttlingen gebracht hatte, stellte sich schnell heraus, dass er erschlagen worden war.

Die Leiche war die eines kräftigen breitschultrigen Mannes von ungefähr 30 Jahren Der Grad der Verwesung ließ darauf schließen, dass die Tat schon Monate zurücklag. Der Schädel war derart zertrümmert, dass fast 50 Knochenstücke aufgefunden wurden. Durch einige in der Nähe des Fundortes der Leiche gefundene Papierreste, eine Rechnung und Schuldscheine fand man heraus, dass es sich bei dem Erschlagenen um den Welschtiroler Eugenio Chiogna, Eisenbahnarbeiter, Maurer und Steinhauer aus Susa (Pergine Valsugana, Provinz Trient), handelte.

Man erfuhr weiter, dass am 7./8. Dezember 1861 eine Gruppe italienischer Eisenbahnarbeiter in Tuttlingen im Gasthof „Zum Hecht" übernachtet hatte und am anderen Tag nach Schaffhausen weitergereist war, darunter auch Chiogna, der aber nicht in Schaffhausen ankam. Seine Begleiter, die nichts über seinen Verbleib wissen wollten und in Verdacht gerieten, ihn umgebracht zu haben, wurden im März 1862 in Schaffhausen verhaftet und am 11. April nach Tuttlingen ausgeliefert, was nicht problemlos verlief: „Als die Nachricht hiervon in das Publikum drang, sammelte sich eine große Menschenmenge, die den Gefangenen entgegenzog und nicht übel Lust hatte, ohne Verzug einen Act der Lynchjustiz auszuüben."[15]

1258. **Orsolin** Giacomo, auch Tommaso, von Eiror, im Bezirke Primiero im Trienter Kreise Tirols gebürtig, (37 Jahre alt, 5' 7'' 5''' groß, untersetzt, stark, mit schwarzbraunen, struppigen Haaren und Augenbrauen, vollem, gesundfärbigem Gesichte, blauen Augen, braunschwarzem Schnurrbarte, mit einem Rocke von geripptem Sommerzeuge, manchesternen Hosen, grauquadrillirter Weste, schwarzem Halstuche und rothem Filzhute bekleidet), eines Raubmordes nicht unerheblich verdächtig, ist am 16. Juni l. J. Nachts aus dem Gefängnisse des k. Oberamtsgerichtes Tuttlingen ausgebrochen. Zu derselben Zeit ist aus einem Privatdienste zu Tuttlingen ein Mensch, der sich

1259. **Schmoll** aus Stuttgart nannte, (34 Jahre alt, bei 6' 1 — 1 1/2'' groß, mit dunkelblonden Haaren rundem, von der Sonne gebräuntem Gesichte, mit weiß und blau quadrillirten Sommerhosen, solcher Weste, braunem, halbwollenem Zeugrocke, neuer schwarzer Mütze, mit den Buchstaben **J. R.** gemärktem Hemde bekleidet), unter Umständen entwichen, die ihn des Betruges verdächtigten. Derselbe war früher bei der Fremdenlegion in Algier und ist möglicherweise der Befreier und Begleiter des Orsolin. Das k. Oberamtsgericht Tuttlingen ersucht um Fahndung und Einlieferung der beiden Vorgenannten.

Fahndungsanzeige bezüglich Orsolin, der im Juni 1862 aus dem Gefängnis in Tuttlingen ausgebrochen war, aber wieder gefasst wurde.

Nachdem das Oberamt Tuttlingen entsprechende Ermittlungen angestellt hatte, mussten sich im Frühjahr 1863 sieben Italiener/innen vor dem Schwurgericht Rottweil verantworten:

1) Giacomo Orsolin, lediger Maurer, 27 Jahre alt,
2) Giuseppe Tisott, lediger Mineur, 28 Jahre, wegen Gotteslästerung und Körperverletzung in Italien vorbestraft,
3) Vittorio Boso, lediger Mineur, 21 Jahre, gut beleumundet,
4) Antonio Marcon, lediger Steinhauer, 22 Jahre,
5) Battista Marcon, Maurer, 48 Jahre, verheiratet, Vater von Antonio Marcon,
6) Francesco Boso, Mineur, 54 Jahre, verheiratet, Vater von Vittorio Boso, er war ein „alter Musikus“ und „immer guter Dinge“,
7) Therese, Ehefrau von Francesco Boso, 42 Jahre, ihre Heimatbehörde warf ihr vor, dass sie die eheliche Treue nicht immer bewahrt habe und dass sie deshalb von ihrem Ehemann mit Worten und Schlägen zurechtgewiesen worden sei.

Die ersten sechs waren des komplottmäßig verübten Mordes und Raubes angeklagt, Frau Boso der Beihilfe dazu. Alle stammten aus dem damaligen kaiserlich königlichen Bezirksamt Primiero in Südtirol (das heutige Primiero San Martina von Castrozza liegt in der Provinz Trient). Im ganzen Königreich Württemberg und in den angrenzenden Distrikten von Baden und der Schweiz war das Interesse an dem „Italiener-Proceß" groß. Zu dem Eindruck, den die Angeklagten vor Gericht machten, hieß es: „Die Italiener gehören, wie man schon an Kleidung und Haltung erkennt, dem Arbeiterstande an, aber ihr Bildungsgrad ist ein ungleich höherer als der unserer deutschen Arbeiter, sie sind schon weit in der Welt herumgekommen und benehmen sich bescheiden und gewandt. Wer etwa gedacht hatte, er würde eine Banditengesellschaft sehen, war gewaltig enttäuscht beim Anblick dieser Leute."[16]

Francesco Boso war mit seiner Frau und seinen beiden Söhnen schon mehrere Jahre lang von seinem Heimatort zum Arbeiten fortgezogen. Im Sommer 1861 hielten sie sich in Erlenbach nördlich von Heilbronn auf, wo der Vater und seine Söhne beim Eisenbahnbau beschäftigt waren, während Frau Boso für ihre Familie und auch für andere Arbeiter kochte.

Battista Marcon und sein Sohn hatten im Sommer 1861 ebenso wie Chiogna in Schwäbisch Hall gearbeitet. Im November 1861 begaben sich die drei nach Erlenbach, wo sie mit der Familie Boso zusammentrafen. Um diese Zeit kamen auch Orsolin und Tisott, die in Heidelberg beim Eisenbahnbau gearbeitet hatten, nach Erlenbach.

Man beschloss, gemeinsam in Schaffhausen bei der Bahn Arbeit zu suchen. Weil er nicht aus der gleichen Gegend stammte, wurde Chiogna, der als fleißiger und sparsamer Arbeiter galt, von den Angeklagten nicht als eigentlicher Kamerad betrachtet. Man beneidete ihn aber, da er offensichtlich über Barmittel verfügte. Gerade das viele Geld, das sie in seinem Besitz wähnten, und die Tatsache, dass einige bei ihm Schulden hatten (entsprechende Schuldscheine waren bei der Leiche gefunden worden), ließen schon in Erlenbach „üble Gedanken" aufkommen, ihn auf dem Weg nach Schaffhausen umzubringen.

Am Morgen des 3. Dezember 1861 reiste die Gruppe zu Fuß von Erlenbach nach Heilbronn. Während Chiogna mit Frau Boso vorausging, sprachen die anderen darüber, wie die Tat auszuführen sei. Da Orsolin ein Handbeil besaß, sollte er Chiogna den ersten Streich versetzen, worauf dann die jüngeren Angeklagten, Tisott, Vittorio Boso und Antonio Marcon, ebenfalls Hand anlegen sollten. Von Heilbronn bis Stuttgart fuhr die ganze Gesellschaft mit dem Zug, danach ging sie am gleichen Abend noch bis Neckartailfingen. Orsolin gab an, fortwährend von den anderen, auch von Frau Boso, angegangen worden zu sein, endlich zur Tat zu schreiten, er habe sich aber noch nicht dazu entschließen können. Die Familienväter Francesco Boso und Battista Marcon hetzten mit den Worten: „Ihr Jungen seid nichts nutz, ihr habt keine Courage, als wir jung waren, waren wir andere Burschen, wir hätten ihn schon lange totgeschlagen, ohne so viel zu schwatzen."[17]

Während der nächsten Tage reiste die Gruppe teils mit der Bahn, teils zu Fuß über Reutlingen, Rottenburg, Hechingen, Balingen und Hofen bei Spaichingen nach Tuttlingen. In Hofen ergötzten die Italiener in einer Wirtschaft die anderen Gäste mit Harmonikaspiel, was ihnen Freibier einbrachte. In Tuttlingen bemerkte Chiogna am Abend des 7. Dezember, dass einige kein Geld für ein Essen hatten. Unaufgefordert lieh er Orsolin, Tisott und Antonio Marcon etwas. Auch Francesco Boso sprach ihn um Geld an, Chiogna wies ihn aber zurück, da er ihm schon genug geliehen habe.[18]

Am Sonntag, dem 8. Dezember 1861, stand die Gruppe früh auf. Es war ein kalter nebliger Morgen, sodass man nur wenige Schritte weit sehen konnte. Battista Marcon, Francesco Boso und seine Frau blieben mit deren jüngerem Sohn etwas zurück, damit dieser nicht merken sollte, was vor sich ging. Der vorausgehende Vittorio Boso fing mit Chiogna einen Wortwechsel an, worauf Orsolin mit dem Beil in der rechten Hand hinter Chiogna trat und ihm mit der stumpfen Seite auf den Hinterkopf schlug. Als dieser schwer verletzt auf dem Boden lag, rief Antonio Marcon: „Macht ihn hin, diesen Hund der Madonna!" Während sie ihn in den Wald trugen, sagte Chiogna: „Was macht ihr? Lasset mich gehen." Darauf versetzte ihm Vittorio Boso mit der Faust einige Schläge auf den Kopf. Als sie ihn im Wald niedergelegt hatten und er sich noch bewegte, schlugen sie der Reihe nach mit dem Beil auf ihn ein, bis sie glaubten, dass er tot sei. Antonio Marcon beseitigte die Blutspuren auf der Straße und eignete sich den Hut ihres Opfers an, der dort liegen geblieben war. Nun machten sie sich daran, den Erschlagenen auszuplündern. Vittorio Boso zog ihm den Gürtel vom Leib und nahm ihm die Geldbörse, ein Taschen- und ein Rasiermesser ab. Tisott zog ihm die Brieftasche aus dem Rock und entwendete seinen Kamm, seine Bürste und seinen Schirm. Orsolin machte sich über sein Bündel her und nahm eine Pfeife, eine Tabaksdose und ein Taschentuch an sich. Als sie Chiogna noch weiter in den Wald trugen, röchelte er, worauf sie nochmals auf ihn einschlugen, bis er kein Lebenszeichen mehr von sich gab. Die Beute war weitaus geringer als erhofft. Einige vermeintliche Goldstücke erwiesen sich als „werthlose Spielmarken". Orsolin und Tisott kehrten noch einmal zu dem Leichnam zurück und durchsuchten ihn gründlich, fanden aber auch jetzt kein weiteres Geld. Am 9. Dezember kam die Gruppe, unter der die Beute verteilt worden war, in Schaffhausen an, wo sie Arbeit fand.

Im Laufe der Ermittlungen und bei der Schwurgerichtsverhandlung legten Orsolin und Tisott umfassende, Vittorio Boso und Antonio Marcon weniger umfassende Geständnisse ab. Die Eheleute Boso und Battista Marcon stellten jede Schuld in Abrede. Den jüngeren Angeklagten, so meinte Francesco Boso, „sei ihre Seele nicht mehr werth als ein Schlappschuh". Da die Angeklagten nicht der deutschen Sprache mächtig waren, musste alles übersetzt werden.[19]

Am Ende des für damalige Verhältnisse außerordentlich langen Prozesses in Rottweil, der am 27. März 1863 begonnen hatte, erfolgte am 2. Mai nach 37-tägiger Verhandlung „unter ungeheurem Zudrang" des Publikums die Urteilsverkündung: Orsolin, Tisott, Vittorio Boso und Antonio Marcon wurden wegen „im Complot verübten Mordes" zum Tode verurteilt. Über Francesco Boso und Battista Marcon verhängte man wegen Beihilfe eine 22-jährige Zuchthausstrafe, über Frau Boso eine Zuchthausstrafe von 23 Jahren. Sie wurden am 6. Mai 1863 in die Strafanstalt in Gotteszell abgeführt, nachdem sie von ihren Söhnen einen herzzereißenden Abschied genommen hatten.[20]

Am Abend des 2. Juni 1863 teilte man den vier zum Tode Verurteilten mit, dass König Wilhelm I. am 29. Mai eine Begnadigung abgelehnt hatte. Während ihrer letzten Tage „sangen sie geistliche Lieder mit so lieblicher und ergreifender Stimme, daß die halbe Stadt zusammenlief, um ihnen zuzuhorchen. Am zweiten Tag verlangte Marcon noch seine Mundharmonika und spielte darauf mit großer Meisterschaft die Kaiserhymne, die von Tausend Thränen der Rührung begleitet wurde."[21]

Die Vierfachhinrichtung (in der Reihenfolge Orsolin, Tisott, Boso und Marcon) mit der Guillotine fand am Morgen des 6. Juni um 5 Uhr auf dem Hof des Rottweiler Gefängnisses statt. Tisott zog „nach einem italienischen Aberglauben, um selig werden zu können, die Stiefel aus und begab sich barfuß zum Schaffotte". Die Gegner der Todesstrafe benutzten diesen Fall, „wo vier Menschen, alle noch blühend und kräftig, alle reuig und bußfertig", sterben mussten, um sich für die Abschaffung dieser Strafart einzusetzen.[22]

Vierfachhinrichtung im Rottweiler Gefängnis. Orsolin liegt bereits auf dem Guillotinenbrett, die anderen drei Verurteilten (vor dem Geistlichen) harren ihres Schicksals.

Das Verbrechen sorgte für soviel Aufsehen, dass es 1866 im 37. Teil des „Neuen Pitaval“, einer „Sammlung der interessantesten Criminalgeschichten aller Länder aus älterer und neuerer Zeit“ aufgenommen wurde.[23]

5. Calw

Verzweifelte Gegenwehr eines betagten Mannes, Calmbach 1812

Johannes Jäger und sein Bruder Jakob Bernhard aus Calmbach (Stadtteil von Bad Wildbad) waren Söhne des dortigen Potaschensieders Veit Heinrich Jäger. Dieser lebte in dürftigen Verhältnissen, war zufrieden, wenn sie ihm bei der Arbeit halfen „und überließ sie sonst ihren Neigungen". Um ihre Bedürfnisse befriedigen zu können, schreckten die im Dorf berüchtigten Brüder auch vor Diebstählen nicht zurück.[1]

Am Donnerstag, dem 13. Februar 1812, beschlossen die beiden, noch am selben Tag jemanden umzubringen, um an Geld zu kommen. Sie wählten den ihnen bekannten, betagten Michael Vogt aus Malmsheim (Renningen) zu ihrem Opfer, der seit mehreren Jahren einen kleinen Butter- und Eierhandel in Wildbad betrieb. Sie wussten, dass er an jenem Tag von dort zurückkehren würde und hofften auf seinen Verkaufserlös. Mit Äxten bewaffnet, warteten sie, bis er im Wald mit seinem Karren erschien. Um eine Gelegenheit abzuwarten, ihn überwältigen zu können, fingen sie eine Unterhaltung mit ihm an, einige in der Nähe befindliche Wagen hielten sie aber von der Durchführung ihres Planes ab. Immerhin erfuhren sie, dass Vogt am Sonntag (16. Februar) wieder von Wildbad kommen würde.

Am Nachmittag dieses Tages lauerten sie ihm erneut im Wald auf und wieder begannen sie ein Gespräch. Plötzlich ergriff Bernhard Jäger ein vorher bereitgelegtes Holzstück und schlug damit dem Händler unter Anstrengung aller seiner Kräfte zweimal auf den Kopf. Vogt sank zu Boden, raffte sich aber gleich wieder auf und rief einen Mann, der in der Nähe war, um Hilfe. Hierauf flüchteten die Brüder und Bernhard ließ den Holzprügel fallen. Als sich sein Bruder überzeugt hatte, dass ihnen niemand mehr gefährlich werden konnte, überredete er Bernhard, Vogt zu verfolgen, „damit die räuberische Absicht erfüllt würde, und sie vor Anzeige sicher wären".[2] Dieser hatte sich indessen wieder erholt und war auf seinem Karren weitergefahren. Als er seine Verfolger bemerkte, nahm der alte Mann, der fast blind war, seine Kraft zusammen, sprang von seinem Karren herab und wandte sich mit dem Holzstück, das er zu seiner Verteidigung an sich genommen hatte, gegen Johannes Jäger. Dieser aber sprang auf ihn zu und drückte ihn nieder, während Bernhard mit dem wieder ergriffenen Prügel auf Vogt einschlug. Als Bernhards Kräfte nachließen, trat sein Bruder an seine Stelle und zerschmetterte die Hirnschale ihres Opfers, das sie anschließend ausraubten. Als sie nach Hause kamen, zechten sie in einem Wirtshaus. Am nächsten Tag kaufte sich Johannes von der Beute verschiedene Kleidungsstücke.

Nachdem die Leiche des Händlers gefunden worden war, kam man den Tätern bald auf die Spur. Das über sie verhängte Urteil lautete auf Todesstrafe durch das Schwert. Zuerst sollte der jüngere Bernhard Jäger, der bei seiner Verhaftung noch nicht ganz 17 Jahre alt war, unter den Augen seines Bruders hingerichtet werden, dann Johannes selber, dessen Körper auf das Rad geflochten werden sollte. Die Doppelhinrichtung fand am 2. Oktober 1812 in Calw statt.[3] Nach Wilhelm Mönch wurden beide Körper der Hingerichteten „in der Schlucht des Schinderbaches, links von der Nagold am Fußweg nach Hirsau, wo früher das Abdeckerhäuschen stand, aufs Rad geflochten und die Köpfe auf Spieße gesteckt“.[4]

Erschlagen, ausgeraubt und in die Rotmurg geworfen, 1817

Nachdem die am 21. Januar 1792 unehelich geborene Gertrude Pfeifflin aus Teinach (Bad Teinach-Zavelstein) einige Jahre als Dienstmagd gearbeitet hatte, kehrte sie um 1814 wieder zu ihrer Mutter, der Witwe Kleinbub, nach Teinach zurück, die noch fünf weitere Kinder hatte. Sie handelten mit Obst, Mehl und Gemüse, lebten aber auch vom Betteln. Da es der Familie hart erging, fasste die Witwe den Entschluss, nach Russisch-Polen auszuwandern. Sie verkaufte ihr kleines Haus in Teinach, vom Erlös blieb aber nur so wenig übrig, dass man ihr in Ulm wegen „Geringfügigkeit ihres Vermögens“ die Ausstellung eines Passes verweigerte. So war die Familie gezwungen, den Rückweg anzutreten.[5]

Die Mutter begab sich mit ihren jüngeren Kindern auf den Hof Dicke (Calw), um dort auf die königliche Entschließung hinsichtlich ihrer Bittschrift um die Wiederaufnahme in Teinach zu warten. Ihre Tochter Gertrude kam einen Tag später ebenfalls dorthin und traf eine alte Bekannte wieder, die 60-jährige Witwe Anna Maria Blocher aus Nordstetten (Horb am Neckar), geborene Joachim aus Bierlingen, die gerade im Begriff war, zum Betteln in die Täler bei Oberkirch (nordöstlich von Offenburg) zu gehen. Als sich Gertrude

Pfeifflin ihr anschloss, kam sie auf den Gedanken, die bejahrte Witwe unterwegs umzubringen und zu berauben.

Am 18. Juni 1817 verließen sie den Hof Dicke und schlugen den Weg nach Neubulach ein. Tags darauf entwendete Gertrude Pfeifflin dem Schultheißen in Besenfeld (Ortsteil von Seewald) ein Beil, das ihr als Mordwerkzeug geeignet schien. Nachdem sie am 24. Juni im Baiersbronner Obertal auf einzeln gelegenen Höfen gebettelt hatten, erreichten sie gegen 10 Uhr morgens eine besonders einsame Stelle an der Rotmurg, wo sie sich niedersetzten und nach einer Weile das Mittagessen zu sich nahmen. Als die Witwe sich anschickte weiterzugehen, versetzte ihr Gertrude Pfeifflin mit dem Beil zwei tödliche Schläge auf den Kopf. Sie nahm das Geld und einige Sachen der Verstorbenen an sich und warf die Leiche eine hohe Felswand hinab in die Rotmurg. Ein Bauer fand sie dort vier Tage später.

Gertrude Pfeifflin, die vor der Tat öfters zusammen mit der Witwe gesehen worden war, geriet unter Tatverdacht, wurde steckbrieflich gesucht und am 26. Juli 1817 verhaftet. Das Oberamt Freudenstadt führte die Generaluntersuchung und das Kriminalamt Calw die Spezialinquisition durch. Erst nach längerem Zögern legte die Angeschuldigte im Gefängnis in Calw ein Geständnis ab. Der Kriminalgerichtshof in Esslingen und der Kriminalsenat des Obertribunals verurteilten die Angeklagte wegen Raubmordes zum Tode durch das Schwert.[6]

Calw. Stadtansicht von 1830.

Nach der Bestätigung des Urteils durch König Wilhelm I. am 14. August 1818 brachte man die Verurteilte am 28. August 1818 auf einem Karren vom Gefängnis, dem „Langen“, zum Richtplatz am Weg von Calw nach Zavelstein. Währenddessen läutete das Armesünderglöckchen auf dem Rathaus.[7] Die Hinrichtung nahm Scharfrichter Belthle aus Tübingen vor.[8] Nach der Enthauptung wurde der Kopf der Hingerichteten „zur öffentlichen Schau“ auf einen Spieß gesteckt.[9]

6. Ludwigsburg

Das Königliche Kriminaltribunal verordnete am 2. Oktober 1812 in der Untersuchungssache gegen Johann Andreas Rohleder aus Ludwigsburg wegen Ermordung der schwangeren Friedrika Krauß aus Ludwigsburg, dass der Delinquent „statt der erkannten Strafe des Rads, mit dem Schwerdte vom Leben zum Tode gebracht, demnächst sein Körper auf das Rad geflochten, und sein Haupt auf einen an dem Rade befestigten Spieß aufgesteckt" werden sollte. Dieses Urteil wurde am 6. Oktober 1812 in Ludwigsburg an Rohleder vollstreckt.[1]

Das Landvogteiamt zeigte „allunterthänigst" an, dass Kopf und Körper des Hingerichteten erst am 27. Januar 1813 „in aller Frühe" von der Richtstätte entfernt wurden. An deren Stelle stellte man eine schwarze Tafel mit dem Namen des Delinquenten und der Unterschrift „Mörder" auf.[2]

Raubmord in Ludwigsburg, 1828

Die Mutter von Christian Wilhelm Stölzel aus Backnang starb 1811, und zwei Jahre später verlor er auch seinen Vater, den Knopfmacher Friedrich Wilhelm Stölzel, der kurz zuvor zum zweiten Mal geheiratet hatte. Der Waise lebte nun einige Jahre bei seiner Stiefmutter in Backnang, wo er den gewöhnlichen Schul- und Religionsunterricht erhielt. Nach seiner Konfirmation 1816 kam er zu einem Seifensieder in Stuttgart in die Lehre. Nach deren Beendigung vier Jahre später machte er sich verschiedener Diebstähle schuldig, weshalb er am 4. November 1820 vom Kriminalsenat des Gerichtshofes in Esslingen zu einer fünfmonatigen Festungsstrafe verurteilt wurde.

Nach einer Beschäftigung als Geselle bei einem Seifensieder in Marbach trat er Anfang des Jahres 1822 die Wanderschaft an, die ihn nach Bayern, Österreich, Böhmen, Sachsen und Preußen führte. Im September 1822 kehrte er nach Württemberg zurück, um als Seifensieder in Calw zu arbeiten. An Ostern 1823 ging er erneut auf Wanderschaft, ehe er sich im August in Straßburg als Soldat für eine französische Legion anwerben ließ. Er desertierte aber und erschlich sich in Paris unter falschem Namen einen Pass, mit dem er nach Deutschland zurückkehrte. Er arbeitete nun bei einem Seifensieder in Rastatt, bis er im April 1824 zum Militär ausgehoben und einem Infanterieregiment in Ludwigsburg zugeteilt wurde, wo er Ende des Jahres 1826 zum Rottenmeister vorrückte. Als er allerdings im Dienst einige Fehler beging und im Sommer 1828 seinen Oberfeldwebel bestahl, wurde er am 7. Oktober jenes Jahres auf unbestimmte Zeit wieder zum „Gemeinen" degradiert.

Als solcher befand er sich vier Tage später auf der Polizeiwache Ludwigsburg. In der Nacht vom 11. auf den 12. Oktober hatte er mehrmals Wache gestanden, ehe er sich morgens zwischen 6 und 7 Uhr eine Pause erbat, um bei einem Bäcker das Frühstück einzunehmen. Nachdem er dort für zwei Kronen Branntwein getrunken hatte, begab er sich in das „Lamm-Wirthshaus", angeblich, um bei dem dort wohnhaften jüdischen Händler Jonas Gutmann, dem er 14 Gulden schuldete, eine schriftliche Bescheinigung der Schulden abzuholen. Er gab vor, seinen Vormund in Backnang unter Vorzeigen der Bescheinigung zur Begleichung der Schulden bewegen zu wollen.

Auf dem Weg in das Wirtshaus, so sagte Stölzel später aus, sei ihm „nun plötzlich der Gedanke" gekommen, Gutmann zu ermorden und zu berauben, um sich seiner Schulden ihm gegenüber zu entledigen und mit der zu erwartenden Beute weitere Gläubiger zu bedienen. Als er das Zimmer Gutmanns betreten und dieser sich an sein Schreibpult gesetzt hatte, um die gewünschte Bescheinigung zu erstellen, zog Stölzel seinen Säbel und versetzte dem vor ihm Sitzenden von hinten einen Schlag auf den Kopf. Da sich der zu Boden Gestürzte noch einige Zeit mit den Händen zu wehren versuchte, brachte ihm Stölzel weitere Hieb- und Stichwunden bei, bis Gutmann sich nicht mehr rührte. Hierauf nahm er dessen silberne Uhr und Barschaft an sich, die allerdings sehr gering war. Er schloss die Zimmertür des Ermordeten ab, steckte den Schlüssel ein und ging zur Wache zurück, wo keiner seiner Kollegen etwas Auffallendes an ihm bemerkte. Mit der geringen Beute nicht zufrieden, begab sich Stölzel zwischen 15 und 16 Uhr nochmals in das Zimmer des Toten, wo ihm Gegenstände und Geld im Gesamtwert von etwa 64 Gulden in die Hände fielen. Den größten Teil der geraubten Gegenstände versteckte er in der Kaserne. Inzwischen war dem Wirt des Gasthauses aufgefallen, dass Gutmann nicht aus seinem Zimmer kam, und zeigte dies bei der Polizei an. Als diese gegen 18 Uhr das Zimmer öffnen ließ, fand sie dessen Leiche vor.

Stölzel, der morgens und nachmittags in dem Wirtshaus gesehen worden war, geriet in Tatverdacht. An seiner Kleidung und seinem Säbel fanden sich Blutspuren. Zudem entdeckte man bei ihm einige der gestohlenen Gegenstände. Vor dem Oberamtsgericht Ludwigsburg leugnete er einige Zeit die Tat, legte aber schließlich ein Geständnis ab. Das vom Kriminalsenat des Gerichtshofes in Esslingen wegen Raubmordes verhängte Todesurteil wurde vom Kriminalsenat des Obertribunals (21. April 1829) wie auch von König Wilhelm I. (6. Mai 1829) bestätigt, woraufhin am 16. Mai 1829 in Ludwigsburg die Hinrichtung des Verurteilten mit dem Schwert erfolgte.[3]

7. Esslingen am Neckar

Eine Leiche in der Stiftskirche, Stuttgart 1811

Der Maurergeselle Johannes Schmid aus Neuhausen (Neuhausen auf den Fildern), der im Jahr 1800 als 13-Jähriger zu einem Maurermeister in Esslingen in die Lehre gekommen war, zog etwa vier Jahre später nach Stuttgart, wo er sich mit dem Maurergesellen Johannes Kurfuß aus Neuhausen ein Zimmer teilte. Während dieser als sparsam galt, neigte Schmid zu größeren Geldausgaben, was dazu führte, dass er bei Kurfuß Schulden machen musste.

Am 9. Oktober 1811 schickte er einen Handlanger („Speißbube") nach Neuhausen zu der Mutter von Kurfuß und ließ ihr ausrichten, dass ihr Sohn dringend einige Kleidungsstücke brauche. Der Handlanger erhielt sie, Schmid gab sie aber nicht an Kurfuß weiter, sondern versteckte sie unter einem Hausdach. Er war auf den Gedanken gekommen, seinen Zimmergenossen aus dem Weg zu räumen, um seiner Schulden entledigt zu sein und die Kleidungsstücke verkaufen zu können.

Zur Ausführung von Reparaturarbeiten befanden sich Schmid und Kurfuß Mitte Oktober 1811 auf dem Dachboden der Stuttgarter Stiftskirche. Nachdem Schmid einen Handlanger weggeschickt hatte, machte er Kurfuß Vorwürfe, dass er in Neuhausen über seine Schulden gesprochen habe. Es kam zu einem Wortwechsel, als Schmid plötzlich mit seinem Arbeitshammer auf den 19-Jährigen einschlug und ihn tötete. Die Leiche verscharrte er in einem auf dem Dachboden befindlichen Schutthaufen.

Stiftskirche um 1900. Ansicht von Osten (Schillerplatz).

In den nächsten Tagen ging er wiederholt zu der Mutter des Ermordeten und bat sie im Namen ihres Sohnes um Stoff für Kleidungsstücke und Geld. Er erzählte ihr, der Sohn habe in Stuttgart eine andere Arbeit gefunden und sei anschließend nach Frankreich gereist. Die Mutter wunderte sich, dass ihr Sohn ohne Verabschiedung eine solche Reise angetreten habe, ließ sich aber von Schmid überreden und gab ihm das Gewünschte.

Am 20. Dezember 1811 erfuhr er, dass zwei Bekannte von ihm, der 65-jährige Arbeiter Matthäus Gansloser und der 18-jährige Maurergehilfe Michael Banhard, die in Stuttgart Arbeit gefunden und etwas Geld verdient hatten, am nächsten Tag in ihre Heimat nach Deggingen zurückreisen wollten. Unter einem Vorwand schloss er sich ihnen an. Unterwegs schlug er mit Banhard einen Nebenweg ein, der tiefer in den Wald führte, während Gansloser auf der Straße weiterging. In der Nähe von Sillenbuch (Stadtbezirk von Stuttgart) erschlug Schmid seinen jungen Begleiter mit einem Stock und raubte ihn aus. Nachdem er die Leiche in ein Gestrüpp geschleppt hatte, holte er Gansloser bei Ruit wieder ein. Im Gasthaus zur Krone in Denkendorf hielten sie sich einige Stunden auf und aßen zu Mittag, ehe sie sich wieder auf den Weg machten. In der Nähe von Wendlingen am Neckar hob Schmid von der Straße einen faustdicken Stein auf, wickelte ihn in sein Taschentuch und versetzte Gansloser damit einen Schlag an die Schläfe, der den sofortigen Tod seines nunmehr dritten Opfers zur Folge hatte. Nachdem er auch dessen Geld und Habseligkeiten an sich genommen hatte, ging er nach Neuhausen zu seiner Geliebten, Anna Brill, ehe er am nächsten Tag im Wirtshaus zum Lamm in Neuhausen verhaftet wurde. Die Leiche Ganslosers, mit dem er gesehen worden war, war schon am Vortag gefunden worden. Schmid wurde vorübergehend im Rathaus in Neuhausen inhaftiert, wo er am 23. Dezember einen Selbstmordversuch beging. Er verletzte sich mit einem eingeschmuggelten Messer am Hals, konnte aber geheilt werden.

Erst durch die nun eingeleitete General- und Spezialuntersuchung kam man ihm bezüglich des Mordes an Kurfuß auf die Schliche. Aufgrund der Angaben Schmids fand man dessen stark verweste Leiche am 18. März 1812 auf dem Dachboden der Stiftskirche. Die Leiche Banhards hatte man bereits am 13. Januar 1812 entdeckt. Den Mord an ihm wollte Schmid einem gewissen (nicht aufzufindenden und wohl erfundenen) Joseph Schweitzer anlasten, kurz vor seiner Hinrichtung aber räumte er ein, selbst der Täter gewesen zu sein.[1]

Das Königliche Kriminaltribunal erkannte am 2. November 1812, dass Schmid wegen Mordes und Raubmordes mit dem Rad von oben herab hinzurichten sei, geschärft durch ein Schleifen zum Richtplatz.[2] Als ihm dieses Urteil noch am gleichen Tag mitgeteilt wurde, fiel er in eine längere Ohnmacht. Die Schärfung hatte er wohl dem Umstand zu verdanken, dass er sich im Laufe der Ermittlungen wenig kooperativ gezeigt und nur das eingestanden hatte, was ihm sowieso nachgewiesen worden war. Wäre nicht die Folter in Württemberg durch eine königliche Verordnung vom 23. April 1809 abgeschafft worden, hätte man ihn womöglich zur Wahrheitsfindung mit der Tortur belegt.[3]

Am 5. November 1812, dem Hinrichtungstag, überführte man ihn aus seinem Gefängnis ins Esslinger Rathaus, wo er in der Ratsstube auf den sogenannten Armensünderstuhl gesetzt wurde, der schwarz gestrichen und ohne Lehne war. Schon im Gefängnis war er in ein „Sterbkleid“ mit weißer Jacke, weißer Hose, weißem Halstuch und Kappe gekleidet worden. Der Oberamtmann eröffnete nun im Namen des Königs das „Hochnothpeinliche Halsgericht“. Nach der nochmaligen Verlesung des Urteils und einer im Druck erschienenen „Aktenmäßigen Darstellung“ der von Schmid verübten Mordtaten zerbrach der Oberamtmann ein schwarzes Stäbchen und warf es Schmid mit den Worten „Gott sei deiner Seele gnädig“ vor die Füße. Dann wurde er Scharfrichter Neher aus Stuttgart übergeben.

Nachdem der Verurteilte aus der Ratsstube abgeführt worden war, wurde er „statt des sonst gewöhnlich gewesenen Henkermals befragt, ob er nicht noch etwas genießen wolle“. Da er dies verneinte, setzte sich der Zug zum Richtplatz in Bewegung. Voraus ritten Gendarmen, dann folgte das Oberamtspersonal (zu Pferd), eine Polizeiwache (zu Fuß) und der Verurteilte, der dem Urteil gemäß auf einer Kuhhaut zum Richtplatz geschleift wurde, begleitet von zwei Geistlichen und umgeben von den Henkersknechten. Eine weitere Polizeiwache und vier Gendarmen zu Pferd schlossen den Zug. Ein Kommando Gendarmen, Polizei und die Bürgerwache machten ihm Platz und suchten den Andrang der Volksmenge und Unfälle zu verhindern.

Der Zug führte über den „Holzmarkt durch die Kirchengasse und Oberthorstraße zum Obern Thor hinaus. Die sogenannte halb 4 Uhr- oder Malefizglocke auf der Burg wurde, so wie der Zug began, geläutet, bis derselbe auf dem Richtplatz ankam; zu gleicher Zeit wurde die sogenannte Rathsglocke auf der Stadtkirch geläutet, bis der Zug zum Wolfsthor kam. Vom Wolfsthor an hörte das Läuten in der Stadtkirche auf und wurde die Wolfsthorglocke geläutet, bis der Zug durch das Obernthor passirt war.“[4]

Der Scharfrichter hatte sich schon vorher zu der Richtstätte begeben, die in Kreisform abgesichert war. Der Kreis wurde durch in den Boden geschlagene Pfähle gebildet, an denen ein Seil herumlief, das von etwa 200 Mann gesichert wurde. Auch außerhalb des Kreises waren Gendarmen verteilt, die den Andrang der Leute abwehren sollten. In einen inneren Kreis und auf das Schafott erhielten nur Mediziner Zutritt, die „interessante Beobachtungen zum Behuf ihrer Wissenschaft“ machen wollten. Schmid trat an den Rand des Schafotts und ermahnte die Anwesenden, sich an ihm ein Beispiel zu nehmen; er „würde noch länger gesprochen haben, wenn man ihn nicht endlich ermahnt hätte, zu endigen“.

Der Scharfrichter nahm nun die Räderung in der im Urteil vorgesehenen Form vor. Der Körper des Hingerichteten wurde auf das Rad geflochten und der vom Rumpf abgetrennte Kopf auf einen Spieß gesteckt, der an dem Rad befestigt war. Außerhalb des Kreises waren große Gerüste errichtet und von Fuhrleuten viele Wagen aufgestellt worden, „auf welche sich Zuschauer gegen Bezahlung einer Gebühr stellten“.

Das Oberamt Esslingen zeigte am 11. Februar 1813 an, dass der auf das Rad geflochtene Leichnam des Hingerichteten nebst dem Rad durch „den in vergangener Nacht erfolgten Eisgang“ fortgerissen worden war.[5]

Ehegatten- und Kindermord, Schnaitheim und Stuttgart

Einige Jahrzehnte später kam es in Esslingen zu zwei weiteren vollstreckten Todesurteilen, die am 6. Oktober 1866 nach mehrtägiger Verhandlung vom dortigen Schwurgericht über die 42-jährige Margarethe Dorothee Stierlin, gebürtig aus Oberdorf am Ipf (Bopfingen), und den ein Jahr jüngeren Geometer Christian Lukas Hörtig, gebürtig aus Urach, verhängt worden waren.[6]

Margarethe Dorothee Stierlen.

Christian Lukas Hörtig.

Porträts der 1866 Verurteilten, während der Verhandlung „nach der Natur aufgenommen“.

Die Verurteilte hatte im September 1842 den Müller Georg Andreas Stierlen aus Schnaitheim (Heidenheim an der Brenz), geheiratet, mit dem sie 13 Kinder bekam, von denen aber nur drei überlebten. Als Hörtig, der in Jungingen im damaligen Oberamtsbezirk Ulm mit der Tochter des dortigen Schultheißen verheiratet war und drei Kinder hatte, im Zusammenhang mit dem Bau der Eisenbahnstrecke von Aalen nach Heidenheim 1862 nach Schnaitheim kam und die Müllersfrau kennenlernte, entwickelte sich ein ehebrecherisches Verhältnis, „und in rasender Liebe hängt die schöne Müllerin an dem Buhlen".[7] Ihr Mann wusste davon, „ihm fehlte aber die Kraft, entschieden entgegenzutreten; im Unmuthe ergab er sich dem Trunke und kam immer mehr herunter".[8] Um ihn loszuwerden, mischte ihm seine Frau Arsenik in Brotkügelchen in den Tee, worauf er am 4. August 1864 starb. In Schnaitheim machte sich der Verdacht der Giftmischerei breit und der Bruder des Verstorbenen setzte gegen den Willen der Witwe eine Leichensektion durch, aber die Ärzte, die auf eine „beispiellos leichtsinnige, oberflächliche Weise zu Werke" gingen, fanden keine Hinweise auf eine Vergiftung.[9]

Nachdem sie das Anwesen in Schnaitheim verkauft hatte, zog die Witwe im Oktober 1864 nach Stuttgart in die Schillerstraße Nr. 23, um hier die Beziehung mit Hörtig fortzusetzen. Sie besaß etwa 14.000 Gulden (jedes ihrer Kinder etwa 8.000 Gulden), wovon sie einen großen Teil an Hörtig verlieh. Beide verfielen nun auf den Gedanken, auch Hörtigs Frau in Jungingen zu vergiften oder zu erdrosseln, Hörtig schreckte aber vor der Tat zurück.[10]

„Zügellose Sinnlichkeit" und Geldknappheit führten zu einem anderen Mordplan. Der 13-jährige Sohn der Witwe, Wilhelm, sollte getötet werden, um ihn beerben zu können. Am Morgen des 31. August 1865 legte ihm seine Mutter ein schwarzseidenes Halstuch Hörtigs um den Hals und zog ihn aufs Bett, wo sie ihn gemeinsam mit Hörtig erwürgte.[11]

Spuren am Hals des Jungen ließen auf Gewalteinwirkung schließen und führten auf die Spur der Mutter und ihres Geliebten, die Anfang September 1865 verhaftet wurden. Einige Monate gestanden sie nichts, sodass sie beinahe wegen mangelnder Beweise wieder freigelassen worden wären. Da übergab Frau Hörtig dem Untersuchungsrichter einige verfängliche Briefe, die ihren Mann und die Witwe sehr belasteten. Sie gestanden den Mord an dem Sohn ein, versuchten aber, dem jeweils anderen die Hauptschuld anzulasten.

Die Geschworenen sprachen die beiden Angeklagten der gemeinsamen Ermordung Wilhelms und Frau Stierlin der Vergiftung ihres Mannes für schuldig.[12] Zur Anerkennung des Todesurteils durch König Karl hieß es in der Presse: „Die Bestätigung des Urtheils hat zugleich eine allgemeinere Bedeutung, da sie beweist, daß die von der philanthropischen Demokratie in Württemberg betriebene Agitation gegen die Todesstrafe auf die Entschließungen des Königs keinen Einfluß gewonnen hat."[13]

Aus Anlass des Falles Stierlin/Hörtig wurde im Justizministerium die im Jahr 1864 von der Kammer gestellte Bitte um gänzliche Abschaffung der Todesstrafe genau überprüft, indessen dahin entschieden, dass eine völlige Beseitigung dieser Strafe nicht gerechtfertigt wäre.[14]

Die Doppelhinrichtung mit der Guillotine nahm Scharfrichter Schwarz aus Öhringen (I. Gehilfe: Kleemeister Friedrich Schäfer) am 18. Dezember 1866 morgens um 7 Uhr hinter den Mauern des Esslinger Oberamtsgerichtsgefängnisses gegenüber der Frauenkirche vor. Dem Werkmeister der „Hinrichtungsmaschine", Bauunternehmer Carl Joos aus Stuttgart, war aufgetragen worden, die Guillotine am Morgen des 17. Dezember aufzustellen.[15]

Nach einem amtlichen Berichte lauteten die letzten Worte Hörtigs, der im Anschluss an seine Mitverurteilte hingerichtet wurde: „Zuschauer! Ich sterbe gern; aber Menschen sind nicht fähig, mich zu richten; ich bin kein Mörder. Wer richtet denn Diejenigen, die Tausende hinschlachten lassen? Ich sterbe gern, denn ich muß sterben; aber es ist ein Unrecht, mich zu richten. Ihr seid Tyrannen, Mörder."[16]

8. Heilbronn

Das Königliche Kriminaltribunal verordnete am 13. August 1814 in der Untersuchungssache gegen den in Heilbronn verhafteten Georg Adam Doderer von der Murrhardter Sägemühle (ehemaliger Oberamtsbezirk Backnang), dass er statt der erkannten Strafe des Rades von oben durch das Schwert vom Leben zum Tode gebracht und danach sein Leichnam auf ein Rad geflochten werden sollte. Auf diese Weise verfuhr man mit ihm am 23. August 1814 im Heilbronner Köpfertal. Doderer hatte einen Raubmord an Johann Georg Lederer aus Ebersberg (Auenwald) verübt.[1]

Tod einer jungen Lehrerin, Schluchtern (Leingarten) 1899

Der 1856 in niederbayerischen Habelsbach (Laberweinting) geborene Franz Xaver Vogl erlernte in einer Brauerei in Kelheim das Bierbrauer- und später in München das Metzgerhandwerk. Schon in seiner Militärzeit von 1876 bis 1879 in Landshut befand er sich öfters in Geldnöten. Ende 1881 heiratete er in Landshut, doch er verließ seine Frau nach einigen Jahren. Er arbeitete in verschiedenen Städten, u. a. in München (Augustiner-Bräu), Au, Wien und Monheim, hielt es aber meist nicht lange an einer Stelle aus und zog bettelnd umher. Von 1891-1898 kam er mehrmals wegen Landstreicherei, Bettelns und falscher Legitimationspapiere mit dem Gesetz in Konflikt.[2]

Nachdem er eine Zeitlang bei seiner Mutter gelebt hatte, begab er sich 1899 nach Köln zu einem Bruder, von dem er etwas Geld zu bekommen hoffte. Von dort zog es ihn rheinaufwärts nach Andernach, wo er bis zum 23. Mai 1899 in einer Malzfabrik arbeitete. In den folgenden Tagen wanderte er über Mainz (hielt sich dort in einer Bierbrauerherberge auf), Ludwigshafen und Heidelberg nach Heilbronn. Am Abend des 28. Mai bettelte er im Haus eines Polizeidieners in Schluchtern (Leingarten, westlich von Heilbronn). Von dessen Frau erhielt er ein Stück Brot und ein Glas Most. Als der Polizeidiener nach Hause kam, kontrollierte er die Papiere Vogls und forderte ihn auf,

Schluchtern zu verlassen. Mit erbetteltem Geld übernachtete Vogl trotzdem in einem dortigen Wirtshaus.

Am nächsten Morgen begab er sich nach Schwaigern in das Schloss des Grafen von Neipperg, da er erfahren hatte, dass sich hier das Betteln lohnen könnte. Allgemein konnte er sich wegen seines Dialekts und seines schnellen Sprechens nur schlecht verständlich machen. Auf den Hauslehrer des Schlosses machte er den Eindruck „eines sehr unheimlichen, ganz frechen Menschen". In der Küche erhielt er etwas zu essen, bedankte sich aber nicht.

Am Nachmittag jenes 29. Mai ging er mehrere Stunden lang auf der Straße von Schluchtern nach Großgartach rastlos und auf und ab. Dabei sei er, so Vogl, auf trübe Gedanken gekommen und ins „Studieren und Sinieren". Er nahm sich vor, die „nächste beste Person", die ihm begegnen würde und Geld zu haben schien, zu berauben und nötigenfalls zu töten.

Gegen 16 Uhr kam ihm die junge Privatlehrerin Frida Gilbert entgegen. Sie hatte ihr elterliches Haus in Schluchtern, wo sie sich während der Ferien aufgehalten hatte, verlassen und wollte von Großgartach mit dem Zug nach Heilbronn fahren. Er ließ sie zunächst an sich vorbeigehen, rief dann „Halt" und ging rasch auf sie zu. Er packte dann die um Hilfe Rufende und stieß sie über den Straßengraben. Sie richtete sich auf und wollte über die Äcker fliehen, Vogl aber holte sie wieder ein, ergriff sie mit beiden Händen am Hals und warf sie zu Boden. Nun beugte er sich zu ihr hinunter und zog sein Messer. Wie er dann vorging, beschrieb er folgendermaßen: „Ich nahm mein Messer so in die Hand, daß die Klinge vorne beim Daumen herausschaute. Dan durchtrennte ich, wie ich es beim Schweinemetzgern gewöhnt bin, zuerst mit einem Schnitt die Haut u. stach die Gilbert dan in die linke Halsseite."[3] Innerhalb weniger Minuten verblutete sie. Er gab zu, bei der Begegnung mit ihr bemerkt zu haben, „daß es ein besser gekleidetes Fräulein sei u. das Blitzen ihrer Uhrkette im Sonnenschein schon von Weitem gesehen zu haben".[4] Sein Vorhaben, ihr die Uhr und ihr Geld abzunehmen, wurde durch das Hinzukommen einiger Passanten vereitelt, die ihn nach kurzer Verfolgung und verzweifelter Gegenwehr festnahmen, wobei ein Mann einen Messerstich erhielt.[5]

Nachdem er auf seinen Geisteszustand hin untersucht worden war, wurde Vogl am 3. Oktober 1899 vom Schwurgericht Heilbronn zum Tode verurteilt.[6] Seine Guillotinierung nahm Scharfrichter Siller aus Gablenberg (Stadtteil von Stuttgart) am Morgen des 25. November 1899 auf dem umschlossenen Hof des Heilbronner Landgerichts vor. Die Hinrichtung, während derer man auf dem Turm der nahen katholischen Kirche eine Glocke läutete, wurde durch ein Gebet geschlossen.[7]

Die Pleidelsheimer Raubmörder vor dem Schwurgericht

Vor dem Schwurgericht Heilbronn saßen am 11. und 12. April 1901 in Fesseln und scharf bewacht vier Hauptmitglieder einer Einbrecherbande, die im Monat zuvor (18./19. März) wegen zahlreicher Diebstähle von der Strafkammer mit zum Teil langjährigen Zuchthausstrafen belegt worden war. Zu verantworten hatten sich:

1. der Glasergeselle Viktor Englert, geboren im März 1878 in Oedheim im ehemaligen Oberamt Neckarsulm,
2. dessen Bruder Albert Englert, Orgelbauer, geboren im Juli 1881 in Ludwigsburg,
3. der etwa gleich alte Metzgergeselle Emil Rheinen, gebürtig aus Speldorf (Stadtteil von Mülheim an der Ruhr) und
4. der 25-jährige Fabrikarbeiter Wilhelm Abt, gebürtig aus Schwäbisch Hall, verheiratet mit einer Schwester der Brüder Englert. Alle vier waren zuletzt im Stuttgart-Cannstatter Raum wohnhaft.

Die Anklage beschuldigte die beiden Brüder Englert des versuchten Raubmordes am 7. Dezember 1900 an dem Fabrikanten Max Essinger in Cannstatt. Am Abend jenes Tages versteckten sie sich – Viktor mit einem offenen Dolchmesser und Albert mit einem Stockdegen in der Hand – im Maschinenmagazin der dortigen Firma Essinger und Rosengart. In dem Augenblick, als Essinger auf dem Weg vom Comptoir in seine Wohnung das Maschinenmagazin passierte, fielen sie über ihn her. Sie verfolgten den Davoneilenden und versetzten ihm, als er zur Tür hinaus im Garten zu Boden fiel, einen Stich mit dem Dolch und einen Schlag mit dem Stockdegen. Der nicht lebensgefährlich Verwundete konnte so laut um Hilfe rufen, dass sie Reißaus nahmen. Abt, der früher einmal bei Essinger gearbeitet hatte, stand unter der Anklage der Beihilfe, indem er den Brüdern Ratschläge und Anleitungen gab, wie das Verbrechen am besten zur Ausführung zu bringen sei.

Als Viktor Englert vom Gerichtspräsidenten gefragt wurde, was er zu den Beschuldigungen zu sagen habe, lautete seine Antwort: „Ich habe gar nichts zu erwidern, solange unter den Gerichtsherren solche Schufte sind.“[8] Er deutete dabei auf den Oberstaatsanwalt, der nach seinem Dafürhalten seinen Vater und ihn ungerecht behandelt hatte. Da Englert, dem solche Beleidigungen streng untersagt wurden, vorerst keine weiteren Angaben machte, ließ das Gericht seine in der Voruntersuchung gemachten Aussagen verlesen. Demnach war ihr Plan gewesen, Essinger in dem Maschinenmagazin zu überwältigen, ihn zu fesseln und zu knebeln und ihm die Schlüssel zum Kassenschrank seines Vaters abzunehmen. Dann wollten sie ihn in einen Kessel im Magazin stecken, um ungestört den Kassenschrank ausplündern zu können.

Viktor Englert.

Englerts Bruder hingegen sagte aus, es sei ausgemacht worden, dass Viktor dem Fabrikanten in dem Maschinenmagazin ein Messer vor das Gesicht halten sollte, damit dieser nicht schreie. Inzwischen sollte Albert den Fabrikanten mit Chloroform, das sie vorher an einer Katze getestet hatten, betäuben und ihm die Kassenschlüssel abnehmen.

Ein weiterer Punkt der Anklageschrift betraf die Brüder Englert und Rheinen. Diese hatten sich am Nachmittag des 29. Dezember 1900 von Cannstatt aus nach Pleidelsheim begeben, das sie gegen 20 Uhr erreichten. Ihr Ziel war, dort in der Wirtschaft Blank einen Diebstahl zu verüben. Albert Englert sollte allein hineingehen und den Wirt ablenken, um den beiden anderen Gelegenheit zu geben, Geld in einem hinteren Zimmer zu entwenden. Als der Plan misslang, suchten sie sich in der Person des Pleidelsheimers Kaufmanns Gottlieb Jung ein neues Opfer, von dem sie erfahren hatten, dass er zuhause Geld aufbewahrte. Viktor Englert äußerte, er verlasse Pleidelsheim nicht eher, bis er Beute gemacht habe, wenn auch einer sterben müsse. In der Nacht schlichen sie sich in das Haus des Kaufmanns ein und brachen seine Schlafzimmertür auf. Viktor versetzte ihm einen Dolchstich, der ihn tot zu Boden streckte, während die beiden Komplizen vor dem Haus Wache hielten. Die Beute bestand unter anderem aus etwa 70 Mark, zwei Uhren nebst Kette und einem goldenen Ehering. Als man später einige der gestohlenen Sachen bei Viktor Englert fand, behauptete er, sie auf dem Stuttgarter Bahnhof von zwei Unbekannten gekauft zu haben. Albert Englert bestritt vor Gericht, die Tötung des Kaufmanns beabsichtigt zu haben: „Als Räuberbande sind wir fort, aber nicht als Mörderbande, ich bin nicht schuldig am Tode des Jung. Ich hatte als Waffe nur einen Schlagring bei mir, den ich schon seit 6 Jahren für den Fall, daß es Händel giebt, bei mir trage."[9]

Albert Englert.

Der Gerichtshof verkündete am 12. April 1901 gegen Mitternacht das Urteil. Er verurteilte Viktor Englert wegen Mordes und „eines in einer Handlung damit zusammentreffenden Verbrechens des schweren Raubs mit Todesfolge" zur Todesstrafe und unter Einrechnung der von der Strafkammer verhängten Haftstrafe wegen versuchten schweren Raubes zu einer Zuchthausstrafe von 15 Jahren. Sein Bruder wurde wegen schweren Raubes mit Todesfolge zu lebenslänglichem Zuchthaus und wegen versuchten schweren Raubes zu einer Gesamtzuchthausstrafe von 15 Jahren verurteilt. Rheinen erhielt wegen schweren Raubes mit Todesfolge eine lebenslängliche Zuchthausstrafe und Abt wegen Beihilfe zum versuchten schweren Raub zehn Jahre Zuchthaus.[10]

Nach Bestätigung des Todesurteils durch König Wilhelm II. nahm Scharfrichter Siller am frühen Morgen des 13. Juni 1901 die Guillotinierung von Viktor Englert in Heilbronn vor. Der Akt, zu welchem außer den Offiziellen etwa 100 Privatpersonen zugelassen waren, dauerte nur wenige Minuten.[11]

Weitere Hinrichtungen im 20. Jahrhundert

Bereits vier Jahre später trat Scharfrichter Siller erneut in Heilbronn in Aktion. Am Morgen des 1. Dezember 1905 nahm er die Hinrichtung des 20-jährigen Bäckergesellen Ernst Mogler aus Böckingen (Stadtteil von Heilbronn) auf dem Hof des Landgerichts mit der Guillotine vor.[12]

Mogler hatte in der Nacht vom 12. auf den 13. Juni 1905 in Neckargartach seinen Dienstherren, den 38 Jahre alten Bäcker Bullinger, dessen Frau und dessen Kind erschlagen. Die Eheleute waren nach Mitternacht von einer Tanzveranstaltung zurückgekehrt und hatten sich, nachdem sie Mogler zur Arbeit geweckt hatten, zur Ruhe begeben. Gegen 3 Uhr erschlug dieser seine schlafenden Opfer mit einem großen Holzbeil, wie sie von Bäckern zum Zerkleinern ihres Holzes verwendet wurden. Einen Kampf hatte es den Ermittlungen zufolge nicht gegeben. Die Erschlagenen lagen mit klaffenden Kopfwunden in ihren Betten, die über und über mit Blut befleckt waren. Ein Geldschrank der als vermögend geltenden Eheleute war aufgebrochen und ausgeraubt worden.[13]

Mogler, der als Waise in Erziehungsheimen groß geworden und mehrfach vorbestraft war, wurde Anfang Oktober 1905 vom Schwurgericht Heilbronn wegen Raubmordes an der Familie Bullinger dreimal zum Tode verurteilt. Am 28. November 1905 teilte man ihm mit, dass der König von seinem Begnadigungsrecht keinen Gebrauch gemacht hatte.[14]

Der Landarbeiter Franz Monkosa aus Makosy Nowe (Kreis Radom, Polen) verübte am 25. November 1920 nach sorgfältiger Vorbereitung in Bürg (Neuenstadt am Kocher, bei Bad Friedrichshall) einen „geradezu bestialischen Raubmord".[15] Er ging abends, als bereits alle Gäste weg waren, in die Wirtschaft zur Krone, bestellte ein Viertel Wein und wartete, bis der Wirt zu Bett gegangen war. Dann überfiel er dessen allein in der Wirtschaft zurückgebliebene Nichte, die 38 Jahre alte Johanna Ermold, als sie vom Keller kam, und schnitt ihr mit einem Transchiermesser den Hals bis zur Wirbelsäule durch, beraubte sie der Tageseinnahmen und durchsuchte verschiedene Behältnisse nach Geld. Er nahm 280 Mark und 40 Zigaretten an sich. Monkosa verübte diese Tat, um sich mit dem Geld ein Haus in Polen kaufen zu können.

In seiner Verhandlung Ende Januar 1921 vor dem Schwurgericht Heilbronn gestand er das Verbrechen in vollem Umfang ein und gab zu, dass er auch den Wirt in gleicher Weise umgebracht hätte, wenn er ihm entgegengetreten wäre. Unter Aberkennung der bürgerlichen Ehrenrechte und Zuweisung der Gerichtskosten wurde er vom Gerichtshof wegen Raubmordes zum Tode verurteilt.[16] Im Gefängnis versuchte er später, einen Wärter mit einem Stuhlbein zu erschlagen, um fliehen zu können.[17]

Nachdem der württembergische Staatspräsident Hieber das Todesurteil bestätigt hatte, nahm Scharfrichter Siller am Morgen des 23. März 1921 die Guillotinierung des 21-Jährigen auf dem hermetisch abgeschlossenen Hof des Heilbronner Landgerichts unter Leitung von Oberstaatsanwalt Frank vor. Das Urteil der Geschworenen wurde auf ausdrückliches Verlangen Monkosas auch in polnischer Sprache verlesen. Ein Dekan leistete dem Verurteilten, der völlig gebrochen war, geistlichen Beistand.[18]

9. Göppingen

Die erste Hinrichtung im Bearbeitungszeitraum war in Göppingen die des Schäfers Michael Mohring aus Dürnau am 28. Februar 1815. Wegen eines an seiner Frau verübten vorsätzlichen Totschlags war er am 20. Februar 1815 vom Königlichen Kriminaltribunal zum Tode durch das Schwert verurteilt worden. Nach seiner Enthauptung wurde sein Kopf auf einen Pfahl gesteckt.[1]

Das am 24. Juli 1816 wegen Mordes an der Witwe Maria Ursula Schützle aus Jebenhausen vom Kriminaltribunal über Wilhelm Heinrich Reichert aus Jebenhausen (heute Stadtbezirk von Göppingen) verhängte Todesurteil sah vor, dass er „mit dem Rade von oben herab vom Leben zum Tode gebracht, demnächst sein Kopf auf einen Pfahl gestekt, und der Leichnam auf das Rad geflochten, auch die Kosten der Untersuchung aus seinem Vermögen ersezt werden sollen". Die Hinrichtung Reicherts erfolgte am 2. August 1816 in Göppingen auf die im Urteil angegebene Weise.[2]

Auch Leonhard (Bernhard) Lehner aus Holzheim (Göppingen) wurde am 16. Juli 1818 wegen eines an seiner Mutter verübten Mordes in Göppingen zur Richtstätte geschleift, mit dem Rad „von oben herab hingerichtet, hiernächst der Kopf von dem übrigen Körper getrennt, dieser auf das Rad geflochten, und jener auf einen Spieß gesteckt".[3]

Tötung der Ehefrau „mit voller Ueberlegung", Göppingen 1826

Auf Zureden seiner Angehörigen ging Johann Friedrich Raff aus Göppingen im Frühjahr 1818 mit der damals 28 Jahre alten Luise Katharine Diez aus Dettingen unter Teck die Ehe ein und wurde zweifacher Vater. Obwohl er seinen Beruf als Metzger nicht ausübte, sondern ausschließlich Landwirtschaft betrieb, ging es der Familie finanziell gut, besonders da er von seiner im Februar 1818 verstorbenen Mutter beerbt worden war. Dennoch fühlte er sich durch den „Geiz, die zänkische Gemüthsart und die Unreinlichkeit" seiner Frau in der Ehe sehr unwohl.[4]

Als sie ihm wiederholt Vorwürfe machte, weil er angeblich zu großzügig anderen gegenüber gewesen sei, kam ihm am Nachmittag des 7. August 1826 auf dem Feld arbeitend „erstmals in den Sinn, durch Tödtung seiner Ehefrau sich seiner höchst traurigen Lage zu entziehen".[5] Am Mittag des nächsten Tages lockte er sie unter einem Vorwand auf den oberen Boden der Scheune und begann einen Streit mit ihr. Plötzlich ging er mit einem mitgebrachten Beil auf sie los und wollte ihr einen Schlag auf den Kopf geben, dem sie jedoch ausweichen konnte. Bei einem zweiten, ebenfalls auf den Kopf gerichteten Schlag, der nur das Gesicht streifte, fiel ihm das Beil aus der Hand und in die Scheune hinunter. Darauf versetzte er seiner Frau mit der Faust einen Schlag auf die Brust, was dazu führte, dass sie durch eine Öffnung im Scheunenboden in die Tiefe stürzte. Da sie noch atmete, schlug er mit dem Beil auf ihr Gesicht ein, das er anschließend säuberte, damit es „nicht so entstellt aussehe". Er zog ein anderes Kleidungsstück über sein blutiges Hemd an und ging dann mit einigen hinzugekommenen Personen in die Scheune, wo sie die Frau, die nach Angaben ihres Mannes einem Unfall zum Opfer gefallen sei, röchelnd antrafen. Eine Stunde später starb sie. Bei der Untersuchung des Leichnams stellte sich heraus, dass sie schwanger war.

Raff wusste nicht, dass ein Mieter von ihm beobachtet hatte, wie er auf seine Frau eingeschlagen hatte. Er versuchte sich herauszureden, indem er behauptete, seine Frau habe sich bei dem Unfall, dem Sturz vom Scheunenboden, schwer verletzt und er habe ihr, „um ihre Qual zu enden, blos aus Mitleiden", einige Schläge versetzt. Schließlich aber gab er vor dem Oberamtsgericht Göppingen zu, seine Frau „mit voller Ueberlegung" getötet zu haben, da ihm ein weiteres Zusammenleben mit ihr nicht möglich erschienen sei. Er habe auch an eine Scheidung gedacht, habe aber die damit verbundenen Kosten gescheut.[6]

Der Kriminalsenat des Obertribunals erkannte am 26. Juli 1827, dass der Angeklagte wegen „meuchlings verübter Ermordung seiner schwangeren Ehefrau" zur Enthauptung mit dem Schwert zu verurteilen sei, auch die Kosten seiner Haft, der Untersuchung, seiner Verteidigung und Hinrichtung aus seinem Nachlass zu entrichten seien. König Wilhelm I. lehnte am 26. August eine „Milderung dieses Straf-Erkenntnisses im Wege der Gnade" ab, woraufhin am 14. September 1827 die Exekution „sehr glücklich mit einem Streiche" von Scharfrichter Matthäus Weidenkeller aus Ulm als aufgestelltem Kreisscharfrichter in Göppingen öffentlich vollzogen wurde.[7]

Rache am Schultheißen in Faurndau, 1833

Thomas Friedrich Rammenstein, jüngster Sohn des 1818 verstorbenen Schullehrers und „Heiligenpflegers" (Kirchenpfleger) Leonhard Gottfried Rammenstein aus Faurndau (heute Stadtbezirk von Göppingen), machte sich nach seiner Schulzeit als Schreiner in Faurndau ansässig. In seinem 24. Lebensjahr heiratete er Anna Maria, die jüngste Tochter des Lehrers Laurösch aus Albershausen. Wie aus einem Bericht des Oberamtsgerichts Göppingen an den Kriminalsenat des Königlichen Gerichtshofes für den Donaukreis vom November 1833 hervorgeht, verlief die Ehe, aus der fünf Kinder hervorgingen, unglücklich, da Rammenstein zu einem unvernünftigen und verschwenderischen Lebensstil neigte und in den 1820er Jahren wiederholt mit dem Gesetz in Konflikt geriet.[8]

Als seine Frau 1832 starb, machte er sich auf die Suche nach einer neuen Gattin. Die Kandidatinnen reagierten aber meist abweisend, wenn sie von seiner finanziellen Situation erfuhren. Anfang Februar 1833 endlich lernte er die 26-jährige Eva Katharina Straub, Tochter eines Webers aus Boll, kennen, die ihn heiraten wollte und von ihm schwanger wurde. Einer Heirat und einem Zuzug der Braut nach Faurndau stand allerdings der dortige Schultheiß Johann Michael Auwärter entgegen, der offensichtlich befürchtete, dass die aus der Ehe zu erwartenden Kinder des „vermögenslosen, dem Müssiggange und der Trunkenheit ergebenen" Rammenstein der Gemeinde zur Last fallen könnten. Als die Weberstochter Ende Mai 1833 zur Nachtzeit im Haus Rammensteins angetroffen wurde, ließ sie der Schultheiß für einige Stunden einsperren und anschließend durch den Dorfschützen aus dem Ort hinausführen. Sie besorgte sich hierauf von der Ortsobrigkeit in Boll ein Zeugnis, „daß sie an keinem der im Bürgerrechts-Gesetze bezeichneten Mängel leide", als sie damit aber in Faurndau auftauchte, erfolgte ihre zweite Ausweisung aus dem Dorf, die Rammenstein außerordentlich erzürnte und gegen den Schultheißen aufbrachte.

Die Weberstochter entschloss sich daraufhin, die Verbindung zu Rammenstein zu lösen und begab sich zu Erntearbeiten in die Nähe von Nellingen (bei Laichingen), wo sie bis Anfang November 1833 blieb. Auch als sie eine Vereinbarung mit Rammenstein unterzeichnete, dass sie wegen der Schwanger- und Mutterschaft keine Ansprüche an ihn stellen würde, ließ ihn der Gedanke, sich an dem Schultheißen zu rächen, nicht mehr los.

Nachdem er sich einige Zeit in der Umgebung herumgetrieben, auch in Donzdorf kurz gearbeitet hatte, kam er am 9. September 1833 nach Faurndau zurück. Als seine Tochter Friederike am nächsten Morgen das Haus verließ, um ihrer Beschäftigung als Näherin nachzugehen, und ihn fragte, ob er nicht auch arbeiten wolle, erwiderte er, „er gehe in das Schultheißenhaus und werde wohl eingesperrt werden". Mit einem Schnitzmesser und einem Klöpfel, einem „harthölzernen, 1 ¾ Pfund schweren Werkzeug", versehen, begab er sich daraufhin über Nebenwege zu Auwärter, den er am Schreibtisch sitzend vorfand. Nach einem Wortwechsel versetzte er dem 61-Jährigen mit dem Klöpfel einige kräftige Schläge auf den Hinterkopf, woraufhin er flüchtete und sich in seiner Scheune versteckte.[9]

Der mittlerweile aufgefundene Schultheiß gab noch einige Lebenszeichen von sich, erlag aber kurz nach der Ankunft des aus Göppingen herbeigerufenen Oberamtsarztes seinen schweren Kopfverletzungen. Bei der Leichenschau fand man „am Hinterhaupte drey bedeutende Wunden und das Schädelgewölbe ganz zertrümmert, so daß nach dem Urtheile der Aerzte der Tod nothwendig erfolgen mußte".[10]

Der Tatverdacht fiel sofort auf Rammenstein, den man beim Betreten und Verlassen des Auwärter'schen Hauses gesehen hatte. Man fand ihn noch an jenem 10. September in seiner Scheune „bis an den Kopf in das Stroh eingegraben" und übergab ihn dem Oberamtsgericht Göppingen. Erst in seinen letzten Verhören gestand er, mit welcher „vorgefaßten Besonnenheit und Entschlossenheit" er sich vorgenommen hatte, den Schultheiß ums Leben zu bringen.[11]

In der Hauptstraße 44 (Gebäude rechts) in Göppingen war von 1893-1909 das Oberamtsgefängnis ansässig.

In der von dem Gerichtshof für den Donaukreis von Amts wegen zur Revision vorgelegten Untersuchungssache gegen Rammenstein erkannte der Kriminalsenat des Königlichen Obertribunals am 10. Juni 1834 in Stuttgart, dass der Inquisit zur Enthauptung mit dem Schwert zu verurteilen sei. Nachdem das Urteil am 23. Juni 1834 von König Wilhelm I. bestätigt worden war, nahm Scharfrichter Weidenkeller am 3. Juli 1834 die Hinrichtung des 40-Jährigen in Göppingen vor.[12]

10. Ulm

Beerdigung zwei Jahre nach der Hinrichtung

Allzu gerne hätte der im Februar 1793 in Ehingen geborene Matthias Harscher die Kirmes in Söflingen (Stadtteil von Ulm) besucht, wo er als Metzgerknecht arbeitete. Er ging daher am 15. Oktober 1814, einem Samstag, von Söflingen aus nach Schelklingen und hoffte, von seinem dort als Pfarrvikar tätigen Bruder nicht nur eine ihm versprochene Uhr, sondern auch einige Mittel zum Vergnügen bei der Kirchweihe zu erhalten. Da ihm sein Bruder allerdings nur sechs Kreuzer gab, ging er über Ringingen weiter nach Oberdischingen, wo er gegen 16 Uhr ankam. Hier fragte er bei verschiedenen Einwohnern vergeblich um Geld nach.[1] In einem dortigen Wirtshaus lernte er den bei einem Ulmer Petschierer (Stempelschneider) angestellten Juden Herz Levi, gebürtig aus Mannheim, kennen, einen „wegen seines rechtlichen Charakters in der Gegend bekannten und geachteten Mann".[2] Auch er wollte zurück nach Ulm, sodass man übereinkam, abends den Fußweg gemeinsam zu bestreiten. Harscher, der letztendlich doch noch etwas Geld von einem ihm bekannten Sattler geliehen bekam, verspätete sich, holte Levi aber zwischen Donaurieden und Erbach wieder ein.

Unterwegs, so sagte der Metzgerknecht später aus, habe sein Begleiter mit der Hand in der Westentasche gespielt und da habe er, Harscher, „Geld darin klappern gehört". So sei er auf den „verruchten Gedanken" gekommen, ihn zu berauben. Sie hatten zwischen 20 und 21 Uhr schon den größten Teil der Strecke hinter sich, als Harscher eine halbe Stunde vor Söflingen in der Gegend der Galgensteige einige Schritte hinter Levi zurückblieb und ihm unversehens mit seinem Stock einen Schlag auf den Kopf versetzte. Der zu Boden Gestürzte rappelte sich aber schnell wieder auf und setzte sich gegen den Angreifer zur Wehr. In einem Handgemenge miteinander ringend, rollten sie einen an der Straße befindlichen Abhang hinunter. Levi war nahe daran, seinen Widersacher zu bezwingen, als dieser sein Metzgermesser aus der Tasche zog, womit er ihm einige Stiche versetzte und die Kehle durchschnitt. Der Anblick des Leichnams schreckte ihn so sehr, dass er es nicht wagte, ihn nach Geld zu durchsuchen. Er packte ihn an den Füßen und zog ihn zur Donau. Dann begab er sich nach Söflingen zurück, wobei er, so Harscher, „vor Schrecken“ beinahe nicht mehr habe gehen können.

In der Dunkelheit hatte er nicht bemerkt, dass die Donau an der Stelle, wo er die Leiche in den Fluss verfrachtet hatte, sehr flach war. Sie wurde dadurch nicht wie geplant vom Wasser mitgezogen, sondern blieb an Ort und Stelle im Sand liegen und wurde schon am nächsten Morgen entdeckt. Bei dem nicht viel später in Söflingen verhafteten Metzgerknecht, der frische Wunden und Blutspuren an den Fingern aufwies, fand man das Tatmesser und blutbefleckte Kleidung.[3]

Nachdem das Königliche Obertribunal in Esslingen am 2. September 1815 die Todesstrafe durch das Rad von oben herab über ihn verhängt hatte, teilte man Harscher drei Tage später im Ulmer Gefängnis mit, dass er nicht begnadigt worden war. Gleich anschließend wurde er unter Bewachung an einem „leidlicheren Aufenthaltsort“, einer Stube im Ulmer Rathaus, untergebracht, wo er bessere Nahrung sowie geistlichen Beistand bekam und sich von Verwandten, Freunden und Bekannten verabschieden konnte. Die Hinrichtung sollte ursprünglich am 8. September in Ulm stattfinden, wurde aber auf den folgenden Tag verschoben, weil der 8. ein katholischer Feiertag war und „der Beichtvater selbsten es für den Maleficanten zweckmäßig ansah, wenn derselbe noch einen Tag länger bearbeitete werde“ (so der Leiter der Hinrichtung, der Ulmer Oberamtmann Muff).[4]

Am 9. September 1815 verlas man Harscher in der Gerichtsstube im Rathaus nochmals das Urteil und brach den Stab über ihn, ehe er Scharfrichter Johann Matthäus Weidenkeller übergeben wurde. In einem Zug von Gespannen und Fußgängern, der im Wesentlichen aus Gendarmerie, Gerichtspersonal und dem von 16 Gendarmen umgebenen Verurteilten bestand, brachte man diesen nun zum „Neuen Thor“ hinaus zum Richtplatz außerhalb der Stadt auf einem Acker im Lehrertal. Dort war ein Schafott errichtet worden, von dem aus Harscher nach einem Gebet folgende Worte an die zahlreich erschienenen Zuschauer richtete: „Nehmet ihr Leute, die ihr hier versamelt seyd, ein Beyspiel an mir. Ich sterbe des gerechten Todes, den ich durch meine große Missethat verdienet habe!“[5]

Nun ergriffen ihn die Scharfrichtergehilfen, legten ihn auf den Rücken und banden ihn auf dem Boden des Schafotts fest. Das Gesicht des bis auf das Nötigste Entblößten bedeckten sie mit einem weißen Tuch. Einem nachträglichen Befehl König Friedrichs I. zufolge wurde Harscher auf dem Schafott durch Strangulation getötet, ehe der Scharfrichter durch drei Herzstöße mit dem Rädern des Toten begann. Danach bestätigte ihm Oberamtmann Muff: „Du hast recht gerichtet wie Recht und Urtheil spricht.“[6]

Nach der Ansprache eines Geistlichen trugen die Scharfrichtergehilfen die Leiche des „Geradbrechten“ in einen unter dem Schafott bereitgestellten Sarg und transportierten diesen mit einem Karren auf einen in der Nähe befindlichen Platz „neben der Schinderhütte am Saum des Eselbergwaldes“, wo sie die Leiche auf das Rad banden.

Am 3. September 1817, also fast genau zwei Jahre nach der Hinrichtung, meldete das Oberamt Ulm dem Kriminaltribunal in Esslingen, dass Harschers Leiche erst einige Tage zuvor, am 28. August, vom Scharfrichter beigesetzt worden war, da sie vom Rad heruntergefallen und „mit seinen Gebeinen Unfug getrieben“ worden war.[7]

Bei Ebersbach erschlagen, 1860

Am 10. Mai 1860 um 6 Uhr morgens fanden Schulkinder, die von Krapfenreut nach Ebersbach an der Fils (bei Göppingen) in die Schule gingen, in einer Lehmgrube die Leiche eines Mannes, der, wie sich bei näherer Untersuchung herausstellte, mit einem schweren Stein, der blutbespritzt neben dem Leichnam lag, erschlagen und seiner Barschaft beraubt worden war. Es handelte sich um den 59 Jahre alt gewordenen Gemeinderat Vollmer aus Weiler ob der Fils. Der Tat verdächtig und geständig war der gerade erst aus einem Arbeitshaus entlassene 23-jährige Tagelöhner David Wilhelm Bauer aus Göppingen.

Dieser war am Tag zuvor gegen 17 Uhr Vollmer in Oberberken (Stadtteil von Schorndorf) begegnet und vermutete, dass er einiges an Geld mit sich führte. Er verfolgte den in Richtung seiner Heimat Gehenden, der sich in der Nähe der erwähnten Lehmgrube unter einem Baum auf den Bauch legte und eingeschlafen zu sein schien. Diese Gelegenheit nutzte Bauer, um ihm mit dem als Tatwaffe verwendeten Stein zwei- oder dreimal auf den Hinterkopf zu schlagen und ihn zu berauben. Die Leiche zog er an den Stiefeln in die Grube. Den Geldbeutel und ein Messer, das er dem Erschlagenen ebenfalls abgenommen hatte, warf er später weg.

Nach der Tat fuhr er mit der Eisenbahn von Ebersbach nach Göppingen, wo er im Spital übernachtete und durch seine große Unruhe auffiel. Am Morgen des 10. Mai ging er zu Fuß nach Ebersbach zurück und entwendete eine Hacke, mit der er offensichtlich sein Opfer verscharren wollte. Auf dem Weg zum Tatort machte er sich jedoch verdächtig und eilte nach Ebersbach zurück, wo er verhaftet und dem Schultheißen vorgeführt wurde, dem er alles gestand.

Bauer hatte mittellose Eltern, die ihn schon in frühester Jugend zum Betteln anhielten. Als sein Vater wegen Diebstahls ins Zuchthaus musste, wurde Bauer bei der Wilhelmshilfe in Göppingen und später bei der Paulinenpflege in Winnenden untergebracht, wo er mehrere Jahre blieb. Nach seiner Konfirmation, die wegen eines von ihm verübten Diebstahls hinausgeschoben werden musste, schickte man ihn nacheinander zu zwei Schuhmachermeistern in Göppingen in die Lehre, er lief aber jedesmal davon. Während seiner nun folgenden Tätigkeit als Tagelöhner wurde er mehrmals wegen Diebstahls verurteilt, zuletzt zu 14 Monaten im Arbeitshaus Ludwigsburg. Hier sann er „auf Nichts mehr, als nach seiner Entlassung Geld zu bekommen, wenn auch mit Gewalt“.[8]

Beim Schwurgericht Ulm verzichtete Bauer, der sich im Gefängnis offen für geistlichen Zuspruch zeigte, auf eine Verhandlung vor Geschworenen. Ein zahlreiches Publikum fand sich zu dieser Sitzung ein, die wegen des Verzichtes bald zu Ende war. Bauer wurde am 25. Juni 1860 zum Tode durch Enthauptung verurteilt und legte kein Gnadengesuch ein. Er zog den Tod auf dem Schafott einer lebenslänglichen Haftstrafe im Zuchthaus vor, „denn da würde er am Ende nur wieder gleichgültig gegen die Sünde“ geworden sein.[9]

Nachdem ihm am 9. Juli die königliche Bestätigung des Todesurteils eröffnet worden war, nahm er am 12. Juli einen herzergreifenden Abschied von seiner Mutter und seinen drei Schwestern. Auf seinen Wunsch erschien ebenso die Witwe des Erschlagenen, die er für seine Tat um Verzeihung bat. Unter den Klängen der Armensünderglocke vom Turm der Ulmer Dreifaltigkeitskirche fand am Morgen des 13. Juli 1860 die nicht öffentliche Hinrichtung Bauers mit der Guillotine statt.[10]

Doppelmord in Ohmden, 1861

In den letzten Tagen vor seiner Hinrichtung am 16. August 1862 in Ulm wies der Schäfer Georg Friedrich Braun den Beistand eines Geistlichen wiederholt zurück und gab auch, nachdem der Stab über ihn gebrochen worden war, auf die Frage des Geistlichen, ob er nun mit ihm beten wolle, eine abweisende Antwort. Immerhin hörte er gelassen zu, wie dieser ein kurzes Gebet für ihn sprach. Auf dem Hof des Bezirksgefängnisses vor das Brett der Guillotine geführt, warf er einen Blick auf sie und sagte dann sehr ruhig mit schwacher Stimme, er sterbe unschuldig und aufgrund meineidiger Zeugenaussagen. „Gott sei meiner armen Seele gnädig!“ fügte er hinzu, wendete sich dann „mit leichter Geberde an den Scharfrichter, und in wenigen Augenblicken war Alles vorüber“.[11]

Die Hinrichtung Brauns 1862 in Ulm.

Der Prozess gegen den in Botenheim (Brackenheim) wohnhaft gewesenen Braun hatte ungewöhnlich lange gedauert, vom 7. bis 22. Juli 1862, und zahlreiche Zuschauer angezogen. Der Angeklagte war bereits am 12. Januar 1851 vom bayerischen Schwurgerichtshof für Schwaben und Neuburg wegen Diebstahls zu acht Jahren Zuchthaus verurteilt worden, aus dem er nach einer Begnadigung am 10. Januar 1857 entlassen worden war. Den Gegenstand der Anklage bildete ein in der Presse vielfach besprochener Mord, der in der Nacht vom 10. auf den 11. Dezember 1861 an dem Bauern Georg Friedrich Linsenmaier und dessen Frau in Ohmden (bei Weilheim an der Teck) verübt worden war. Der 42-jährige Angeklagte, der in den ersten Tagen der Verhandlung in seiner mehr städtischen Sonntagskleidung, dann aber in seinem Schäferanzug vorgeführt wurde, erklärte sich auf die Frage des Präsidenten für nicht schuldig, sodass zur Ziehung der Geschworenen geschritten wurde.

Dem vom Staatsanwalt vorgetragenen Anklageakt war Folgendes zu entnehmen: Der 75-jährige Linsenmaier und seine vier Jahre jüngere Frau lebten in Ohmden in einem am Ende des Ortes ziemlich vereinzelt stehenden zweistöckigen Haus, in dem auch die 17-jährige Magd Philippine Dürner wohnte. Der Bauer, der in Ohmden als geizig galt, machte besonders in berauschtem Zustand keinen Hehl daraus, dass er einiges an Bargeld besaß.

Am Abend des 7. Dezember 1861 bemerkten die Bäuerin und die Magd vor dem Haus einen verdächtigen Mann, der auf den Zuruf, was er wolle, keine Antwort gab und, als von der Magd der Schäferhund der Eheleute losgelassen wurde, verschwunden war. Die Magd nahm gleich darauf hinter dem Haus eine zweite Person wahr, die sich entfernte, als sie sich beobachtet sah.

Nachdem der Bauer am 10. Dezember von einem Markt in Dettingen heimgekehrt war, ging die Magd gegen 18.30 Uhr mit Erlaubnis ihres Dienstherrn in ein benachbartes Haus zum Lichtkarz (Zusammenkunft von Frauen in der Spinnstube). Als sie gegen 22.30 Uhr wieder zurückkehrte, bemerkte sie, dass die hintere Tür des Hauses offen stand. Sie ahnte aber nichts Böses und legte sich zu Bett. Erst am anderen Morgen stellte sich heraus, dass am Vorabend ein schreckliches Verbrechen verübt worden war: Die Magd und ein herbeigerufener Nachbar entdeckten in der Wohnstube unter einer Decke die schon steifen und kalten Leichen der Linsenmaier'schen Eheleute in einer großen Blutlache. Ihnen war der Schädel eingeschlagen und die Kehle durchschnitten worden. Wie sich herausstellte, fehlte im Haus eine größere Summe Geld, wenn auch dem Täter drei unter einem Brett der Stubenkammer versteckte Geldsäcke entgangen waren. Die Tatzeit lag zwischen 18.30 und 21.15 Uhr.

Der Angeklagte Braun vor dem Ulmer Schwurgericht.

Der Angeklagte wurde von verschiedenen Personen mit einer großen Summe Geld beobachtet, obwohl sein Verdienst nur gering war. Seine Angaben zu seinem Aufenthalt an jenem Abend erwiesen sich als unrichtig, dagegen sahen ihn mehrere Personen zur fraglichen Zeit in der Nähe des Tatorts. Weitere Personen, die zur Tatzeit mit ihm gesehen worden waren, wurden zwar verhaftet, aufgrund mangelnder Beweise aber wieder freigelassen.

Der am 17. Dezember 1861 in Ohmden festgenommene Angeklagte, der auch bei seiner Verhaftung eine größere Barschaft mit sich führte, wurde nach der Anhörung von rund 140 Zeugen am 22. Juli 1862 vom Ulmer Schwurgericht wegen Mordes zum Tode verurteilt.[12] Den Geschworenen war nur eine Frage vorgelegt worden: „Dieselbe lautete auf Mord, sey es, daß der Angeklagte dieses Verbrechen allein oder im Komplott mit andern Personen verübt habe".[13]

Tod eines Kriegsgefangenen, Munderkingen 1920

Im November 1920 standen die drei russischen Kriegsgefangenen Paul Sitschewitsch (aus dem ehemaligen Gouvernement Minsk), Nikita Birjukow (ehemaliges Gouvernement Tobolsk) und Michael Golowatschikew unter der Anklage eines gemeinschaftlich verübten Mordes und Raubes vor dem Ulmer Schwurgericht.

Kurz vor ihrer Abreise in ihre Heimat trafen sie sich am Sonntag, dem 12. September 1920, in ihrem Wohnort Munderkingen (südlich von Ehingen) in einer Gastwirtschaft, wo sie kräftig dem Schnaps zusprachen. Sie schmiedeten den Plan, ihren Kollegen, den russischen Kriegsgefangenen David Bondarjew, zu töten und zu berauben, da Birjukow behauptete, dass dieser viel Geld bei sich habe.

Unter dem Vorwand, gemeinsam aus einem an der Straße Munderkingen-Hausen gelegenen Bierkeller Schnaps stehlen zu wollen, lockten sie Bondarjew aus einer Wirtschaft. Bei dem Bierkeller angekommen, schlug ihm Sitschewitsch eine Bierflasche auf den Kopf und Birjukow bearbeitete ihn mit einem Prügel. Bondarjew gelang es zwar, davonzulaufen und sich hinter einem Heuwender zu verstecken, seine Verfolger aber fanden ihn und gingen mit Messer und Stock auf ihn los, bis er bewusstlos in einen Straßengraben fiel. Sie trugen ihn auf eine Wiese, wo ihm Sitschewitsch und Golowatschikew die Schuhe auszogen. Sitschewitsch leerte ihm die Taschen und nahm ihm eine Taschenuhr und etwa 95 Mark ab. Darauf trugen sie ihn an die Donau und warfen ihn hinein. Als er wieder zu Bewusstsein kam, zogen sie ihn heraus, worauf ihm Sitschewitsch ein Taschentuch als Knebel in den Mund steckte, mit einem Taschenmesser einen Stich in den Hals versetzte und ihn dann unter Beihilfe der anderen mit dem Kopf einige Minuten unter Wasser hielt. Schließlich warfen sie ihn wieder in die Donau, in der er versank. Die Beute teilten sich die drei anschließend unter sich auf.

Die Angeklagten waren in der Verhandlung geständig und schilderten mit großer Kaltblütigkeit den Tathergang. Sitschewitsch wollte von Birjukow zu dem Verbrechen verleitet worden sein, was dieser aber abstritt. Man vernahm eine Reihe von Zeugen, die über den Grad des Betrunkenseins der Angeklagten Auskunft geben sollten. Zur Verständigung waren zwei Dolmetscher tätig.[14] Sitschewitsch und Birjukow wurden am 5. November 1920 wegen gemeinschaftlichen Raubmordes zum Tode, Golowatschikew wegen Totschlags und schweren Raubes zu 15 Jahren Zuchthaus verurteilt. Sitschewitsch meinte dazu: „In Rußland wird man bei der ersten Straftat nicht gleich zum Tode verurteilt, ich nehme das Urteil nicht an.“[15]

Die Doppelhinrichtung (zuerst Sitschewitsch) wurde am frühen Morgen des 11. Mai 1921 auf dem Hof des Ulmer Gefängnisses unter dem „Wimmern des Armesünderglöckleins“ von der Wengenkirche her vollzogen.[16]

Der Mord in Langenau vor dem Schwurgericht

Am 1. Juni 1926 um 9 Uhr wurde der im Juli 1888 in Traunstein geborene Tagelöhner Eduard Schroff aus Langenau vor die Schranken des Ulmer Schwurgerichts geführt. Er war ein untersetzter, schmächtiger Mann, dem man seine zahlreichen Vorstrafen und seine grauenhafte Tat kaum zutraute. Seine Kindheit und Jugend hatte er in einer Reihe von Pflegestellen verbracht, ehe er 1915 zum Ersten Weltkrieg eingezogen wurde. Danach schickte ihn das Arbeitsamt nach Langenau, wo er bei verschiedenen Bauern arbeitete und 1919 die Dienstmagd Beisser heiratete. Sie war Kriegswitwe und hatte zwei Kinder.

Nach der Anklageschrift wurde Schroff beschuldigt, am 7. April 1926 seine 74 Jahre alte Schwiegermutter, die Witwe Beisser, durch zwei heftige Schläge mit einer Axt auf den Kopf getötet zu haben. Von dem Leichnam trennte er danach mit einer Säge die Füße und Arme ab und versuchte, den Kopf mit einem Beil vom Rumpf zu trennen, was ihm aber nicht gelang. Den Rumpf mit dem Kopf sowie die Füße und Arme packte er in zwei Säcke, die er in einer Kammer versteckte und später in einer Kiesgrube vergraben wollte.

Bei seiner Vernehmung gestand er die Tat ein und schilderte sie mit „furchtbarer Ruhe“. Die Schwiegermutter, die mit ihm morgens aufgestanden sei, habe sich um 11 Uhr wieder zu Bett gelegt, da sie an einem kleinen Grippeanfall gelitten habe. Als es zu einem Streit mit ihr gekommen sei, habe er die Axt geholt und sie erschlagen. Er sei über seine Frau und Schwiegermutter verärgert gewesen, weil sie nicht mit einem Umzug nach Augsburg einverstanden gewesen wären, wo er Arbeit gefunden habe. Der Vorsitzende hielt ihm vor, dass er früher andere Angaben gemacht hätte. Demnach hatte sich Schroff darüber aufgeregt, dass die Schwiegermutter die Stiefkinder immer in Schutz genommen habe, nicht habe umziehen wollen und ihm Vorwürfe gemacht habe, dass der Landjäger so oft zu ihm ins Haus gekommen sei. Weiterhin wurde ihm zur Last gelegt, die Tat schon länger geplant und eine Reihe von Drohungen ausgestoßen zu haben, wie zum Beispiel: „Die zwei (Frau und

Schwiegermutter) haben mich ins Gefängnis gebracht, jetzt weiß ich nicht, soll ich die alte oder die junge totschlagen."

Nach halbstündiger Beratung lautete das Urteil des Schwurgerichts auf Todesstrafe wegen Mordes. Das Staatsministerium machte von dem Recht der Begnadigung keinen Gebrauch, worauf Schroff am Morgen des 21. August 1926 um 5.30 Uhr auf dem Hof des Ulmer Amtsgerichtsgefängnisses hingerichtet wurde.[17]

11. Ravensburg

Drama unter Brüdern und im Ravensburger Gefängnisturm, 1830

Als der Bauernsohn Franz Xaver Dietenberger im Frühjahr 1825 Vater eines unehelichen Kindes wurde, musste er den väterlichen Hof in Kemmerlang (Ravensburg) verlassen. Er arbeitete nun als Knecht in Fildenmoos und Menisreute, setzte aber sein „ausschweifendes Leben“ fort, sodass im Juni 1825 eine zweite junge Frau, Therese Möhrle aus Fildenmoos, ebenfalls von ihm schwanger wurde.

Zwar gestatteten ihm seine Eltern drei Jahre später die Rückkehr nach Hause, doch der 1829 verstorbene Vater übertrug nicht ihm, sondern dessen jüngerem Bruder Andreas die Leitung des Hofes. Franz Xaver befürchtete, dass dies auch nach dem Tod der Mutter so bleiben könnte, weil unter der früheren Herrschaft des Klosters Weißenau der älteste Sohn gewöhnlich von der Lehensnachfolge ausgeschlossen wurde, wenn er sich eines „Unzucht-Vergehens“ schuldig gemacht hatte. Er drängte seine Mutter, ihm noch zu ihren Lebzeiten das Gut zu übergeben, sie ging aber nicht darauf ein. Da er zudem sein Vorhaben, sich mit Therese Möhrle zu verehelichen, gefährdet sah, wuchs sein Neid auf seinen Bruder Andreas stetig.[1]

Am Morgen des 16. April 1830 war dieser auf einer Wiese in der Nähe des Dorfes beschäftigt, als sich Franz Xaver zu ihm begab und Streit mit ihm anfing. Er ging zu Tätlichkeiten über, wobei beide zu Boden fielen. Während sich Franz Xaver aufrichtete, ergriff er eine Schaufel und schlug seinem Bruder damit auf den Kopf. Dieser versuchte zu fliehen, doch Franz Xaver holte ihn ein und versetzte ihm weitere Schläge, bis er tot war.

Nach dem Auffinden der Leiche machte sich Franz Xaver verdächtig, da er Verletzungen und Hautabschürfungen aufwies und Spuren von abgewaschenem Blut an seiner Kleidung gefunden wurden. Im Laufe der Ermittlungen durch das Oberamtsgericht Ravensburg gestand er wiederholt die Tat ein, wenn er auch anfangs behauptete, er habe nicht gedacht, dass die Schläge tödlich sein könnten.

Ansicht von Ravensburg um 1836.

Am 14. Juni 1830 machte er einen Ausbruchsversuch aus dem Ravensburger Gefängnisturm, als ihm die 23-jährige Johanna Mayer, Magd des dortigen Gefangenenwärters Vollmer, das Abendessen bringen wollte. Um an ihre Schlüssel zu gelangen, so Dietenberger, habe er sie überwältigen und fesseln oder einsperren wollen. Sie habe aber gesehen, dass er eine Gefängnistür aufgebrochen hatte, und als sie nun um Hilfe rufend zu einem Gangfenster gelaufen sei, habe er sie zu Boden geworfen, sich auf sie gekniet und sie gewürgt. Dann habe er mit einer Eisenstange auf sie eingeschlagen, „damit sie, falls sie noch nicht todt wäre, nicht länger mehr leiden müsse“.[2]

Anschließend nahm er die Schlüssel, das Geld und ein Messer der Toten an sich. Mit Schrecken musste er jedoch feststellen, dass die Schlüssel nicht in eine Tür an der Gefängnistreppe passten, womit ihm der Weg in die Freiheit verwehrt war. Jetzt blieb ihm nichts anderes übrig, als sich in dem an den Gefängnisturm angebauten Wohnhaus des Gefangenenwärters zu verstecken. Als man ihn dort fand, brachte er sich mit dem gestohlenen Messer mehrere Stichwunden bei, die aber nicht lebensgefährlich waren.[3]

Wie vorher schon der Gerichtshof in Ulm erkannte auch das Obertribunal in Stuttgart am 20. Dezember 1830, dass der Angeschuldigte wegen Brudermordes sowie wegen Totschlags an Johanna Mayer zur Enthauptung durch das Schwert zu verurteilen sei. Der König gab am 27. Januar „einer Milderung dieses Erkenntnisses im Wege der Gnade“ nicht statt, worauf Scharfrichter Matthäus Weidenkeller am 10. Februar 1831 (dem Donnerstag vor der Fastnacht) die Hinrichtung des 33-Jährigen in Ravensburg auf dem Zimmerplatz im Beisein einer unübersehbaren Menschenmenge vornahm.[4] Dieser Platz, „vor der Stadt zwischen der Schussen und der Straße nach Altdorf gelegen“, diente im Allgemeinen zur Abhaltung von öffentlichen Festen und Vergnügungen.[5]

Doppelmord an einem Ehepaar, Neuravensburg 1879

Am Morgen des 13. Dezember 1879 fand man die betagten Eheleute Schmidt in ihrem Haus in Untermooweiler (Neuravensburg) ermordet vor. Der Leichnam von Franz Anton Schmidt lag im Stalle, der seiner Frau in ihrem Bett. Die ihnen beigebrachten schweren Verletzungen hatten nach der Aussage der Sachverständigen, der beiden Gerichtsärzte aus Wangen, den sofortigen Tod zur Folge. Einige Kästen waren gewaltsam aufgebrochen und der Inhalt geraubt worden.

In der Nähe des Hauses hatte man am Abend des 12. Dezember den Tagelöhner Mathias Rapp aus Dautmergen (Zollernalbkreis) gesehen, der schon zwei Tage später in Kempten verhaftet wurde. Der 35-Jährige hatte ein bewegtes Leben hinter sich, „theils als päpstlicher Soldat, theils als ‚Rekommandeur' [Anpreiser] bei Menagerien und Schauspielerbanden“.[6] Er war als Deserteur verurteilt, später beurlaubt und schließlich mit dem Prädikat „schlecht geführt“ aus dem Militär ausgestoßen worden. Im Herbst 1879 war er bei Schmidt als Tagelöhner beschäftigt, wollte dann nach Österreich, wurde aber an der Grenze aufgegriffen und nach Ulm gebracht.

Sein schon in der Voruntersuchung abgelegtes Geständnis, der Mörder der beiden alten Leute zu sein, wiederholte er in der Hauptverhandlung im März 1880 vor dem Ravensburger Schwurgericht. Am Abend des 12. Dezember kam er von Ulm aus über Laupheim, Ochsenhausen und Waldsee nach Ravensburg und von da über Bodnegg gegen 18 Uhr in Untermooweiler an. Auf sein Klopfen ließen ihn die Eheleute, die schon zu Bett gegangen waren, herein, bereiteten ihm ein Nachtlager und bewirteten ihn. Als ihm Schmidt erzählte, dass er infolge eines Viehverkaufs „baar Geld daliegen habe und bis zur Ernte ohne Nahrungssorgen sei“, habe ihn, so Rapp, der „schlimme Gedanke“ ergriffen, seinen früheren Arbeitgeber zu töten und zu berauben. Er kannte dessen Gewohnheit, abends noch einmal nach dem Vieh zu sehen. Diesen Moment passte er ab, folgte Schmidt mit einem schon vorher bereitgehaltenen „eisernen Hacken“ in den Stall und versetzte ihm damit und mit einem Beil mehrere Schläge auf den Kopf. Nachdem er sich vom Tod seines Opfers überzeugt hatte, begab er sich in die Schlafkammer der Frau und erschlug auch sie, um ungestört den geplanten Raub ausführen zu können. Wäre Schmidt, so Rapp, nicht seiner Gewohnheit gemäß in den Stall gegangen, wo wäre der

Mord nicht verübt worden. Der Gerichtshof verurteilte ihn am 11. März 1880 wegen Doppelmordes und Raubes zum Tode.[7]

Am 13. April 1880 wurde Rapp mitgeteilt, dass König Karl durch Beschluss vom 10. April eine Begnadigung abgelehnt hatte. Gleich danach führte man den Verurteilten in eine größere Zelle, wo er von zwei Gendarmen bewacht wurde. Am ersten Tag wies er den Geistlichen zurück, doch am zweiten Tag „wurde er weich und weinte, empfing die hl. Sterbesakramente mit großer Zerknirschung, er unterwarf sich vollständig und betete reuig mit dem ihn wiederholt besuchenden Priester".[8]

Die Guillotinierung Rapps fand am Morgen des 15. April 1880 um 6 Uhr auf dem Hof des Ravensburger Amtsgerichtsgefängnisses statt. Anwesend waren zwei Mitglieder des Gerichts erster Instanz, ein Beamter der Staatsanwaltschaft, ein Gerichtsschreiber, ein Gefängnisbeamter, ein Geistlicher, der Bezirkskommandeur des Landjägerkorps, der Bezirkspolizeibeamte, der Oberamtsarzt, zwölf von dem Gemeindevorstand abgeordnete Gemeindemitglieder und „eine Anzahl anderer achtbarer Männer", insgesamt etwa 100 Personen. Nachdem das Urteil und die Entscheidung des Königs nochmals verlesen worden waren, wandte sich der leitende Beamte der Staatsanwaltschaft an den Verurteilten mit den Worten: „Euer Leben ist verwirkt! Gott sei Eurer Seele gnädig!" Zu dem Scharfrichter (Nachrichter) sagte er: „Nachrichter, ich übergebe Euch den Mathias Rapp mit dem Befehl, ihn dem Urtheil gemäß zu richten vom Leben zum Tode!" In der Zeit von der beginnenden Verlesung bis zur erfolgten Vollstreckung des Todesurtheils wurde eine Glocke geläutet. Die Hinrichtung Rapps war die erste, die Scharfrichter Schwarz, der Sohn des verstorbenen Landesscharfrichters, selbständig vollzog.[9]

12. Böblingen

Vatermord bei Magstadt, 1818

Am 4. April 1818 um 10 Uhr morgens wurde dem Oberamt Böblingen durch das Schultheißenamt Magstadt die Anzeige gemacht, dass in einem Waldstück zwischen Magstadt und Stuttgart, eine Stunde von Magstadt entfernt, die Leiche des Magisters Christoph Friedrich Hahn gefunden worden war. An jenem Morgen hatte er gegen 4 Uhr sein Haus verlassen, um nach Stuttgart zu gehen. Wie sich herausstellte, war er erschlagen worden.[1]

Hahn war ehemaliger Lateinlehrer in Wildberg (nördlich von Nagold) und übernahm später die Waldhorn-Gaststätte in Magstadt. Allgemein galt er als streitsüchtiger Mann, der seine Frau, die sich von ihm scheiden ließ, und seine Kinder schlecht behandelte. Schon seit längerer Zeit prozessierte er mit seinem in Schlierbach im damaligen Oberamt Göppingen geborenen Schwiegersohn Michael Waldenmayer, ein Kriegsinvalide, der im März 1817 eine Stieftochter Hahns, Eberhardine, geheiratet hatte und mit ihr nach Eltingen (Stadtteil von Leonberg) gezogen war. Es ging in dem Rechtsstreit um mutmaßliche gegenseitige Misshandlungen und um eine angebliche Veruntreuung des Vermögens der Stieftochter durch Hahn.

Waldenmayer geriet ebenso in den Verdacht, den Magister ermordet zu haben, wie dessen im Februar 1799 in Wildberg geborener Sohn, der Bäcker August Gotthilf Hahn aus Magstadt. Die beiden Verhafteten, die zuvor als Tagelöhner zusammen gearbeitet hatten, gaben nach anfänglichem Leugnen die Tat zu, die sie schon seit längerer Zeit geplant hatten.

Nach den Angaben des Sohns weckte ihn Waldenmayer in der Nacht zum 4. April, worauf sie sich – nach dem Genuss von Branntwein und mit je einem Holzprügel bewaffnet – von Eltingen aufmachten, um dem Vater im Wald im „Hölzerthal" hinter einer Eiche aufzulauern. Als dieser erschien, versetzte ihm Waldenmayer einen kräftigen Schlag mit dem Prügel. Hahn ging zu Boden, raffte sich aber wieder auf und torkelte einige Schritte. Waldenmayer packte ihn daraufhin, riss ihn nieder und schlug erneut auf ihn ein. Daran beteiligte sich nun auch der Sohn, wobei sein Vater rief: „O Jesus, lasset mich doch gehen, ich will Euch ja alles geben!“[2] Nach vollbrachter Tat nahmen ihm die beiden sein Geld ab.

Als Motiv für ihr Vorgehen gab Waldenmayer an, es habe ihm und seiner Frau an allem gefehlt, da Hahn das Vermögen seiner Stieftochter Eberhardine nicht habe ausbezahlen wollen. August Gotthilf sagte aus, er habe sich durch den Mord an seinem Vater eine Verbesserung seiner und der Situation der ganzen Familie versprochen. Es sei in ihm, „weil sein Vater kein Vaterherz gehabt, alle Liebe erloschen gewesen“. Dieser habe mehrfach geäußert, lieber „verhure er sein Geld, als daß er es seinen Kindern gebe“.[3]

Vollzug der Todesstrafe durch das Rad (Holzstich, um 1870).

Das Urteil lautete dahingehend, dass August Gotthilf „wegen Vater-Mordes aus gewinnsüchtiger Absicht auf die Richtstätte zu schleifen, mit dem Rade von oben herab vom Leben zum Tode zu bringen, sein Leichnam hiernächst auf das Rad zu flechten, und das Haupt auf einen Spieß zu stecken“ sein sollte. Wegen Mordes aus gewinnsüchtiger Absicht war für Waldenmayer die gleiche Strafe vorgesehen, aber ohne Schleifung zur Richtstätte. König Wilhelm I. bestätigte am 24. September 1819 die Todesstrafe gegen Hahn, ließ gegen Waldenmayer aber insofern Gnade walten, „daß die erkannte Strafe des Rades in die des Schwerdts mit nachherigem Aufstecken des Haupts auf einen Spieß verwandelt“ wurde. Die beiden Todesurteile wurden am 12. Oktober 1819 in Böblingen im Beisein zahlreicher Zuschauer vollstreckt.[4] Die Hinrichtung Hahns war die letzte in Württemberg, die mit dem Rad vorgenommen wurde.

13. Aalen

Doppelter Giftmord in Fachsenfeld, 1819

Johann Jakob Riesenmann, der Sohn eines Schullehrers aus Marschalkenzimmern (Dornhan), kam 1811 als Provisor an die Schule in Fachsenfeld (Stadtbezirk von Aalen). Hier schloss er im März 1812 mit dem gutsherrlichen Verwalter und Schulmeister Sartori einen Vertrag ab, ihm den Schuldienst abzutreten. Dafür musste er Sartori und dessen Frau jährlich einen bestimmten Betrag zahlen.

Im Laufe der Jahre fiel es Riesenmann immer schwerer, seinen finanziellen Verpflichtungen nachzukommen, da er und seine Frau Elisabetha Magdalena, die Tochter eines Metzgers aus Heubach, zu größeren Geldausgaben neigten. Hinzu kam die Teuerung in den Notjahren 1816/17. Hatte sich Riesenmann anfangs als Schullehrer und Provisor meist ausgezeichnet, so erschien er Anfang 1819 „stets mürrisch und düster in der Schule, und mißhandelte die Schulkinder“.[1]

Je drängender die Finanzlage bei den sich gegenseitig Vorwürfe machenden Eheleuten wurde, desto mehr empfanden sie den Wunsch, sich der Vertragsverbindlichkeiten Sartori gegenüber zu entledigen. Um sich Arsenik zu verschaffen, ging Frau Riesenmann am 3. Februar 1819 nach Heubach, wo einer ihrer Verwandten das Gift in einer Apotheke besorgte. Etwa die Hälfte davon mischten sie einer Leberwurst bei, die sie vier Tage später als Geschenk für die Eheleute Sartori bereiteten. Befürchtungen ihres Ehemanns, die Sache könnte ans Licht kommen, wusste Frau Riesenmann zu zerstreuen. Dieser übergab noch am Abend jenes 7. Februar, einem Sonntag, auf der Straße einer Zwölfjährigen ein Paket, in dem sich die vergiftete Leberwurst und ein Stück Schweinefleisch befanden, und beauftragte das Mädchen, die Sendung bei Sartori abzugeben. Zur Belohnung gab er ihm einen Apfel.

Die Verwunderung der Riesenmann'schen Eheleute war groß, als der Verwalter am nächsten Morgen kerngesund ins Schulhaus kam, um den Lehrer etwas zu fragen. Der Grund für seine Unversehrtheit war, dass seine Frau den Verzehr der geschenkten Lebensmittel erst für den Montagabend vorgesehen hatte. Nun wollte der vom schlechten Gewissen geplagte Riesenmann die Wurst wieder von dem Verwalter zurückfordern und ihm eine andere geben, seine Frau riet ihm aber davon ab, da er sich auf diese Weise verdächtig machen würde.

Da Frau Sartori bei der Zubereitung der vergifteten Wurst einen widrigen Geruch wahrnahm, empfahl sie ihrem Mann, nichts davon zu sich zu nehmen. Dieser aber verzehrte einen Teil und überredete auch seine Frau zum Essen. Wenige Minuten später stellten sich heftige Anfälle von Erbrechen bei ihnen ein. Ein herbeigerufener Arzt vermutete eine Vergiftung und verordnete süße Milch. Der 72-jährige Sartori, der am meisten von der Wurst gegessen hatte, starb schon nach einer Stunde auf qualvolle Weise, seine Frau sechs Tage später.

Man kam den Tätern schnell auf die Spur, da die zwölfjährige Überbringerin des tödlichen Geschenks in Riesenmann die Person, die ihr das Päckchen übergeben hatte, wiedererkannte. Die beiden Eheleute gestanden die Tat ein, versuchten aber in der vor dem Oberamtsgericht Aalen verhandelten Untersuchung, die Hauptschuld dem jeweils anderen anzulasten.[2]

Dem Urteil des Kriminalsenats des Gerichtshofes für den Jagstkreis und des Obertribunals gemäß, wurden beide des Giftmords für schuldig befundenen Angeklagten am 8. Januar 1821 in Aalen in Kuhhäute gewickelt[3] zum Richtplatz geschleift und durch Scharfrichter Adolph Widmann[4] mit dem Schwert hingerichtet.

Hinrichtungsszene mit dem Schwert.

Ursprünglich sollte der Lehrer mit dem Rad von oben vom Leben zum Tode zu bringen und sein Körper auf das Rad zu flechten sein, der württembergische König begnadigte ihn aber am 22. Dezember 1820 zur Todesstrafe durch das Schwert mit der damit verbundenen Aufsteckung des Kopfs auf einen Spieß.[5]

14. Gaildorf

Vergiftung des Stiefkindes mit Schwefelsäure, Untergröningen 1840

Nachdem am 18. September 1821 in Gaildorf Johann Ludwig Binnhammer von der Gipsmühle bei Obersontheim wegen vorsätzlichen Totschlags an Catharine Wohlfarth aus Ehningen hingerichtet worden war,[1] dauerte es 20 Jahre bis zur nächsten Vollstreckung eines Todesurteils in Gaildorf. Sie betraf den am 1. April 1817 in Untergröningen (Ortsteil von Abtsgmünd) geborenen und dort wohnhaften Gottfried Michael Schneider, der noch sechs ältere Geschwister hatte.

Nach der Schulzeit trat er bei einem Seifensieder in die Lehre und arbeitete anschließend in mehreren Städten des Königreichs als Geselle. Nach einigen Jahren entschloss er sich zur Selbständigkeit und erwarb zu diesem Zweck einen Teil der Liegenschaften seines Vaters. Am 14. Januar 1840 heiratete er Sophie Frey aus Untergröningen, die einen dreijährigen unehelichen Jungen mit in die Ehe brachte. Dieser besaß von seinem Vater her ein eigenes Vermögen von 100 Gulden, dessen Nutznießung dem Ehevertrag entsprechend den Schneider'schen Eheleuten als Gegenleistung für den Lebensunterhalt und die Erziehung des Kindes zustand.

Statt dem Jungen mit Liebe und Wohlwollen zu begegnen, behandelte ihn Schneider sehr streng und unfreundlich. Die daraus resultierenden Eheprobleme führten dazu, dass Schneider das Kind zu hassen begann und seinen Tod herbeiwünschte. Dies hätte für ihn zudem den Vorteil gehabt, dass ihm die geerbten Geldmittel des Kindes zugefallen und ihm keine weiteren Kosten für dessen Lebensunterhalt entstanden wären.

Unter dem Vorwand, es für sein Gewerbe zu brauchen, wusste er sich Vitriolöl (Schwefelsäure) zu verschaffen, das er dem Kind acht Tage später, am 15. März 1840, zum ersten Mal einflößte, als sein bei ihm wohnender Bruder bereits zu Bett gegangen und seine Frau in der Küche beschäftigt war. Er goss etwas von der Schwefelsäure auf eine Brotschnitte und steckte sie dem Kind in den Mund. Als es sich sträubte, drohte er ihm mit Schlägen und hielt ihm mit einem Taschentuch den Mund zu, um es am Schreien zu hindern. Am nächsten Morgen nutzte Schneider eine weitere Gelegenheit, um dem Kind eine noch größere Dosis des Giftes zu verabreichen. Abends gab er dem Jungen ein Klistier, indem er den Rest der Schwefelsäure mit Wasser vermischt „dem unglücklichen Knaben, unter dem Bereden, daß er so wieder gesund werde, durch den After beibrachte".[2]

Schon im Laufe des Tages hatte das Gift mit entsetzlichen Folgen zu wirken begonnen: „Der Mund des Kindes war an den Lippen und innen wund und voller weißer Blasen geworden, auch klagte dasselbe über heftige Schmerzen und über große Hitze. Hierzu gesellte sich ein ätzender Ausfluß aus dem Munde, durch welchen das Kinn angefressen wurde. Am folgenden Tage stellte sich heftiges Erbrechen ein, wodurch eine schwarzbraune, verbrannte Flüssigkeit entleert wurde, welche in die Tücher, mit denen man dem Kinde den Mund abwischte, Löcher einfraß."[3]

Die Mutter glaubte, das Kind leide, wie schon öfter, an Mundfäule und wendete sich an einen Arzt. Dieser kam aber nicht selbst, um nach dem Jungen zu sehen, sondern begnügte sich damit, ihm eine Arznei zu senden. Am Nachmittag des 18. März um 14 Uhr starb das Kind und zwei Tage später fand die Beerdigung statt.

Schneider wähnte sich schon in Sicherheit, als im Ort das Gerücht aufkam, der Junge sei keines natürlichen Todes gestorben. Die Behörden ließen hierauf die Leiche wieder ausgraben, deren Untersuchung unzweifelhafte Kennzeichen einer Vergiftung ergaben. Im Laufe der nun vom Oberamtsgericht Gaildorf eingeleiteten Untersuchung gestand Schneider die Tat ein.

Der Kriminalsenat des Obertribunals erkannte am 26. Februar 1841, dass der Angeschuldigte wegen Mordes zur Enthauptung mit dem Schwert zu verurteilen sei. Nachdem König Wilhelm I. das Urteil am 13. März bestätigt hatte, wurde es am Morgen des 23. März 1841 durch den Kreisscharfrichter Karl Seltenreich (1804-1877) in Gaildorf vollstreckt. Es war dessen erste Hinrichtung, die folgendermaßen beurteilt wurde: „Dem Scharfrichter für den Neckar-Kreis, Carl Seltenreich, von Stuttgart, wird hiemit bezeugt, daß er die heute vorgenommene Enthauptung des Seifensieders Gottfried Michael Schneider, von Untergröningen, als vollkommen gelungene ausgeführt habe, indem das Hängenbleiben des Hauptes des Hingerichteten an der Haut des Halses desselben, mehr Folge von der nicht ganz geeigneten Haltung des Kopfes von Seiten des Vorführers war. Zugleich wird demselben bezeugt, daß er den Delinquenten mit aller thunlichen Rücksicht und Menschlichkeit behandelt und überhaupt hinsichtlich seines ganzen Benehmens die vollkommene Zufriedenheit des Unterzeichneten verdient hat. Gaildorf, den 23. März 1841. Oberamtsrichter Gemmingen."[4]

15. Gerabronn

Im Ochsenstall erschlagen, Reubach (Rot am See) 1820

Am 9. Februar 1820 machte das Schultheißenamt Brettheim (Rot am See) dem Oberamt Gerabronn die Anzeige, dass der Bauer Johann Caspar Hornung aus Reubach in der Nacht zuvor auf seinem Hof lebensgefährlich verwundet worden sei. Trotz der Hilfe eines herbeigerufenen Wundarztes aus Brettheim erlag der Bauer am Morgen des 9. Februar zwischen 7 und 8 Uhr seinen Kopfverletzungen.

Das Schultheißenamt äußerte zugleich den Verdacht, dass die Frau des Verstorbenen, die 34 Jahre alte Maria Margaretha Hornung, dessen Tod herbeigeführt haben könnte. Es war allgemein bekannt, dass die zwölf Jahre zuvor geschlossene Ehe unglücklich verlaufen war und die Bäuerin ein Verhältnis mit dem jüngeren Johann Michael Blumenstock aus Asbach (Wallhausen) im damaligen Oberamt Gerabronn hatte, der ab Februar 1818 eine Zeitlang bei den Eheleuten als Knecht gearbeitet hatte.

Beide wurden verhaftet und in verschiedene Gefängnisse gebracht, die Bäuerin nach Gerabronn, Blumenstock nach Langenburg. Nach anfänglichem Leugnen legte dieser noch im Februar 1820 ein erstes Geständnis ab. Demnach hatte er sich am 8. Februar von Hilgartshausen, wo er seit kurzem wohnte, nach Reubach begeben und im Hornung'schen Stall Geräusche gemacht, als ob sich einer der Ochsen losgerissen hätte. Als hierauf der Bauer kam, um nach dem Rechten zu sehen, streckte ihn Blumenstock durch mehrere Schläge mit einem Stock und einem Stein nieder, nachdem es vorher zu einem Kampf mit ihm gekommen war. Da Stimmen im Hause zu hören waren, ergriff er die Flucht zurück nach Hilgartshausen.

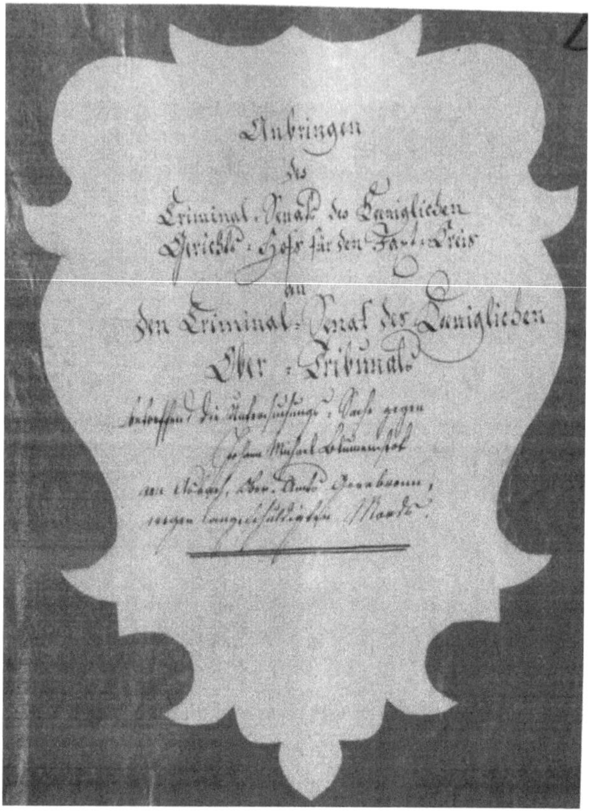

Akte Blumenstock im Staatsarchiv Ludwigsburg.

Bei der Austüftelung dieses Mordplans, so Blumenstock, habe ihm ein Bekannter, der Ziegelmacher Michael Scheu aus Reubach, wesentliche Anregungen gegeben. Das Motiv der Tat sei gewesen, die Bäuerin heiraten zu können, die von ihrem Mann sehr schlecht behandelt worden sei. Zu Beginn wollte er hingegen gar kein Verhältnis mit Frau Hornung angestrebt haben, „weil er durch die Weibspersonen schon in so manche Fatalitäten gerathen sey".[1]

Was die Rolle der Bäuerin bei dem Verbrechen anbetraf, änderte Blumenstock im Laufe seiner zahlreichen Verhöre seine Angaben mehrmals ab. Schrieb er ihr anfangs eine deutliche Mitschuld zu, so behauptete er später, sie hätten zwar – auch zusammen mit Scheu – einige Male darüber geredet, auf welche Weise ihr Mann aus der Welt geschafft werden könnte, sie habe aber nicht geahnt, dass er den Mordplan tatsächlich ausführen würde. Auch der Zeitpunkt der Tat sei ihr unbekannt gewesen. Er selbst sei erst auf dem Weg von Hilgartshausen nach Reubach auf den Gedanken gekommen, in jener Nacht den Mord zu verüben.

Wie aus den Ermittlungen hervorging, hatte Blumenstock schon in der Zeit seiner Anstellung als Knecht einen Versuch unternommen, Hornung zu erdrosseln, was nur durch das Hinzukommen eines Hofmitbewohners verhindert werden konnte. Später versuchten er und Scheu, den Bauern unter Anwendung abergläubischer Mittel umzubringen, womit die Bäuerin einverstanden war. Sie verbargen im Bettstroh Hornungs einen Totenkopf, auf den Blumenstock mit Kreide seine Initialen „J.M.B." geschrieben hatte. Scheu meinte, der Bauer müsse daran erkranken und sterben, was aber nicht eintrat. Den Totenkopf hatte ihnen auf Auftrag Frau Hornungs Michael Rau, Totengräber des dortigen Friedhofs, besorgt, der auf dem Hornung'schen Hof wohnte. Ein anderes Mal bohrten sie nach der Darstellung Blumenstocks um Mitternacht einen jungen Apfelbaum an, um ihn eingehen zu lassen, denn, so Scheu, „so wie dieser verderbe, so müsse auch Hornung sterben", doch auch diesmal blieb die erhoffte Wirkung aus. Frau Hornung gab an, sie habe Blumenstock im Sommer 1819 Urin und Haare ihres Mannes geben müssen, wisse aber nicht, was er damit angestellt habe.[2]

Der Kriminalsenat des Obertribunals erkannte am 15. Juli 1823, dass Blumenstock wegen eines an Hornung verübten Meuchelmordes, „dem mehrere fruchtlose Unternehmungen gegen dessen Leben vorausgegangen waren", und wegen fortgesetzten Ehebruchs mit Frau Hornung mit dem Rad von oben vom Leben zum Tode zu bringen, dessen Kopf auf einen Pfahl aufzustecken und der Körper auf das Rad zu flechten sei. Er wurde am 11. September 1823 in Gerabronn im Alter von 33 Jahren hingerichtet, jedoch nicht mit dem Rad, sondern, wie König Wilhelm I. Ende August 1823 angeordnet hatte, mit dem Schwert.[3]

Frau Hornung wurde wegen „Miturheberschaft an einem früheren entfernten Versuche zur Ermordung ihres Ehemanns, desgleichen wegen mehrerer vermeintlich gegen das Leben ihres Ehemannes gerichteten, auf der Anwendung abergläubischer und übernatürlicher Mittel beruhenden Unternehmungen" sowie wegen Ehebruchs mit Blumenstock, Carl Weber und Johann Georg Schöller aus Michelbach (Michelbach an der Heide) neben dem bereits eingetretenen langen Arrest zusätzlich zu einer zweijährigen Zuchthausstrafe verurteilt. Scheu erhielt unter anderem wegen unterlassener Anzeige des zu seiner Kenntnis gekommenen Mordplans ein Jahr Zuchthaus.[4]

16. Welzheim

Brudermord in Lorch, 1822

Christoph Friedrich Molt aus Lorch im damaligen Oberamt Welzheim lebte von dem halben Ertrag des väterlichen Gewerbes, Handel mit selbst gefertigtem gebrannten Wasser. Wegen seines verschwenderischen Lebenswandels entzog ihm aber der Vater diesen Anteil und übergab ihn seinem jüngeren Sohn. Molt versuchte, sich nun durch Holzhauen zu ernähren und wurde für einige Zeit Wildschütze – später auch Wilderer. Getrieben von Missgunst gegen seinen emsigen und wohlhabenden Bruder, fing er beim geringsten Anlass Streit mit ihm an.

Das war auch am 3. September 1822 der Fall, als es bei der Teilung des Ertrages aus einem gemeinschaftlichen Obstgarten zu Auseinandersetzungen kam. Am anderen Morgen kam seine Mutter zu Molt, um ihn zu beschwichtigen, was ihr aber nicht gelang. Vielmehr stieß er Drohungen gegen seinen Bruder aus. Nachmittags schritt er in großer Gemütsbewegung im Zimmer auf und ab, als sein jüngerer Bruder am Haus vorbeiging. Er ergriff ein an der Wand hängendes Gewehr und schoss ihm durchs Fenster in den Rücken, worauf der Bruder nach wenigen Minuten starb.[1]

In der zur Revision vorgelegten, vom Oberamtsgericht Welzheim geführten Untersuchung gegen Molt erkannte der Kriminalsenat des Obertribunals am 19. August 1823, dass der Angeschuldigte wegen vorsätzlicher Tötung seines Bruders zum Tod durch das Schwert zu verurteilen sei. Dieses Urteil, das König Wilhelm I. am 23. September 1823 bestätigte, wurde am 17. Oktober 1823 in Welzheim vollstreckt.[2]

Blutbad auf dem Maierhof bei Welzheim, 1828

Im Jahr 1819 heiratete die Mutter von Johann Georg Weller vom Vogelhof bei Waldhausen (Lorch) in zweiter Ehe den Bauern Christian Müller vom Maierhof bei Welzheim. Dessen angebliche Trunksucht und Misshandlungen seiner Frau führten 1827 zur Trennung, worauf die Mutter auf den Vogelhof zog.

Bald nach der zweiten Verheiratung seiner Mutter trat Weller als Hirtenknabe in Dienste, ehe er bei einem Schwager und ab Februar 1828 bei einem anderen Meister in Adelberg das Weberhandwerk erlernte. Ungeachtet der ehelichen Misshelligkeiten seiner Mutter hatte er auch nach der Trennung der Eheleute ein gutes Verhältnis zu seinem Stiefvater. Beide machten sich gegenseitig Geschenke und Müller äußerte mehrmals, „er liebe seinen Stiefsohn gleich einem leiblichen Kinde“.[3]

Nicht zuletzt dessen Verlobung und anstehende Heirat mit einer Tochter seines Meisters in Adelberg führten dazu, dass er in finanzielle Probleme geriet und Schulden machen musste. Unter diesen Umständen bat er um Pfingsten 1828 seinen Stiefvater, ihm behilflich zu sein. Dieser hatte vor, eine Kuh für etwa 33 Gulden zu verkaufen, wovon er ihm sechs Gulden zu schenken in Aussicht stellte.

Undankbar genug kam Weller nun auf den Gedanken, dem Stiefvater die Kuh zu stehlen, um so den ganzen Erlös für sich einzustreichen. Er kaufte nicht nur einen zur Abführung der Kuh bestimmten Strick, sondern fand in der Person von Salomon Ottenheimer aus Jebenhausen (heute Stadtbezirk von Göppingen) auch schon einen Interessenten, dem er die Kuh am 6. Juni 1828 nach Jebenhausen zu bringen ankündigte.

Am Tag zuvor begab er sich von Adelberg auf den Maierhof, um den Diebstahl zu verüben, schreckte aber dann doch davor zurück. Nachdem er am 7. Juni auch von seinem Bruder auf dem Vogelhof kein Geld erhalten hatte, ging er zu Ottenheimer nach Jebenhausen und versprach, ihm die Kuh nun am 10. Juni nach Unterurbach zu liefern.

Mit düsteren Plänen, notfalls den Stiefvater umzubringen, begab sich Weller am Abend des 9. Juni zu diesem auf den Maierhof. Nach einem Gespräch über Wellers Geld- und Heiratsangelegenheiten gingen sie schlafen, wobei sie sich, wie gewöhnlich, das Bett teilten. Als Weller gegen 1 Uhr erwachte, sah er zum Fenster hinaus, um sich zu überzeugen, dass die Dunkelheit ihm gestatten würde, die Kuh unbemerkt fortzuführen. Hierauf ergriff er ein im Schlafzimmer liegendes Beil und erhob es über den Kopf des schlafenden Stiefvaters, um nach eigenen Angaben auszuprobieren, „ob er ihn auch recht treffen würde“. Da aber überfiel ihn große Angst und er legte das Beil weg. Zitternd ging er in der Kammer auf und nieder, bis er letztendlich doch gegen 3 Uhr seinem Opfer mit dem Beil zwei Schläge auf den Kopf versetzte. Der Stiefvater rief „laß mich gehen“ und versuchte sich aufzurichten, doch Weller streckte ihn durch zwei weitere Schläge nieder. Dann versteckte er das Beil unter einem Schrank und floh hektisch, ohne den beabsichtigen Diebstahl verübt zu haben. Der schwer verwundete Stiefvater starb am Abend des folgenden Tages. Weller wurde kurz nach der Tat auf dem Vogelhof verhaftet, da ihn die Magd des Ermordeten auf dem Maierhof gesehen hatte.

Sowohl der Gerichtshof in Ellwangen als auch der Kriminalsenat des Obertribunals verurteilten Weller wegen Raub-, Verwandten- und Meuchelmords zur Enthauptung mit dem Schwert, die nach der am 20. März 1829 erfolgten königlichen Bestätigung am 2. April 1829 in Welzheim vollzogen wurde.[4]

17. Schwäbisch Hall

Tödliche Schrotladung bei Forchtenberg, 1857

Am 19. September 1857 begann in Hall (Schwäbisch Hall) der Prozess gegen den 36-jährigen ledigen Kutscher Christian Ziegler aus Heilbronn. Vom dortigen Gemeinderat wurde er als „müßiggängerischer, genußsüchtiger, sittlich gesunkener Taugenichts“ beschrieben, und selbst sein gleichnamiger Vater, Bürger und Fuhrmann aus Heilbronn, vermochte ihm keine bessere Beurteilung zu geben. Der Anklageakt wies ihm eine ganze Reihe von Verbrechen verschiedener Art nach (Betrug, Landstreicherei, Unzuchtvergehen, Unterschlagung), in deren Folge er die meisten der letzten 13 Jahre in Strafanstalten zugebracht hatte. Seinem Äußeren nach war der Angeklagte „von hagerer Statur mit schwarzen Haaren, stark hervortretender Stirne und scharfem, durchdringendem Auge, das er frei und ungenirt im Saale herumlaufen läßt“.[1]

Über das Verbrechen war der Anklageschrift Folgendes zu entnehmen: Nach Angaben des Müllers der Kochermühle, Karl Lebküchner aus Forchtenberg, transportierte sein Knecht Friedrich Traub aus Kirchensall (Neuenstein), 45 Jahre alt und Vater von zwei Kindern, im Durchschnitt jede Woche einmal Mehl oder Getreide nach Heilbronn und nahm dort öfters das Geld für die Ware in Empfang.

Auch am Nachmittag des 31. März 1857, einem Dienstag, machte er sich auf einem mit drei Pferden bespannten Wagen voll Getreide auf den Weg dorthin. Müller Lebküchner selbst war wegen einer anderen Angelegenheit vorausgefahren. In Neuenstadt am Kocher trafen sie sich und übernachteten dort. Am Morgen des 1. April fuhren der Müller mit der Post, Traub mit seinem Fuhrwerk nach Heilbronn. Nachdem er dort seine Ladung abgeliefert hatte, verließ der Knecht gegen Mittag mit leerem Wagen die Stadt.

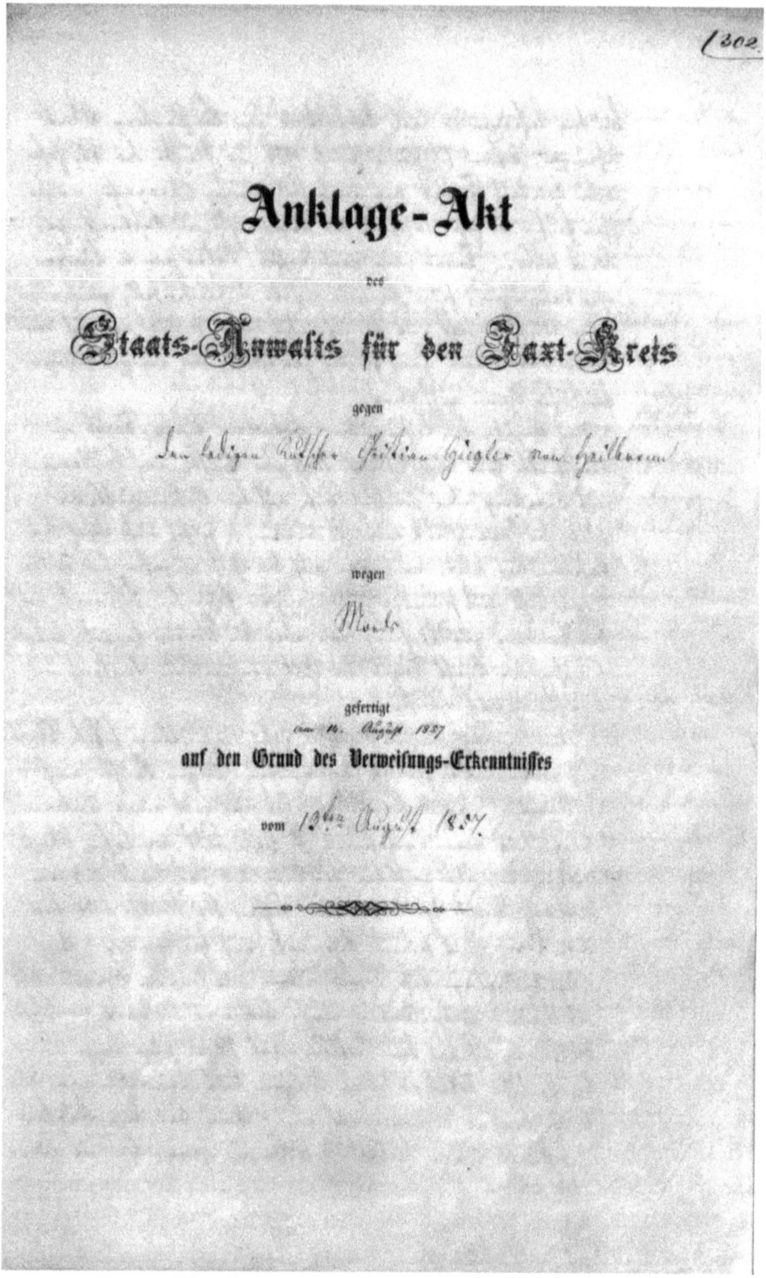

302.

Anklage-Akt

des

Staats-Anwalts für den Jaxt-Kreis

gegen

den ledigen Kutscher Christian Ziegler von Heilbronn

wegen

Mord

gefertigt

am 14. August 1857

auf den Grund des Verweisungs-Erkenntnisses

vom 13ten August 1857.

Anklageakt gegen Ziegler (Staatsarchiv Ludwigsburg).

In Neckarsulm lud er Steinkohlen auf und erreichte um 18 Uhr Neuenstadt, wo er wieder seinen Dienstherren Lebküchner traf. Während dieser um 19 Uhr mit einem Müller aus Sindringen (Forchtenberg) und dem in Heilbronn verdienten Geld weiterfuhr, verließ Traub eine halbe Stunde später Neuenstadt und wurde zwischen 23 und 24 Uhr in Ohrnberg gesehen. Obwohl er für die Strecke von Neuenstadt nach Sindringen ungefähr fünf Stunden brauchte, war er dort nachts um 1.30 Uhr noch nicht eingetroffen. Gegen 5 Uhr entdeckte man sein Fuhrwerk ohne Fuhrmann in Sindringen vor einem Wirtshaus.

Nachdem dem Stadtschultheißenamt davon Anzeige gemacht worden war, entsendete es noch am gleichen Morgen den Polizeidiener Martin Vock und dessen Sohn in Richtung Ohrnberg. Auf dem Weg dorthin fanden sie unterhalb Sindringen nahe der Straße den Leichnam Traubs auf dem Rücken im Fluss Kocher liegend. Der Kopf und die Füße befanden sich unter Wasser. Der herbeigeeilte Stadtschultheiß überzeugte sich umgehend davon, dass Traub Opfer eines Verbrechens geworden war. Sein Mantel und Fuhrmannshemd waren auf der Rückseite durch eine Schrotladung durchlöchert worden. In seinem Körper wurden später neun Schrote, vier davon im rechten Lungenflügel, gefunden. Der Schütze musste aus kurzer Entfernung von hinten auf den auf seinem Wagen sitzenden Knecht geschossen haben, worauf dieser von dem Fuhrwerk herunterstürzte. Es war nicht ausgeschlossen, dass er noch lebend weggeschleift und in den Fluss geworfen worden war. Vorher waren ihm seine Barschaft mitsamt Beutel, seine Uhr aus Tombak (kupferhaltige Messinglegierung), ein Pfeifenkopf, ein Zündholzschächtelchen, ein Messer und ein Kamm abgenommen worden. Wahrscheinlich hatte der Täter angenommen, Traub führe den Erlös aus der in Heilbronn verkauften Wagenladung bei sich.

Nachdem das Untersuchungsgericht am 4. April erfahren hatte, dass Ziegler kurz vor der Tat mit einer geladenen Flinte und am 2. April im Besitz einer „tombackenen Uhr" gesehen worden war – er hatte auch an jenem Tag für seine Verhältnisse größere Geldausgaben getätigt – konnte er am 8. April in Jagsthausen verhaftet werden.[2]

In der Verhandlung machte er den unglaubwürdigen Versuch, die Tat einem Polizeidiener aus Weißbach (bei Künzelsau) anzulasten, mit dessen Tochter er ein Verhältnis hatte. Nach der Anhörung von über 100 Zeugen wurde er am 28. September 1857 vom Schwurgerichtshof wegen Raubmordes zum Tode verurteilt.[3]

Am 19. Oktober 1857 eröffnete man ihm, dass König Wilhelm I. fünf Tage zuvor eine Begnadigung abgelehnt hatte. Darauf wurde er umgehend in Räumlichkeiten des alten Kreisgefängnisses in Schwäbisch Hall untergebracht und von Landjägern bewacht. Als er am Tag der Urteilsvollstreckung, dem 23. Oktober 1857, auf den zur Hinrichtung bestimmten Hof des Kreisgefängnisses kam, zeigte er sich noch ziemlich gefasst. Bei Betreten des Gerüstes aber, auf dem die Guillotine aufgestellt war, schienen ihn seine Kräfte plötzlich verlassen zu wollen. Trotzdem ging die Hinrichtung ruhig vonstatten, in deren Anschluss ein junger Bezirksgeistlicher eine fulminante Rede gegen die Todesstrafe hielt.[4] Nachdem der Leichnam des Enthaupteten bereits weggebracht worden war, fand man in dem Bett, in dem er in der letzten Nacht geschlafen hatte, große Flecken frischen Blutes. Man vermutete, dass sich Ziegler auf irgend eine Weise eine Blutbahn geöffnet hatte, um durch Verblutung der Hinrichtung zu entgehen.[5]

18. Stuttgart

Tod eines Aufsehers im Stuttgarter Spinnhaus, 1824

Die Witwe Marie Dorothee Hack aus Stuttgart brachte dort am 8. Dezember 1787 ihren unehelichen Sohn Johann Georg Philipp zur Welt, der den Nachnamen seines Vaters Jakob Datpheus annahm. Da seine Mutter infolge der Geburt und sein Vater wenige Jahre später verstarben, wurde er Pflegeeltern übergeben. Nach der Schulzeit kam er zu einem Schneider in die Lehre, brach sie aber ab und war nicht zu einer regelmäßigen Beschäftigung anzuhalten.

Mit 15 Jahren begann seine unruhige militärische Laufbahn bei einem Stuttgarter Infanteriebataillon, das er aber schon binnen Jahresfrist verließ, da ihm der Sold zu gering erschien. Nach dem Dienst in verschiedenen anderen Regimentern, aus denen er wiederholt desertierte, trat er in Offenburg dem für Frankreich errichteten Regiment Isenburg bei, mit dem er Frankreich, Spanien und Italien durchzog. Als er in Rom stationiert war, nahm er bei einem gegen Räuberbanden angeordneten militärischen Streifzug eine Gelegenheit zur Fahnenflucht wahr, wurde aber bald von der Gendarmerie aufgegriffen. In Rom stellte man ihn vor ein Militärgericht, das ihn zum Tode verurteilte. Die Exekution durch Erschießen war bereits angeordnet, „und knieend erwartete er den Tod", als ihm im letzten Moment mit dem Ruf „Pardon" das Leben gerettet wurde. Als Folge der erlittenen Todesangst erlitt er nach eigenen Angaben heftige epileptische Anfälle.[1]

Im Feldzug von 1814 in Frankreich ging er zur österreichischen Armee über und wurde einem neu errichteten Bataillon von Bergjägern zugeteilt, das er aber ebenfalls schnell wieder verließ. In der Gegend von Hanau griff man ihn als Vagabundierenden auf und brachte ihn nach Stuttgart, wo er durch ein kriegsgerichtliches Urteil vom 10. Februar 1816 wegen Desertion zu „eintägigem Spiesruthenlaufen und zwölfmonatiger Festungs-Arbeit" verurteilt wurde. König Friedrich I. wandelte die Strafe in eine zweijährige Festungsarbeitsstrafe um. Nachdem er am 4. November 1816 begnadigt worden und erneut desertiert war, verurteilte ihn ein Stuttgarter Kriegsgericht am 26. April 1817 zum

Tode durch den Strang. Auf dem Wege der Begnadigung milderte der württembergische König hingegen das Todesurteil am 2. Mai 1817 in eine sechsjährige Festungsarbeitsstrafe unter Ausstoßung aus dem Militärdienst ab.[2]

Nach Verbüßung dieser Strafe übergab ihn das Festungskommando Hohenasperg am 4. Mai 1823 an die Stadtdirektion Stuttgart. Diese brachte ihn, bis er eine andere Unterkunft gefunden haben würde, unter den freiwilligen Arbeitern im Stuttgarter Spinnhaus unter. Verschiedene Versuche, woanders ein Unterkommen zu finden, seien ihm, so Datpheus, misslungen, „da Niemand einen so überberüchtigten Menschen als Taglöhner anzustellen geneigt gewesen" sei. So kehrte er im Dezember 1823 in das Spinnhaus zurück und war auf den spärlichen Verdienst als Wollspinner angewiesen, ein Erwerb, der ihm nach eigenen Angaben nicht lag, da es ihm „an Ausdauer im Sitzen und an Geduld beim Spinnen gefehlt habe".[3]

Im September 1824 erhielt ein Maurermeister, der keine Unterkunft finden konnte, von der Stadtdirektion die Erlaubnis, im Spinnhaus übernachten zu dürfen. Als er sich über die Unreinlichkeit seines Bettnachbars beschwerte, fielen der als jähzornig bekannte Datpheus und ein anderer freiwilliger Arbeiter über ihn her und schlugen ihn. Der Verprügelte meldete dies dem Spinnhausaufseher („Spinnhaus-Vater") Heinrich Gebhard Grempenfort, der sich dadurch veranlasst sah, Datpheus am 24. September jenes Jahres zu ermahnen und ihn bis zur Erteilung weiterer Anordnungen mit Hausarrest zu belegen. Dies erzürnte Datpheus so sehr, dass er dem Aufseher Rache schwor.

Am 29. September blieb er im Arbeitszimmer zurück, während die anderen Arbeiter zum Mittagessen in das „Suppenhaus" gingen, und wartete auf Grempenfort. Als dieser arglos gegen 11 Uhr das Zimmer betrat, stürzte sich Datpheus in Gegenwart von zwei anderen Arbeitern mit einem Messer auf ihn auf versetzte ihm mehrere Stiche in die Brust und einen Stich in den Unterleib. Der zu Boden Gestürzte versuchte sich zu wehren und griff nach dem Messer, das ihm Datpheus durch die Hand zog. Dann kniete er sich auf den Aufseher und brachte ihm eine tiefe Halswunde bei, die den sofortigen Tod herbeiführte. Datpheus wurde augenblicklich überwältigt und zur Haft gebracht. Er äußerte, er „habe ein Soldaten Blut, und wenn er zum Zorn gereizt seye, wiße er sich nicht mehr zu helfen".[4]

Nach Beendigung der gerichtlichen Untersuchung verurteilte ihn der Kriminalsenat des Kreisgerichtshofes in Esslingen am 4. Januar 1825 wegen Mordes zum Tode durch das Schwert. Das Obertribunal in Stuttgart bestätigte in der Revisionsinstanz das Urteil ebenso wie König Wilhelm I. am 11. Februar 1825.[5]

Am Morgen 21. Februar 1825 führte man Datpheus zum Rathaus, wo ihm nochmals das Urteil verlesen und der Stab gebrochen wurde. Die in Anwesenheit einer großen Zuschauerschaft auf der Feuerbacher Heide unweit von Stuttgart vollzogene Enthauptung des Verurteilten durch Scharfrichter Neher missglückte. Dieser, so schrieb die Magdeburgische Zeitung, „that 1, 2, 3 Hiebe, und der Kopf war immer noch nicht herunter. Beym dritten Hiebe fiel der Körper mit dem Stuhle um, und der Kopf mußte am Boden vom Körper getrennt werden. Nun wird abermals gefragt: warum nicht die sichere Guillotine?“[6]

In einem amtlichen Bericht über die Hinrichtung hieß es, sie habe „Gefühle des Mitleidens bei einigen Zuschauern erregt, die, entfernter vom Schaffot, nicht wahrnehmen konnten, daß schon der erste kräftige Hieb des Scharfrichters dem Delinquenten das Leben genommen habe“. Nach einer Untersuchung des Kriminalamts Stuttgart „über diese nicht ganz geglückte Execution“ sah man von einer Strafverfügung gegen Neher ab.[7]

Gift für den Ehemann, Stuttgart 1844

Am Abend des 21. April 1844 wurde ein Wundarzt in die Wohnung des Goldarbeiters Eduard Ruthardt in der Stuttgarter Torstraße 3 gerufen, wo dieser mit seiner Frau Christiane (die sich auch Nanette nannte) und seinem zweieinhalbjährigen Sohn Karl wohnte. Ruthardt, der in der Weber'schen Bijouteriefabrik in Stuttgart beschäftigt war, hatte sich im Laufe des Tages mehrmals erbrochen, der Arzt legte dem aber keine größere Bedeutung bei.

Auch in den folgenden Wochen hoffte der Goldarbeiter vergebens auf Genesung. Der wiederholt herbeigerufene Arzt versuchte, die „Magenentzündung“ und das Erbrechen mit Blutegeln und Brausepulver zu lindern. Freunde und Nachbarn wunderten sich vielfach über die Lieblosigkeit und Gleichgültigkeit, die Frau Ruthardt ihrem kranken Mann entgegenbrachte, der am Mittag des 11. Mai starb.

Ein anderer Arzt, Dr. Cammerer, der einige Tage zuvor Christiane Ruthardt auf deren Wunsch einen Giftschein zur Erlangung von weißem Arsenik – angeblich zur Rattenvertilgung – ausgestellt hatte, schöpfte Verdacht und erstattete am Todestag Ruthardts bei der Stuttgarter Stadtdirektion Anzeige, dass der Verstorbene von seiner Frau vergiftet worden sein könnte. Die noch am 11. Mai Verhaftete gestand nach kurzem Leugnen vor dem Stuttgarter Kriminalamt, ihrem Mann zweimal Gift unter das Essen und einmal unter die Medizin gemischt zu haben. Unter Angabe falscher Namen hatte sie sich bei einigen Ärzten Giftscheine besorgt, mit denen sie sich in verschiedenen Apotheken bediente. Bei der Leichenöffnung und chemischen Untersuchung der Eingeweide am 12. Mai fand man 22 Gran weißen Arseniks – man ging davon aus, dass schon eine Dosis von vier bis zehn Gran den Tod bewirken konnte.[8]

Daraufhin wurde Frau Ruthardt am 18. Mai wegen Vergiftung ihres Ehemannes in den Anklagestand versetzt und mehrfach verhört. Wie sich herausstellte, hatte sie eine wechselvolle Lebensgeschichte hinter sich. Als im August 1804 geborene Tochter des bekannten Stuttgarter Medikus Karl Christian von Klein und Henriette von Lehsten, die beide aus einem altehrwürdigen württembergischen Geschlecht stammten, wartete ein Leben in höheren Kreisen auf sie, doch die geplante Heirat ihrer Eltern kam nicht zustande, die nun ihre Tochter verleugneten. Sie wuchs in verschiedenen Pflegefamilien auf, auch bei einem Landgeistlichen, bis sie 1812 von Friederike Hehl, einer Schwester ihres Vaters, in Stuttgart aufgenommen wurde. Nachdem sie sich unerlaubt von dort entfernt hatte, wurde sie in eine Erziehungsanstalt in Königsfeld im Großherzogtum Baden gebracht, wo sie bis zur Konfirmation blieb. Mit 19 Jahren kehrte sie in das vornehme Haus der Hehls nach Stuttgart zurück, doch es kam zum Bruch mit der Tante, die ihre Pläne mit ihr durchkreuzt sah. Nun blieb der aus dem Haus verwiesenen Nichte nichts anderes übrig, als sich als Dienstmagd zu verdingen, was sie 15 Jahre lang bei Familien in Ulm, München, Freudenstadt und Reutlingen tat. Als sie über Dritte erfuhr, wer ihre wirklichen Eltern waren, bat sie ihre Mutter, sie als ihr Kind öffentlich anzuerkennen, doch sie wurde abgewiesen.[9]

Nach einer unglücklich verlaufenen Liaison mit einem Engländer, John Rowlandson, lernte sie auf Vermittlung einer Bekannten Eduard Ruthardt aus Ludwigsburg kennen, den sie am 28. Juli 1839 heiratete. Sie erhoffte sich von dieser Ehe ein sicheres und ruhiges Leben, doch ihre Hoffnungen wurden enttäuscht, da ihr Mann sein Geld für teure Bücher und Maschinen ausgab. Er war von der Idee besessen, geniale Erfindungen zu machen. Dazu kam, dass er schon im ersten Jahr das Unglück hatte, für einige Zeit brotlos zu werden. Die ökonomische Misere, in welche die Eheleute gerieten, entfremdete sie immer mehr. Während sich Frau Ruthardt bemühte, das wenige Geld zusammenzuhalten und durch kleine Arbeiten außer Hause etwas zu verdienen, verlor sich ihr Mann in seinen Forschungen, die jedoch nicht den gewünschten Erfolg hatten. Als er zudem zusehends kränker wurde und ihr die Ehe nach und nach als unerträgliche Bürde erschien, dachte sie an Scheidung, dann an Selbstmord.[10] Zu diesem Zweck, so die Angeschuldigte, habe sie sich zum ersten Mal Arsenik besorgt, bei „näherer Ueberlegung habe sie jedoch, insbesondere mit Rücksicht auf die Sorge für ihr Kind, gedacht, es seye besser, wenn ihr Mann das Opfer werde, da seine Gesundheit sich immer mehr verschlimmere, das Einkommen abnehme und sie nach seinem Tode durch den Verkauf ihrer Effekten, durch Zuschüsse aus Leichenkassen, bei welchen sie betheiligt gewesen, und durch ihre Geschicklichkeit in weiblichen Arbeiten in den Stand werde gesetzt werden, die Schulden zu bezahlen und sich und ihr Kind zu ernähren".[11]

Während ihrer Haft brachte Frau Ruthardt in der Nacht vom 9. auf den 10. November 1844 einen Sohn zur Welt, der allerdings nur wenige Tage lebte.[12] Nachdem Staatsanwalt von Jasmund die Anklageschrift und der Rechtskonsulent Gottlob Adolf Veiel aus Marbach am Neckar die Verteidigungsschrift[13] eingereicht hatten, fand nach einer längeren Verzögerung am 20. Dezember 1844 vor dem Kreisgerichtshof für den Neckarkreis in Esslingen die öffentliche Schlussverhandlung statt. Seit der Reformierung der Strafprozessordnung von 1843 war der Ausschluss der Öffentlichkeit aus dem Strafverfahren aufgehoben und der Zutritt einer begrenzten Zahl von Zuschauern erlaubt.[14] Am 23. Dezember 1844 verurteilte der Kreisgerichtshof die Angeschuldigte nach Artikel 237 des Strafgesetzbuches wegen Mordes zum Tode durch Enthauptung. Der Kriminalsenat des Obertribunals in Stuttgart bestätigte das Urteil am 7. Juni, König Wilhelm I. am 21. Juni 1845.[15]

Scharfrichter Weidenkeller aus Ulm[16] nahm ihre öffentliche Hinrichtung am 27. Juni 1845 auf der Feuerbacher Heide vor den Toren Stuttgarts zwischen den beiden Erdhügeln des Militärschießplatzes mit dem Schwert vor. Schon um 3 Uhr morgens herrschte auf den Straßen Stuttgarts Betrieb. Eine Stunde später ging die Verurteilte zu Fuß durch die Menschenmenge zum Rathaus. Dort wurde sie in den kleinen Saal im ersten Stock geführt, um ihr zum letzten Mal das Urteil feierlich zu verkünden und das Stabbrechen sowie die Übergabe an den Scharfrichter zu vollziehen. Dann brachte man sie auf einem offenen Gefährt unter Begleitung von Stadtreitern zum Richtplatz, wo der Scharfrichter die Enthauptung „schnell und ohne Fehl" vollzog.[17]

Der Fall Ruthardt wurde schon vielfach in der Literatur dokumentiert.[18]

Raubmord und Brandstiftung auf dem Kochenhof (Stuttgart), 1894

Seit 50 Jahren war in Stuttgart keine Hinrichtung mehr vollzogen worden, bis am Morgen des 27. Juli 1895 der 27-jährige Dienstknecht Martin Mauth aus Leidringen (Rosenfeld) sein Leben unter der Guillotine lassen musste. Damit kam zum ersten Mal unter der Regierung König Wilhelms II. in Württemberg ein Todesurteil zur Vollstreckung. Die Hinrichtung vollzog Scharfrichter Siller auf dem Stuttgarter Zuchthaushof.[19] Zwei Tage später brachte man die Leiche des Hingerichteten auf den Pragfriedhof, wo sie in aller Stille ohne religiöse Zeremonie beigesetzt wurde. Im Zuchthaus war aber die Einsegnung der Leiche durch den Anstaltsgeistlichen vorausgegangen.[20]

Der vorbestrafte Mauth hatte seit November 1893 bei Gotthold Munz auf dem zum Stuttgarter Stadtdirektionsbezirk gehörigen Kochenhof, Feuerbacher Heide Nr. 2, als Knecht in Diensten gestanden. Er teilte sich mit Johannes Haas aus Schlechtbach im damaligen Oberamt Gaildorf, der seit März 1894 ebenfalls auf dem Hof als Knecht beschäftigt war, eine über dem Stall und neben dem Heuboden befindliche Schlafkammer. Da Mauth vermutete, dass sein Kollege viel Geld besitzen müsse – er war sparsam und hatte einmal geäußert, dass er von seinen Eltern 1.500 Mark bekommen würde –, beschloss er, ihn umzubringen und zu bestehlen.

Nachdem beide am Samstag, dem 7. Juli 1894, gegen 21.30 Uhr zu Bett gegangen waren, besorgte sich Mauth aus der Holzkammer ein Beil. Mit diesem, so räumte Mauth später laut der Anklageschrift ein, habe er sich in der Nacht einige Male vor das Bett seines schlafenden Zimmergenossen gestellt, um ihn zu erschlagen, sei aber immer wieder davon abgekommen. Nach langem Überlegen, als es schon hell geworden sei, habe er ihm schließlich mit dem Beil drei oder vier Schläge auf den Kopf versetzt. Schon nach dem ersten Schlag habe sich Haas nicht mehr gerührt. Den Toten habe er dann auf den Heuboden gebracht und dort versteckt. Drei Tage später habe er der Leiche ein Seil um die Füße gebunden, sie vom Heuboden herabgelassen, zu einem etwa 130 Schritt entfernten Steinbruch geschleift und dort vergraben. Die Barschaft des Getöteten in Höhe von 41 Mark nahm er an sich – er hatte mit mindestens 100 Mark gerechnet. Seinem Dienstherrn antwortete Mauth auf die Frage nach dem Verbleib von Haas am Morgen des 8. Juli „mit lachendem Munde", dieser sei mit dem Frühzug abgereist, wahrscheinlich nach Gmünd. Munz schenkte dieser Behauptung umso mehr Glauben, als Haas selbst ihm am 1. Juli gesagt hatte, er wolle am nächsten Sonntag zu einer Hochzeit nach Gmünd reisen.

Am 14. September 1894 wurde Mauth von seinem Dienstherrn wegen wiederholter Trunkenheit entlassen. Als er den Hof verließ, nahm er heimlich zwei Anzüge und eine silberne Uhr aus der Hinterlassenschaft des Getöteten an sich. Die Uhr versetzte er einen Tag später für vier Mark, einen der Anzüge für neun Mark. Nach seiner Entlassung war er zunächst bei der Eisenbahn in Stuttgart tätig. In jener Zeit kam er auf den Gedanken, auch den neuen Knecht auf dem Kochenhof zu berauben.

Typische Gerichtsszene aus dem 19. Jahrhundert.

Zu diesem Zweck begab er sich am Abend des 17. Oktober 1894 in seine dortige frühere Schlafkammer und entwendete aus dem Kasten des neuen Knechts einen Anzug, eine Jacke und sonstige Kleidungsstücke. Nachdem er die Nacht auf dem Heuboden verbracht hatte, verließ er am anderen Morgen gegen 5 Uhr die Scheuer und warf von einem Stuhl aus auf deren Rückseite mehrere brennende Zündhölzer durch ein Fenster ins Heu, das schnell Feuer fing. Er tat dies, um mit der Scheuer auch die Schlafkammer zu zerstören und damit den Diebstahl zu verdecken. Die Scheuer brannte bis auf die Grundmauern nieder und auch andere Teile des Hofes wurden beschädigt. Der Immobilienschaden betrug rund 2370, der Mobilienschaden 2288 Mark.

Unter dem Namen des ermordeten Haas, dessen Landsturmschein und Führungszeugnisse er sich angeeignet hatte, arbeitete Mauth im November in Cannstatt, Ende Dezember 1894 bei einem Wirt in Empfingen und ab dem 1. Januar 1895 bei einem Holzhändler in Oppenau. Mittels eines an das Schultheißenamt Gschwend gerichteten Briefes wusste er sich 100 Mark aus dem mütterlichen Vermögen von Haas zu verschaffen. Ein Versuch, rückständigen Lohn des Getöteten von Munz zu erhalten, misslang hingegen. Am 6. Februar 1895 wurde Mauth in Oppenau verhaftet. Drei Tage später fand man auf seine Angaben hin in dem Steinbruch die notdürftig verscharrte Leiche von Haas.[21]

Mauth wurde nach zweitägiger Verhandlung am 26. Juni 1895 vom Schwurgericht Stuttgart wegen Mordes, Raubes und Brandstiftung zum Tode und zehn Jahren Zuchthaus verurteilt.[22]

Ein Fremdenlegionär als Mörder, Neckarrems 1893

Am Montag, dem 8. Januar 1894, wurde in einer Weinberghütte bei Neckarrems (Stadtteil von Remseck am Neckar) die Leiche eines jungen, anscheinend dem Arbeiterstand angehörigen Mannes gefunden, der mit einem Lederriemen erdrosselt und beraubt worden war. Seine Hände waren mit einem Taschentuch gefesselt. Zur Klärung seiner Identität stellte man ihn im Leichenhaus des Pragfriedhofes in Stuttgart zur allgemeinen Besichtigung aus.

Es dauerte mehrere Wochen, bis man herausfand, dass es sich bei dem Toten um den im Oktober 1874 geborenen Drahtzieher Albert Ramsel aus Triberg im Schwarzwald handelte. Von dort aus war er am 16. April 1893 auf Wanderschaft gegangen und hatte in Stuttgart, Cannstatt und Heilbronn gearbeitet, von wo er sich am 16. Dezember 1893 zurück nach Stuttgart begab. Seit dem 24. Dezember war keine Nachricht mehr von ihm zu Hause in Triberg angelangt.

Dieses Foto diente zur Identifizierung des aufgefundenen Toten in einem Fahndungsblatt.

Der Verdacht der Täterschaft richtete sich auf den mehrfach vorbestraften, im November 1857 geborenen Ziegler Christian Gottlob Vöster aus Waiblingen, der am 29. Dezember 1893 bei einem Stuttgarter Pfandleiher eine dem Ermordeten gehörende Uhr versetzt hatte. Vöster, der von 1888 bis zum Herbst 1893 in der französischen Fremdenlegion in Algier gedient hatte, war erst am 29. Oktober 1893 in Belfort in Ostfrankreich angekommen. Über verschiedene Stationen (u. a. Schaffhausen, Konstanz und Ulm) kam er am 23. Dezember nach Stuttgart. Noch am gleichen Tag begab er sich zum französischen Konsulat, um nach Vorzeigen seiner französischen Legitimationspapiere um ein Geldgeschenk zu bitten.

Da er abgerissene Kleidung trug, fragte Vöster nach eigenen Angaben am nächsten Morgen in der Stuttgarter Herberge „Zur Heimat", ob jemand getragene Kleidungsstücke verkaufe. Er kam mit Ramsel ins Gespräch, dem er eine Jacke, eine Hose und eine Weste abkaufte. Bei einem Glas Bier teilte Vöster dem jungen Mann mit, dass er Weihnachten bei seinen beiden Schwestern in Waiblingen verbringen wollte. Da Ramsel vorhatte, einen ehemaligen Kollegen in Winnenden zu besuchen, machten sie sich noch am gleichen Tag gemeinsam auf den Weg. Nach einer Übernachtung in einer Waiblinger Wirtschaft begaben sie sich am nächsten Morgen (25. Dezember) nach Winnenden, da Ramsel aber seinen Kollegen nicht antraf, kehrten sie umgehend nach Waiblingen zurück. Dort nahm Vöster seinen Begleiter zu einer seiner Schwestern mit, die sie freundlich aufnahm.

Nach der Darstellung Vösters wollte Ramsel anderntags möglichst schnell nach Heilbronn, um Arbeit zu suchen. Da sich Ramsel des Weges unsicher gewesen sei, habe er ihn auf dem Weg nach Ludwigsburg bis in die

Hegnacher Gegend begleitet. Hier habe er sich von Ramsel verabschiedet und sei nach Waiblingen zurückgekehrt. Vorher, so behauptete Vöster, habe Ramsel ihm seine Uhr und einen in Stuttgart in der Herberge „Zur Heimat" befindlichen Koffer samt Inhalt – meist Kleidungsstücke – für zehn Mark verkauft. Schon an jenem 26. Dezember fiel den beiden Schwestern Vösters auf, dass er eine Uhr trug, während er am Abend zuvor keine hatte.

In den nächsten Tagen begab er sich nach Stuttgart, versetzte die Uhr und holte in der Herberge unter Vorzeigen einer von Ramsel stammenden Blechmarke den Koffer ab. Als ihm seine Schwestern, die in der Zeitung eine Beschreibung der aufgefundenen Leiche gelesen und in dem Toten den früheren Begleiter ihres Bruders wiedererkannt hatten, Vorwürfe machten und er bemerkte, dass ihm die Polizei auf den Fersen war, setzte sich Vöster ab. Seine Flucht führte ihn u. a. nach Heilbronn, Frankfurt, Mainz, Ludwigshafen, Basel, Lyon, Marseille und im September 1894 nach Avignon, wo er als steckbrieflich Gesuchter verhaftet wurde.[23]

Das Schwurgericht Stuttgart verurteilte ihn am 8. Juli 1895 nach mehrtägiger Verhandlung wegen Raubmordes zum Tode.[24] Nachdem König Wilhelm II. ein eingereichtes Gnadengesuch zurückgewiesen und das Urteil bestätigt hatte, fand die Guillotinierung am Morgen des 22. August 1895 um 6 Uhr auf dem Hof des Stuttgarter Zuchthauses statt. Der Verurteilte ging auf den Staatsanwalt zu, um ihm die Hand zu geben und wegen seiner Aufführung bei der Ankündigung der Urteilsvollstreckung nochmals um Verzeihung zu bitten – er hatte getobt und Verwünschungen gegen das Gericht ausgestoßen. Außer den Amtspersonen waren etwa 100 Zuschauer bei der Hinrichtung zugegen.[25]

Tödlicher Streit zwischen Vater und Sohn, Feuerbach 1898

Friedrich Fauser aus Feuerbach (Stuttgart) wurde Ende August 1856 als Sohn seines gleichnamigen Vaters, einem Schuhmacher, und seiner Mutter Christiane geboren. Von 1872 bis 1875 war er in einem Goldgeschäft in Stuttgart in der Lehre. Später arbeitete er über mehrere Jahre in einer Stuttgarter Brillenfabrik. Nach sieben Ehejahren trennte er sich 1889 von seiner Frau Anna (geborene Mögle), nachdem alle sieben aus der Ehe hervorgegangenen Kinder gestorben waren. Danach lebte er mit seiner Haushälterin Katharina Leibold zusammen, die drei Kinder von ihm bekam.

Fauser jun., der seinem Vater einen Teil des elterlichen Hauses in Feuerbach abkaufte, war im Ort nicht sehr beliebt, da er als jähzornig und unfreundlich galt. Auch seine „wilde Ehe" mit der Haushälterin wurde nicht gerne gesehen. Er war Mitglied der sozialdemokratischen Partei in Feuerbach, war aber nach der Einschätzung des Gemeinderates Friedrich Epple, der bis Juli 1897 im Vorstand der Partei war, in seinen Anschauungen so wenig gemäßigt, dass man nicht gut mit ihm auskommen konnte.

Zwischen Vater und Sohn kam es zu einem langwierigen Streit, weil der Vater in einem unter der Wohnung des Sohnes befindlichen Stall Schweine hielt, welche die Nachtruhe störten und einen üblen Geruch verbreiteten. Aufgrund einer Strafanzeige seines Vaters wurde Fauser jun. unter Anklage gestellt, weil er diesen mit einem Prügel im Stall überfallen und auf den Arm geschlagen hatte. Vom Schöffengericht Stuttgart wurde er deshalb am 17. April 1896 mit einer einwöchentlichen Gefängnisstrafe belegt. Es folgte eine Beschwerde des Sohnes vom Juli 1897 an das Schultheißenamt, worauf der Vater einige Verbesserungsarbeiten an dem Schweinestall durchführen musste. Im Dezember 1897 verklagte dieser den Sohn beim Gemeindegericht Feuerbach auf eine Entschädigung von über 20 Mark für zwei Ferkel, die dadurch verendet sein sollten, dass der Sohn ihnen die Rüssel mit Teer bestrichen habe, wie auch die Saugwarzen des Mutterschweins.[26]

Der mittlerweile verwitwete Fauser sen., der diese Sache auf sich beruhen ließ, äußerte mehrmals, dass er um sein Leben fürchte. Der 69-Jährige hatte vor, sich mit einem Gewehr zu bewaffnen und im Frühjahr 1898 seine Tochter Katharina Köhler und seinen Schwiegersohn ins Haus zu nehmen, von denen er sich Schutz gegen seinen Sohn versprach, der mehrere Drohungen gegen ihn ausgestoßen hatte.

Am Montag, dem 21. Februar 1898, um die Mittagszeit wurde er auf einem Hof hinter seinem Haus in einer gefüllten Abtrittsgrube liegend tot aufgefunden. Die Tatsache, dass in dem nur wenige Schritte entfernten Stall Spuren eines Kampfes zu erkennen waren, ließ darauf schließen, dass hier kein Unfall, sondern ein Verbrechen vorliege. Man schritt zur sofortigen Festnahme des Sohnes, da das schlechte Verhältnis der beiden allgemein bekannt war, sowie der 28-jährigen Haushälterin. Die Untersuchung der Leiche ergab, dass der Vater erwürgt worden war.

Durch die Aussagen der Haushälterin wurde Fauser schwer belastet. Sie gab an, er habe sich schon lange mit dem Gedanken getragen, seinen Vater aus der Welt zu schaffen. Um selbst nicht verdächtigt zu werden, habe er andere Personen zur Ausführung der Tat zu überreden versucht. Schon in den letzten drei bis vier Wochen sei er dreimal mit der Absicht in den Stall gegangen, seinen Vater umzubringen, es sei aber jedes Mal etwas dazwischengekommen.

Sie habe davon nichts gesagt oder gemeldet, da sie Angst vor ihm gehabt und um ihr Leben gefürchtet habe.

Am 20. Februar, so die Zeugin, habe er gegen 17 Uhr zu ihr gesagt, die Tat müsse an jenem Tag – noch vor einem anstehenden Einzug neuer Nachbarn – verübt werden. Er habe sie wiederholt aufgefordert, ihm dabei zu helfen, was sie aber strikt abgelehnt habe. Als sich der Vater gegen 19 Uhr zur Schweinefütterung in den Stall begeben habe, sei ihm Fauser jun. gefolgt. Sie und ihr sechsjähriger Sohn Max hätten gehört, wie die beiden im Stall in Streit geraten seien, und sie hätte an der Art des Stöhnens des alten Fauser gemerkt, dass er gewürgt worden sei. Wenig später sei Fauser jun. bleich und mit einem blutenden Kratzer am Auge in die Stube zurückgekehrt und habe ihr gesagt, sein Vater liege tot im Stall. Er habe ihn „am Halse gepackt, dieser habe ihn darauf im Gesicht verkratzt und ihm auch an den Hals langen wollen". Darauf habe er ihn zu Boden gedrückt und erwürgt. Gegen 21 Uhr habe er die Leiche in den Abtritt geworfen, „daß man meine, er sei hineingefallen".[27]

Bei seinen ersten Vernehmungen leugnete Fauser die Tat bzw. versuchte, sie Unbekannten anzulasten, die seinen Vater im Hof erwürgt hätten. Als er am 5. März 1898 mit den Aussagen der Haushälterin konfrontiert wurde, gestand er die Tat ein, behauptete aber, den Tod des Vaters nicht beabsichtigt zu haben – er habe vielmehr mit ihm abrechnen und ihn „anrempeln" wollen. Der Angeschuldigte schilderte eingehend, wie der Streit mit seinem Vater immer größer geworden sei. Dieser habe ihn nicht nur durch die „Unruhe und Unreinlichkeit" der Schweine schikaniert, sondern ihm auch fortwährend Vorwürfe wegen der Beziehung zu der Haushälterin gemacht. Seine mit ihr gezeugten Kinder habe er als „Hurenkinder" bezeichnet.

Der Schreinermeister Gottlieb Ziegler aus Feuerbach gab in der Voruntersuchung an, Fauser habe ihn dreimal aufgefordert, seinen Vater umzubringen, den er nicht mehr sehen könne und verachte. Das erste Mal vor Weihnachten 1897 habe er ihm 15 Mark bot ihm dafür 15 Mark zur Ausführung des Mordes angeboten, er sei aber darauf nicht eingegangen. Fauser hingegen behauptete, er habe Ziegler lediglich beauftragen wollen, den Vater zu verprügeln.[28]

Das Schwurgericht Stuttgart verurteilte den Angeklagten am 2. April 1898 wegen Mordes zum Tode. Die Hinrichtung nahm Scharfrichter Siller am Morgen des 30. Juni 1898 um 6 Uhr im Stuttgarter Zuchthaus vor. Eine große Menschenmenge hatte sich in der Nähe und auf den umliegenden Dächern eingefunden, die auf dem Hof des Zuchthauses aufgestellte Guillotine war hingegen derart mit Tüchern verhängt, dass von den Außenstehenden niemand etwas sehen konnte. Zu dem Akt waren rund 200 Karten ausgegeben worden, sodass der verfügbare Raum ziemlich beschränkt war. Unter den Zuschauern befanden sich Beamte, Ärzte, Offiziere sowie Männer aus den verschiedensten bürgerlichen Ständen.[29]

Die künftigen Hinrichtungen in Stuttgart fanden im Justizgebäude statt.[30]

Rivalität unter Komplizen bei Rudersberg, 1925

Der vorbestrafte Dienstknecht Albert Veil aus Bietigheim lernte im September 1925 in einer Herberge in Stuttgart den auf der Wanderschaft befindlichen 20 Jahre alten Hilfsarbeiter Johannes Lehner aus Neumühl in Bayern kennen. Nach Angaben Veils entwarfen beide den Plan, räuberische Überfälle auf Bauern zu begehen. Lehner soll den Vorschlag gemacht haben, die Überfälle durch sogenannte Autofallen, also durch das Ziehen von Drähten über die Straße, zu bewerkstelligen.

Am 21. September 1925 war in Rudersberg (bei Welzheim) Viehmarkt, und Veil nahm an, dass die Bauern, die zu diesem Markt gingen, über größere Geldbeträge verfügten. Während sich Lehner im Wald aufhielt, lauerte Veil – in der rechten Hand einen Revolver, in der linken einen schweren Prügel – auf der Straße von Allmersbach nach Rudersberg einem Bauern auf und forderte die Herausgabe seines Geldes, der Bauer ließ sich aber nicht einschüchtern und ging weiter seines Weges.

Als er, so Veil, nun in den Wald zu Lehner zurückgekehrt sei, habe er wegen eines geringen Geldbetrages Streit mit ihm bekommen, der ihn so aufgeregt habe, dass er zweimal auf Lehner geschossen habe. Dieser sei zu Boden gestürzt, habe sich gewälzt und nun habe er noch einen weiteren Schuss auf ihn abgegeben, der tödlich war. Nach der Tat nahm Veil dem Ermordeten die Brieftasche ab und zerriss dessen Legitimationspapiere, die er etwa 600 Meter vom Tatort entfernt wegwarf. Er kehrte dann zu der Leiche zurück und legte dem Ermordeten den Revolver in die Hand, um den Anschein zu erwecken, Lehner habe sich selbst erschossen.[31]

Nachdem man Veil auf die Schliche gekommen war, musste er sich vor dem Stuttgarter Schwurgericht verantworten, das ihn am 12. Februar 1926 wegen Mordes zum Tode verurteilte. Wegen unerlaubten Waffenbesitzes und versuchter räuberischer Erpressung erhielt er eine Gesamtzuchthausstrafe von drei Jahren und vier Monaten.[32]

Nach der Bestätigung des Todesurteils durch Staatspräsident Bazille fand die Hinrichtung des 26-Jährigen am Morgen des 6. August 1926 im Lichthof des Stuttgarter Justizgebäudes statt.[33]

Mord im Auto, Waiblingen 1931

Der ledige Kraftwagenfahrer und Bauarbeiter Gotthelf Lachenmaier aus Oppelsbohm (Ortsteil von Berglen) tötete am frühen Morgen des 22. Mai 1931 auf einem Feldweg in der Nähe von Waiblingen den in seinem Auto schlafenden, 45 Jahre alten Kaufmann Karl Steiner aus Stuttgart durch einen Kopfschuss. Dann versteckte er die Leiche in einem Tannendickicht, nachdem er 170 Mark aus der Rocktasche des Toten geraubt hatte. Nach längeren Vergnügungs- und Irrfahrten wurde er eine Woche später in Herrenberg verhaftet. Das führerlose Auto fand man bei Herzogsweiler (Pfalzgrafenweiler).

Der 30-Jährige wurde am 29. September 1931 vom Schwurgericht Stuttgart wegen Raubmordes zum Tode verurteilt, das Reichsgericht gab aber einer von ihm eingelegten Revision statt, weil in der Begründung des Urteils ein polizeiliches Protokoll Verwendung gefunden hatte, das nicht selbst Gegenstand der Beweisaufnahme gewesen war.[34]

In der zweiten Verhandlung des Falles Anfang März in Stuttgart wurde Lachenmaier wie zu erwarten abermals zum Tode verurteilt und damit wiederum dem Strafantrag des Oberstaatsanwalts entsprochen. Auch die bürgerlichen Ehrenrechte erkannte das Schwurgericht dem Angeklagten ein zweites Mal auf Lebensdauer ab. Der Angeklagte nahm das Todesurteil erneut mit scheinbarem Gleichmut entgegen. Wie sehr er in Wirklichkeit aber um ein milderes Urteil kämpfte, geht aus der Aussage des Sachverständigen Prof. Dr. Wetzel hervor, der erzählte, wie ihm der Angeklagte während der Untersuchung hoffnungsvoll gesagt habe: „J mei, Herr Professor, zume Totschlag könnt´s doch lange."[35]

Allerdings hatte er, wie in der Urteilsbegründung ausdrücklich betont wurde, die verkehrteste Verteidigungstaktik eingeschlagen, indem er sich an die entscheidenden Einzelheiten der Tat nicht mehr erinnern wollte. Diesen vorgeblichen Gedächtnisschwund hielt das Gericht in Übereinstimmung mit den Sachverständigen für nichts als – noch dazu ungeschickte – Simulation. Die Frage des Vorsatzes konnte nicht verneint werden, und so blieb nach dem Gesetz nichts anderes übrig als ein Todesurteil.[36]

Nach der Bestätigung des Urteils durch Staatspräsident Eugen Anton Bolz wurde die Hinrichtung am 12. August 1932 morgens um 5.30 Uhr auf dem inneren Hof des Stuttgarter Justizgebäudes durch Enthauptung vollstreckt.[37]

19. Weinsberg

In der vom Oberamtsgericht Weinsberg verhandelten und zur Revision vorgelegten Untersuchungssache gegen Joseph Bauer aus Rammingen im damaligen Oberamt Ulm erkannte der Kriminalsenat des königlichen Obertribunals am 21. Februar 1827, dass der Angeschuldigte wegen eines an seinem Reisegefährten Jakob Friedrich Knapp aus Knittlingen verübten Raubmordes durch Enthauptung mit dem Schwert vom Leben zum Tode zu bringen sei. König Wilhelm I. lehnte am 21. März 1827 eine Begnadigung ab, sodass die Todesstrafe am 4. April 1827 in Weinsberg an Bauer vollzogen wurde.[1]

Kindsleiche im Schwarzbach bei Waibstadt, 1831

Im Klinikum Tübingen brachte am 9. Februar 1827 die im April 1796 in Adolzfurt (Bretzfeld) geborene Dienstmagd Barbara Schwarz einen unehelichen Sohn zur Welt. Vier Jahre später lernte sie in Gellmersbach (Teilort von Weinsberg), wo sie damals arbeitete, den Tagelöhner und Weingärtner Philipp Schwarz kennen. Im August 1831 zogen sie zusammen und einen Monat später heirateten sie.

Unter dem Vorgeben, ihren Sohn seinem in Krumbach (Limbach) im Großherzogtum Baden lebenden Vater Johannes Berberich zu überbringen, verließ sie am 15. November 1831 das Haus. Drei Tage später kam sie allein nach Gellmersbach zurück und behauptete, das Kind bei seinem Vater in Krumbach gelassen zu haben. Durch einen Schwager von ihr aufmerksam gemacht, schöpfte das Schultheißenamt Gellmersbach Verdacht und forderte sie auf, ein amtliches Zeugnis über das Wohlergehen des Kindes vorzulegen. Infolge dieser Auflage legte sie eine angeblich von dem Vater des Kindes ausgestellte Urkunde vor, die sich nachher als gefälscht erwies, wonach ihr Sohn am „blauen Husten" (Keuchhusten) gestorben sei. Noch ehe eine Antwort des Pfarramts Krumbach auf eine diesbezügliche Anfrage einging, las der Gellmersbacher Schultheiß Leiß in einer Zeitung vom 24. Dezember 1831 eine Anzeige des badischen Bezirksamts Neckarbischofsheim, wonach am 18. November im Schwarzbach zwischen Helmstadt und Waibstadt ein Kind tot aufgefunden worden sei. Leiß, der aufgrund der Beschreibung der Leiche zu dem Schluss kam, dass es sich um den Sohn der Dienstmagd handeln musste, machte dem Oberamt Weinsberg Anzeige, worauf am 26. Dezember deren Verhaftung erfolgte.

Die geständige Inhaftierte gab als ein wesentliches Tatmotiv die Armut der Familie an. Sie warf ihrem Mann vor, „durchaus kein thätiger Hausvater" gewesen zu sein, sondern halbe Tage in der Stube gesessen zu haben, ohne zu arbeiten. Dadurch seien die finanziellen Verhältnisse „ein sehr fühlbares Uebel geworden". Versuche, den Vater des Kindes betreffs Unterhaltsleistungen anzusprechen, seien gescheitert. So sei es gekommen, dass ihr Mann und dessen Verwandte ihr wegen des Jungen Vorwürfe gemacht und ihn lieblos behandelt hätten. Ihr selbst sei es aber auch schwergefallen, den Sohn ins Herz zu schließen, da er sich ihr gegenüber respektlos und frech verhalten habe. Im Ort habe es niemand gegeben, der sich ihr angenommen hätte.[2]

Am Sonntag, dem 13. November, habe ihr Mann ihr wenig Erspartes an sich genommen, sei mit seiner Schwester nach Neckarsulm gegangen und habe dort das Geld vertrunken. Bei einem dadurch am Tag darauf entstandenen Streit habe sich ihre Schwiegermutter gegen sie gestellt und ihren Sohn aufgefordert, sie mitsamt ihrem Jungen „an die Wand zu schmeißen".

Da man es ihr zu Hause „zu garstig" gemacht habe, sei sie am 15. November mit ihrem Sohn aufgebrochen. Hoffnung, von dessen Vater Unterstützung zu erhalten, habe sie nicht gehabt, da dieser selbst mittellos gewesen sei. Außerdem habe sie auch nicht in Erfahrung bringen können, wo dieser zu jener Zeit arbeitete und wohnte. Unterwegs sei sie so verzweifelt gewesen, dass sie beschlossen habe, ihren Sohn zu ertränken. Über Neckarzimmern sei sie am 16. November mit ihm in Helmstadt angekommen, wo sie früher einmal gearbeitet habe. Von dort aus hätten sie den Weg nach Waibstadt eingeschlagen. Als sie sich unterwegs am Schwarzbach hingesetzt hätte, „da sey sie ganz außer sich gewesen, sie habe es nicht mehr anders machen können, als daß sie das Kind in das Wasser geworfen habe". Vorher habe sie überlegt, wo die Tat am besten zu verüben sei, und habe den „Herrgott gebeten, er möchte mir doch sagen, wo ich den Buben hineinwerfen soll, da habe ich dann geglaubt, weil er [der Junge] dort, wo ich mich hinsetzte, nicht weiter wollte, das sey das Zeichen, daß ich ihn jetzt da hineinwerfen soll".[3] Die Leiche wurde nach deren Auffinden in das Krankenhaus im nahe gelegenen Neckarbischofsheim gebracht.

Philipp Schwarz und seine Verwandten widersprachen den Aussagen der Mutter. Wenn sie ihr Vorwürfe gemacht hätten, so deren Einwand, dann nur, weil sie ihr Kind schlecht und zu streng behandelt habe. Schwarz sagte aus, „er habe das Kind und das Kind ihn sehr gerne gehabt". Schultheiß Leiß bestätigte, dass Christian Schwarz, der Bruder des Ehemanns, mit seiner Schwägerin deshalb Streit angefangen habe, weil diese „ihren Sohn übel behandelte".[4]

Der Kriminalsenat des Obertribunals erkannte am 30. Oktober 1832, dass die Angeschuldigte wegen des an ihrem Sohn verübten Mordes mit dem Schwert zu enthaupten sei. Nachdem der König das Urteil am 13. November bestätigt hatte, wurde die Verurteilte am 26. November 1832 in Weinsberg hingerichtet.[5] Der „Bayerische Landbote" schrieb dazu: „Die zu Weinsberg hingerichtete Kindesmörderin wurde, dem dortigen Gebräuch gemäß, von dem Henkersknecht an einem Stricke auf den Richtplatz geführt und benahm sich mit seltener Fassung und Standhaftigkeit. Auch bei dieser Gelegenheit hat man wieder die traurige Erfahrung gemacht, daß Hinrichtungen den dadurch beabsichtigten moralischen Eindruck auf das Volk gar häufig verfehlen und nur zu oft entgegengesetzte Wirkungen hervorbringen."[6]

20. Herrenberg

Raubmord bei Oberjettingen, 1827

Die Durchführung öffentlicher Hinrichtungen bildete gerade für Städte, wo diese selten vorkamen, eine organisatorische Herausforderung. Meist kamen Tausende Zuschauer zu den Hinrichtungen, die immer mehr den beabsichtigten Abschreckungscharakter vermissen ließen und den Charakter von Volksfesten annahmen. Neben den Kosten, die eine solche Großveranstaltung verursachte, war es zudem die Furcht vor Tumulten, welche die Behörden zu umfangreichen Sicherheitsmaßnahmen greifen ließ.[1]

Auch in Herrenberg wollte man nichts dem Zufall überlassen, als dort eine auf den 20. November 1827 anberaumte Hinrichtung anstand. Am Tag zuvor beschloss der dortige Stadtrat einige Vorkehrungen zur Aufrechterhaltung der Sicherheit. So sollten dem Stadtschultheißen 35 Mann zur Verfügung gestellt werden, von denen während der Hinrichtung zwölf Mann in der Stadt zu patrouillieren hatten. Die fünf Tore der Stadt sollten durch jeweils zwei Mann bewacht werden und das herrschaftliche Gebäude durch sieben. Für die Ordnung auf dem Richtplatz sollten die verbleibenden sechs Mann sowie Polizeidiener und Landjäger sorgen.[2]

Bei dem an jenem 20. November mit dem Schwert Enthaupteten handelte es sich um Johann Georg Saier, geboren und wohnhaft in Oberjettingen im damaligen Oberamt Herrenberg. Nach dem Besuch der Schule wurde er 1806 im Alter von 14 Jahren konfirmiert und erlernte das Wagner-Handwerk. 1813 trat er dem Militär bei und machte die Feldzüge von 1813 bis 1815 mit. Nachdem er 1820 in das väterliche Haus in Oberjettingen zurückgekehrt war, begab er sich im April 1823 erneut in Militärdienste.

In der Folgezeit ergab er sich einem aufwendigen Leben und der Trunkenheit in so hohem Grade, dass er manchmal Kleidungsstücke, die er anhatte, verkaufte und während seiner häufigen Anwesenheit zu Hause bei allen Wirten in der Nachbarschaft Schulden machte. Sein Vater sah sich 1824 genötigt, den „liederlichen Lebenswandel“ seines Sohnes bei der Obrigkeit anzuzeigen, der daraufhin acht Tage lang in Haft genommen und für „mundtodt“ erklärt (entmündigt) wurde, d. h. er durfte keine selbständigen Geschäfte und keine Schulden mehr machen.[3]

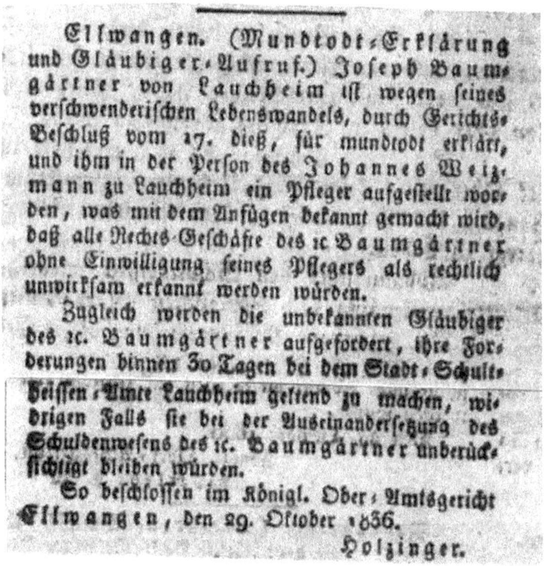

Ellwangen. (Mundtodt-Erklärung und Gläubiger-Aufruf.) Joseph Baumgärtner von Lauchheim ist wegen seines verschwenderischen Lebenswandels, durch Gerichts-Beschluß vom 17. dieß, für mundtodt erklärt, und ihm in der Person des Johannes Weizmann zu Lauchheim ein Pfleger aufgestellt worden, was mit dem Anfügen bekannt gemacht wird, daß alle Rechts-Geschäfte des rc Baumgärtner ohne Einwilligung seines Pflegers als rechtlich unwirksam erkannt werden würden.

Zugleich werden die unbekannten Gläubiger des rc. Baumgärtner aufgefordert, ihre Forderungen binnen 30 Tagen bei dem Stadt-Schultheissen-Amte Lauchheim geltend zu machen, widrigen Falls sie bei der Auseinandersetzung des Schuldenwesens des rc. Baumgärtner unberücksichtigt bleiben würden.

So beschlossen im Königl. Ober-Amtsgericht Ellwangen, den 29. Oktober 1836.

Holzinger.

Beispiel einer „Mundtodt-Erklärung“ des Oberamtsgerichts Ellwangen von 1836, veröffentlicht im Amtsblatt.

Am 27. April 1827 befand er sich auf dem Weg von Wildberg nach Oberjettingen. In einem Waldstück (Heiligenwald) legte er sich nieder, weil er den auf den benachbarten Feldern arbeitenden Bekannten nicht seine zerlumpte Kleidung zur Schau stellen wollte. Als er gegen Abend erwachte, erblickte er die ihm bekannte 64-jährige Anna Maria Völmle aus Wildberg, die seit mehr als 20 Jahren in den benachbarten Dörfern einen kleinen Handel mit Lebensmitteln betrieb und jetzt mit einem Korb auf dem Kopf nach Hause zurückkehrte. Da er vermutete, dass sie Geld bei sich habe, besorgte er sich im Wald einen Holzprügel, eilte ihr nach, warf sie zu Boden und versetzte ihr mit dem Prügel mehrere Schläge auf den Kopf. Nun schleppte er die Sterbende in ein Gebüsch und bemächtigte sich ihres Korbes, den er, weil er nichts für ihn Taugliches darin vorfand, im Gesträuch versteckte. Hierauf kehrte er zu seinem inzwischen verstorbenen Opfer zurück, durchsuchte seine Taschen und nahm die geringe Barschaft an sich, die er in Nagold in Wirtshäusern vertrank.

Hier zog er durch seine schlechte Kleidung und sein unstetes Hin- und Hergehen die Aufmerksamkeit der Polizei auf sich, die bei seiner Verhaftung Blutflecken an ihm bemerkte. Der bei ihm aufgefundene Geldbeutel erwies sich als Eigentum von Frau Völmle, deren Leichnam inzwischen im Wald entdeckt worden war.[4]

Im Verlauf der gegen ihn eingeleiteten gerichtlichen Untersuchung räumte er nach anfänglichem Leugnen seine Tat ein. Der Kriminalsenat des Obertribunals bestätigte in der Revisionsinstanz am 6. Oktober 1827 das zuvor vom Gerichtshof in Tübingen über Saier wegen Raubmordes verhängte Todesurteil. Als ihm König Wilhelm I. am 9. November 1827 eine Begnadigung verwehrte, war sein Schicksal auf dem Schafott beschlossen.[5]

21. Blaubeuren

Mit einer Hacke bei Tomerdingen erschlagen, 1827

Martin Preiß aus Langenau, der zunächst als Hirtenknabe, dann in seinem Beruf als Zimmerer in Langenau, Dettingen, Ulm und Scharenstetten (Dornstadt) sowie als Tagelöhner arbeitete, war bereits 1807 durch ein Urteil des bayerischen Hofgerichts in Schwaben wegen Diebstahls zu einer sechsmonatigen Arreststrafe verurteilt worden. Eine Schärfung der Strafe bestand in „schmaler Kost" (eingeschränkte Nahrungsaufnahme) während der ersten und letzten vier Wochen und in 15 Streichen beim Ein- und Austritt aus dem Haftgebäude. Das gleiche Gericht verurteilte ihn am 4. März 1808 wegen wiederholten Diebstahls zu einer sechsmonatigen Arbeitshausstrafe, die er in der Strafanstalt Buchloe verbüßte. Auch danach wurde er noch mehrfach mit Gefängnisstrafen belegt.

Im September 1827 war er mit mehreren anderen Arbeitern, darunter Konrad Hübsch aus Radelstetten (Lonsee), beim Bau der Straße von Ulm nach Geislingen tätig. Am Ende des Monats war die Arbeit so weit fortgeschritten, dass die beiden entlassen wurden. Bei der Auszahlung des Tagelohns am 27. September fielen Hübsch rund sechs Gulden zu, Preiß hingegen erhielt nichts, weil er den an der Straße gelegenen Schenken mehr schuldig war, als sein Verdienst betrug. Gleichzeitig verließen sie das Wirtshaus in Jungingen (Ulm), in dem die Arbeiter ausbezahlt worden waren, und gingen nach Tomerdingen (Dornstadt), das sie um 17 Uhr erreichten. Nachdem sie in bestem Einvernehmen in einem dortigen Wirtshaus Bier und für zwei Kreuzer Branntwein getrunken hatten, begaben sie sich zu einem Schmied, wo Preiß seine Hacke schärfen ließ.

Noch am gleichen Tag setzten sie ihre Wanderung fort. In Tomerdingen habe er, so Preiß, noch keine böse Absicht gegen seinen Begleiter gehegt. Als sie sich aber bei Anbruch der Dunkelheit einem Wald genähert hätten und Preiß ihm mehrmals seine silberne Uhr, „deren Güte rühmend", gezeigt habe, sei er auf den Gedanken gekommen, Hübsch zu erschlagen und auszurauben.

Sie gingen noch etwa eine halbe Stunde weiter, als er einen Streit mit ihm begann und ihm mit der Hacke einen Schlag auf den Kopf versetzte. Hübsch versuchte zu fliehen, Preiß holte ihn aber ein und streckte ihn durch weitere Schläge nieder. Dem Sterbenden nahm er einige Kleidungsstücke, die Uhr, das Geld und einige weitere Gegenstände ab. Gegen 21 Uhr kam er „äußerst erhitzt" in einem Wirtshaus in Scharenstetten an, wo er unaufgefordert erzählte, er und Hübsch hätten unterwegs verschiedene Wege eingeschlagen.

Als man am Abend des folgenden Tages dessen Leiche entdeckte, fiel der Verdacht sofort auf Preiß, der wenig später in Ulm verhaftet wurde. Nachdem man bei ihm einige der gestohlenen Sachen gefunden hatte, legte er vor dem zuständigen Oberamtsgericht Blaubeuren ein unumwundenes Geständnis ab.[1] Sowohl der Gerichtshof in Ulm als auch das Obertribunal in Stuttgart (8. März 1828) erklärten Preiß des Raubmordes für schuldig und verurteilten ihn zum Tode durch das Schwert. Nach der Bestätigung des Urteils durch König Wilhelm I. am 24. März nahm Scharfrichter Matthäus Weidenkeller[2] am 8. April 1828 die Enthauptung des 43-Jährigen in Blaubeuren vor.[3]

22. Reutlingen

Ein Pfarrer auf dem Richtstuhl, Reutlingen 1829

Der am 5. Januar 1790 in Neuenstadt am Kocher geborene Joseph Brehm verlor schon im neunten Lebensjahr seinen Vater, der Wundarzt und Geburtshelfer in Neuenstadt gewesen war, und später auch seine Mutter, seit deren Tod er ein Vermögen von ungefähr 5.000 Gulden besaß. Brehm besuchte bis zum Alter von 14 Jahren die lateinische Schule in Neuenstadt, kam nach seiner Konfirmation im Jahr 1805 in das obere Gymnasium in Stuttgart und wurde zwei Jahre später in das evangelisch-theologische Seminar in Tübingen aufgenommen. Hier vollendete er 1812 sein Studium und leistete dann etwas über drei Jahre lang an verschiedenen Orten Dienst teils als Vikar, teils als Pfarramtsverweser. Nach bestandener Dienstprüfung wurde er 1816 zum Diakon in Reutlingen ernannt.

Eine 1821 geschlossene Ehe dauerte nicht lange. Schon nach vier Monaten verließ ihn die Gattin, und die Scheidung erfolgte im Januar 1825. Magister Brehm lebte nun mit seiner betagten, gebrechlichen Mutter und einer Magd, Anna Kohberger aus Reutlingen, in seiner Amtswohnung zusammen.[1]

Anfang des Jahres 1828 geriet die Magd in den Verdacht, von ihrem Dienstherrn schwanger zu sein. Sie war seit mehr als fünf Jahren bei ihm beschäftigt und hatte in den letzten zwei Jahren ein Verhältnis mit ihm. Der Diakon sprach ihr auf Anraten eines Arztes zu, sich einer Untersuchung durch eine Hebamme zu unterziehen, und „wenn sie schwanger sey, sein Haus zu verlassen".[2] Sie weigerte sich aber, sich untersuchen zu lassen, blieb im Haus und beharrte darauf, kein Kind zu erwarten. Der Diakon und seine Mutter schienen ihr zu glauben, jedenfalls nahmen sie die Magd gegen das in Reutlingen allgemein verbreitete Gerücht ihrer Schwangerschaft in Schutz.

Dass das Gerücht nicht grundlos war, zeigte sich am Mittwoch, dem 27. August 1828, als die Magd in ihrer Kammer eine kleine Tochter zur Welt brachte. Gegen Mittag hatte sie starke Wehen und rief den Diakon um Hilfe. Nicht im Bett, sondern stehend soll die Geburt nach Angaben der Magd vor sich gegangen sein, und zwar so schnell, dass dem Diakon beim Betreten der Kammer „das Kind in die Hände geschossen sei. Durch diese schnelle Entbindung soll auch die Nabelschnur von selbst abgerissen sein.“[3] Beide beratschlagten nun, wie mit dem Kind zu verfahren sei. Brehm war eben im Begriff, zu einer Taufe in die Kirche zu gehen. Damit niemand das Kind schreien hören sollte, trug er es auf den Dachboden und legte es in einer dort befindlichen Stube, in der seine Bibliothek untergebracht war, auf ein altes Bett. Dann verschloss er die Fenster und eilte in die Kirche, wo er die Taufe verrichtete. Nach seiner Rückkehr erklärte er der Mutter, „es sey jetzt schon zu weit gekommen, man könne das Kind nicht mehr fortbringen“.[4] Seine Äußerungen verrieten die Absicht, es durch Mangel an Nahrung und Pflege umkommen zu lassen.

An jenem Nachmittag besorgte Brehm nach der Taufe noch einige andere amtliche Geschäfte und sah öfters nach dem Säugling, den er jedesmal lebend und schreiend antraf. In der Nacht vom Mittwoch auf den Donnerstag fand er keine Ruhe und verlegte sein Bettlager in die Stube, in der sich das Kind befand, das die ganze Nacht hindurch schrie. Seiner Mutter teilte er nichts von der Entbindung mit.

Am folgenden Morgen sollte er den Konfirmationsunterricht erteilen. Die Magd äußerte die Besorgnis, dass Nachbarn das Geschrei des Neugeborenen hören könnten. Dies veranlasste Brehm, wie er angab, morgens zwischen 5 und 6 Uhr, etwa 16 Stunden nach der Geburt des Kindes, diesem ein dickes baumwollenes Taschentuch um den Mund zu binden. Als das Schreien trotzdem nicht aufhörte, hob er mit der linken Hand den Kopf des Kindes in die Höhe und drückte mit der rechten Hand den Hals gewaltsam zusammen.

Hierauf entfernte er sich und erteilte von 6 bis 7 Uhr den Religionsunterricht. Als er nun wieder nach dem Säugling sah, wollte er noch einen Laut von ihm gehört haben. Dies erschien aber als unglaubwürdig, da das Kind nach dem Gutachten der Gerichtsärzte unmittelbar nach dem Würgen am Hals das Leben verloren hatte. Auch an diesem Tag gelang es dem Diakon, das Vorgefallene zu verheimlichen, und sein Benehmen wurde von zwei Personen, die ihn am Vormittag des 28. August besuchten, als „unbefangen und selbst heiter“ geschildert.

Abends teilte er der Magd mit, dass das Kind gestorben sei. Auf die Frage, wie es passiert sei, antwortete er, „es werde von selbst gestorben seyn, denn er habe ihm nichts gethan, als ein Tuch um den Mund gebunden, damit man es nicht schreien höre“.[5] Zugleich fragte er sie, was nun mit dem verstorbenen Säugling geschehen sollte. Er folgte ihrem Rat, den Leichnam im Keller zu verscharren, war jedoch dabei so hastig, dass ein Arm und die Füße aus der Erde hervorragten.

Auf seinem Abtritt fand eine Nachbarin am 30. August die Nachgeburt und übergab sie dem Wundarzt. Infolge seiner Anzeige schickte das Schultheißenamt sofort eine Hebamme mit dem Oberamtswundarzt und einem Polizeiinspektor in Brehms Haus, um die Magd zu untersuchen. In dem Augenblick, als diese Personen das Haus betraten, beschwor Brehm die Mutter seines Kindes, die Schuld auf sich zu nehmen und „sein Leben, sein Amt und seine Ehre zu schonen".[6] Dies bewog sie zu der Falschaussage, sie habe das Kind ohne Mitwissen und Mitwirken des Diakons in den Keller getragen und dort vergraben. Da aber inzwischen an den Schlafsachen des Diakons – wie auch im ganzen Haus – von der Geburt und dem Säugling herrührende Blutflecken bemerkt worden waren, gestand die Magd den wahren Hergang der Sache, so wie er ihr bekannt war, ein. Hierauf wurde auch Brehm, den sie als Vater des verstorbenen Säuglings angab, verhaftet und ins Kriminalgefängnis gebracht.

In seinem ersten Verhör am 1. September leugnete er jedes Verschulden an dem Tod des Kindes und versicherte unter Berufung auf den „Richterstuhl Gottes", dass er dem im Keller aufgefundenen Kind, an dessen Hals eine Verletzung festgestellt worden war, nichts getan habe. Vielmehr versuchte er, den Verdacht auf seine Magd zu lenken. Am folgenden Tag bekannte er zwar, für die Halsverletzung verantwortlich zu sein, beteuerte aber, niemals die Absicht gehabt zu haben, das Kind zu töten. Bei den folgenden Verhören gestand er schließlich ein, dem Säugling nicht die geringste Hilfe geleistet, ihn vielmehr ohne Nahrung und Pflege gelassen zu haben, um seinen Tod herbeizuführen. In „der Wuth über sein Schicksal und in der Verzweiflung" habe er den Hals des Kindes zugedrückt, er „fühle und sehe ein, dass er indirecter feiner Mörder sei, aber kein directer grober".[7] Er habe die Tat auch deshalb verübt, so der Diakon, weil er geglaubt habe, bei dem Kind handele es sich um eine Früh- bzw. Missgeburt, was sich aber bei der medizinischen Untersuchung des kleinen Leichnams keineswegs bestätigte.

Die ausführlichen Darlegungen Brehms, er leide an psychischen Störungen und habe die Tat im „Wahnsinn" ausgeführt, hob sein Anwalt Dr. Holland aus Tübingen in seiner im Dezember 1828 eingereichten Verteidigungsschrift besonders hervor, indem er auf den „gestörten Seelenzustand" seines Mandanten abhob. Es sei außerdem nicht erwiesen, so der Verteidiger, dass Brehm der Vater des Kindes gewesen sei und dass ein durch ihn verübter Mord vorliege. Außerdem sei die Todesursache des Kindes nicht eindeutig festgestellt worden.[8]

Nach abgeschlossener gerichtlicher Untersuchung erkannten der Kriminalsenat des Gerichtshofes für den Schwarzwaldkreis und am 6. Juni 1829 der Kriminalsenat des Obertribunals dahingehend, „daß der Angeschuldigte wegen des an einem von seiner Dienstmagd außerehelich gebornen Kinde verübten Todtschlags seines Amtes zu entsetzen und sofort zur Enthauptung durch das Schwerdt, so wie zu Bezahlung sämtlicher Untersuchungs-Kosten zu verurtheilen sey".[9]

Am 15. Juli 1829 wurde dem Verurteilten im Reutlinger Gefängnis mitgeteilt, dass ihm König Wilhelm I. (sechs Tage zuvor) keine Begnadigung gewährt hatte. Man brachte ihn am Tag der Hinrichtung, dem 18. Juli 1829, in den Saal des dortigen Rathauses, wo sich das Gericht versammelt hatte und so viel mit einem Eintrittsbillet versehene Zuschauer anwesend waren, wie der Saal fassen konnte. Nach einer Rede des Gerichtsvorsitzenden verlas der Aktuar eine kurze Beschreibung des Lebens und Verbrechens des Verurteilten sowie das Todesurteil. Hierauf wurde dem ehemaligen Diakon der Stab gebrochen, ehe man ihn dem Scharfrichter Johannes Kratt übergab. Dieser gehörte einer Scharfrichtersippe an, die aus Trossingen stammte. Er starb am 6. Juni 1862 in Reutlingen.[10] Die von dem Aktuar verlesene Beschreibung wurde wie üblich als Broschüre gedruckt: „Kurze actenmäßige Beschreibung der von M. Joseph Brehm von Neuenstadt gewesenen Unterhelfer zu Reutlingen den 28. August 1828 an einem von seiner Dienstmagd Anna Kohlberger außerehelich gebornen Kinde verübten vorsätzlichen Tödtung", Stuttgart 1829.

Man folgte hier in Reutlingen den Bestimmungen, wie sie in der württembergischen Generalverordnung zur Vollziehung von Todesstrafen vom 1. Mai 1816 in § 6 und 14 dargelegt wurden: Nach Überführung des Delinquenten ins Rathaus (in die Gerichtsstube) ist „bei offenen Thüren und nach einer kurzen sachgemäßen Anrede des Oberamtmanns an die Versammlung, vom Oberamts-Actuar eine durch das Criminal-Amt bündig und actenmäßig verfaßte Geschichts-Erzählung von dem Verbrechen des Verurtheilten und sofort das Todesurtheil selbst, langsam und laut zu verlesen, wornach der Oberamtmann, indem er sich von seinem Sitz erhebt, den zur Hand genommenen schwarzen Stab zerbricht und vor die Füße des Verurtheilten mit den Worten hinwirft: ‚Euer Leben ist verwirkt; Gott sey Eurer Seele gnädig'. [...] Endlich soll die vom Criminal-Amt verfaßte Geschichts-Erzählung nebst dem Todes-Urtheil in Druck gegeben und am Tage der Hinrichtung unter das Volk ausgetheilt werden."[11]

Der 1829 in Reutlingen hingerichtete Geistliche Brehm.

Die „Kurzen actenmäßigen Beschreibungen“ in Württemberg bildeten das Pendant zu den „Geschichtlichen Darstellungen“ in Bayern, die dort – wie gesetzlich vorgeschrieben – eine Zeitlang zu jeder Hinrichtung herauskamen. Man verlas sie auch dort öffentlich, verteilte sie unter die Zuschauer und druckte sie häufig in Zeitungen und amtlichen Mitteilungsblättern ab.[12]

Mit einer weißen Hose, einer weißen Weste und einer schwarzen Kappe bekleidet, brachte man Brehm in einer offenen Kutsche unter Begleitung zweier Geistlicher zum Richtplatz. Zwei Knechte des Scharfrichters standen hinter auf der Kutsche, die von Landjägern eskortiert wurde. Auf dem von einer großen Menschenmenge bevölkerten Richtplatz fragte Brehm den Scharfrichter, ob er auf dem Richtsuhl richtig sitze und wie er den Kopf halten soll: „Dies waren seine letzten Worte; man band ihn hierauf schnell an den Stuhl fest, zog ihm die Kappe [Lederkappe zum Hochhalten des Kopfes] über das Gesicht, und nun erfolgte der Schwerdtstreich.“[13] Der Leichnam wurde in die Anatomie Tübingen gebracht.

Zwei Tage vor der Hinrichtung hatte das Oberamt Reutlingen polizeiliche Anordnungen angekündigt, die hinsichtlich der Exekution getroffen worden waren:

- diejenigen Mitglieder der Rettungsmannschaft und der Bürgergarde, die sich freiwillig zur Bewachung der Stadt während des Hinrichtungsaktes gemeldet haben, sowie ein Teil des verstärkten Polizeipersonals versammeln sich am Tag der Hinrichtung morgens um 6 Uhr und stellen Posten vor der Kanzlei, dem Oberamt, dem Oberamtsgericht, dem Rathaus und an den Toren der Stadt auf; außerdem wird in allen Straßen und Gassen in- und außerhalb der Stadt regelmäßig patrouilliert;

- der übrige Teil der Bürgergarde begibt sich morgens um 5 Uhr auf den „in der Nähe der Altburg befindlichen Richt Plaz", um dort das Schafott und den Zugang zu ihm zu bewachen;
- nach der Ankunft des Delinquenten auf dem Richtplatz „wird der engere Kreis um das Schafott durch das Bürger-Militair – der weitere aber durch die Landjäger besezt, so daß eine doppelte bewafnete Reihe jeder Störung und Unordnung während der Hinrichtung begegnet";
- außerhalb der Kreise wird die Ordnung durch eine Abteilung Bürgermilitär und den Polizeiinspektor mit einigen Polizeidienern aufrechterhalten;
- Reiter werden in der Nähe des Richtplatzes nicht geduldet;
- von der Schuljugend dürfen nur die oberen Jungenklassen unter Lehreraufsicht erscheinen – ihnen wird ein eigener Platz zugewiesen;
- auf den Richtplatz werden „einige Chirurgen mit einem angemeßenen kleinen Apparat beordert";
- in der Stadt werden auf dem Marktplatz Feuerspritzen aufgestellt;
- das Betteln wird so gut wie möglich verhindert;
- Tanz und Musik werden am Hinrichtungstag nicht gestattet.[14]

Raubmord und Raubmordversuch in der Reutlinger Gegend, 1843

Am 22. November 1843 wurde in Reutlingen der 27-jährige Knecht Johann Michael Häußler aus Gönningen (Stadtteil von Reutlingen) mit dem Schwert öffentlich hingerichtet. Es war die letzte Hinrichtung in Reutlingen – ab 1850 war der Gerichtshof Tübingen zuständig.[15]

Häußler hatte am 24. Januar 1843 eine in Pfullingen beschäftigte Dienstmagd, die von ihm schwanger war, in ihre Heimat nach Bergfelden (Ortsteil von Sulz am Neckar) begleitet, um ihr ein Unterkommen für die bevorstehende Geburt zu verschaffen.

Auf dem Rückweg lernte er am Mittag des 2. Februar auf dem Weg nach Hechingen den 19 Jahre alten Georg Kammerer aus Weilersbach (Villingen-Schwenningen) kennen, der nach Kirchheim unter Teck wollte. Nachdem Häußler sich ihm als Begleiter angeboten hatte, kehrten sie in Mössingen in eine Wirtschaft ein. Beim Zahlen der Zeche bemerkte Häußler, dass sein Begleiter „großes Geld“ mit sich führte. Als dieser auf dem weiteren Weg über Durst klagte, führte ihn Häußler zu einer Quelle in einer Talschlucht „in der Nähe der Winterlocher Mühle, zwischen der Altenburg und Gönningen“.[16] In dem Moment, als sich Kammerer bückte, um zu trinken, versetzte ihm Häußler mit einem unterwegs aufgehobenen Prügel zwei kräftige Schläge auf den Kopf, worauf der Getroffene lautlos zu Boden sank. Da er sich noch bewegte, gab ihm Häußler noch weitere Schläge auf den Kopf. Dann nahm er die Barschaft des Toten in Höhe von drei Fünffrankentalern und einigen Kreuzern sowie einige weitere Gegenstände an sich. In Pfullingen ließ er sich zwei der geraubten Talerstücke wechseln und gab das Geld zum größten Teil in Wirtshäusern aus. Am 3. Februar ging er nochmals zum Tatort, um einige Kleidungsstücke des Getöteten an sich zu nehmen.[17]

Als sein Geld fast ganz verbraucht war, begab sich Häußler am Donnerstag, dem 16. Februar 1843, zwischen 18 und 19 Uhr in Pfullingen in den Laden des Kaufmanns Rehm, dessen 64-jährige Ehefrau allein in dem Geschäft war. Unter dem Vorgeben, ein Päckchen Rauchtabak kaufen zu wollen, schlug er der Frau nach deren Angaben plötzlich mit der Faust auf den Kopf und versuchte, ihr Messerstiche zu versetzen, die sie mit ihrem Arm abwehrte. Als sie dabei aus Leibeskräften schrie, floh Häußler aus dem Laden. Frau Rehm verfolgte ihn bis auf die Straße, blieb aber dann zurück, da sie einen starken Schmerz im linken Arm verspürte und ein Messer darin stecken sah.

Häußler, den Frau Rehm von seiner früheren Dienstzeit als Knecht in Pfullingen kannte, wurde noch am gleichen Abend in Gönningen in seinem elterlichen Haus festgenommen und dem Oberamtsgericht Reutlingen übergeben. Vor diesem bekannte er sofort die letzte Tat ein, wollte aber zunächst unter Vorschützung eines zeitweise bei ihm eintretenden „verrückten Zustandes“ den Beweggrund seiner Handlung nicht anzugeben wissen.

Durch dieses zweite Verbrechen kam auch das erste zur Aufdeckung. Als nämlich am 23. Februar der Leichnam Kammerers aufgefunden wurde, führte die Nachricht von dem Mordversuch an Frau Rehm bald zu der Vermutung, dass diese beiden Verbrechen von ein und demselben Täter verübt worden seien. Häußler gestand den Raubmord an Kammerer ein, „wogegen er das wiederholt abgelegte Geständniß des Raubmordversuchs an der Rehmschen Ehefrau auf eine völlig grundlose Weise widerrief, indem er glauben machen wollte, daß er den Angriff auf die Rehm nur gemacht habe, damit die an Kammerer verübte Mordthat entdeckt werde“.[18]

Nach abgeschlossener gerichtlicher Untersuchung erkannten sowohl der Kriminalsenat des Gerichtshofs in Tübingen am 15. September 1843, als auch der des Obertribunals am 2. November 1843, dass der Angeschuldigte wegen Mordes aufgrund des Artikels 237 des Strafgesetzbuches zur Enthauptung mit dem Schwert zu verurteilen sei.[19] Nach Bestätigung des Urteils durch König Wilhelm I. am 12. November 1843 wurde das Urteil von Scharfrichter Johannes Kratt auf dem Richtplatz westlich der Schieferhöhe in Reutlingen „unter einem ungeheuren Volksauflauf“[20] vollstreckt.[21]

23. Pfedelbach

Pistolenattentat auf dem Marktplatz in Sindringen (Forchtenberg), 1829

Nach seiner Konfirmation erlernte Johann Konrad Haas aus dem im damaligen Oberamt Weinsberg gelegenen Ort Steinbrück (Mainhardt) das Wagnerhandwerk und arbeitete als Geselle bei verschiedenen Meistern, bis er 1809 zum Militärdienst ausgehoben wurde. Während des russischen Feldzugs desertierte er und begab sich unter falschem Namen ins Großherzogtum Baden, wo er – angeblich in Erwartung einer Generalbegnadigung für Fahnenflüchtige – mehrere Jahre blieb.

In dieser Zeit lernte er die Näherin Walpurg Ueber aus Herbolzheim (Neudenau) kennen, mit der er sich verlobte und ein Kind bekam. Da ihre Verwandten die Beziehung missbilligten, trennte sich die Näherin von ihm. In der Nacht des 13. August 1815 begab er sich in Herbolzheim in ihre Schlafkammer und versuchte, sie zur Wiederaufnahme des Verhältnisses zu überreden. Als sie auf ihrer Weigerung beharrte, tötete er sie durch einen Messerstich in den Hals. Er floh nach Steinbrück, wurde aber dort verhaftet. Nachdem er eine Tötungsabsicht hartnäckig in Abrede gestellt hatte, kam er mit einer achtjährigen Festungsarbeitsstrafe davon.

Nach seiner Entlassung arbeitete er zwei Jahre lang bei einem Wagner in Reichertshausen (Neudenau), wo er Rosine Gräsle aus Siglingen kennenlernte. Sie verlobten sich und fassten den Entschluss, im Frühjahr 1828 in die Bukowina (Grenzraum zwischen Mittel-, Südost- und Osteuropa) auszuwandern. Sie kamen aber nur bis Wien, weil die Verlobte ihren Auswanderungsplan bereute. Nachdem sie in die Heimat zurückgekehrt waren, wollte Haas den Plan wieder aufnehmen, was ihm hingegen misslang, weil sein zukünftiger Schwiegervater seine Einwilligung hierzu strikt verweigerte.

Als sich seine Verlobte wegen seines groben und eifersüchtigen Verhaltens von ihm trennen wollte, entschloss er sich, allein auszuwandern, er gab diesen Vorsatz aber wieder auf. Da er erfahren hatte, dass seine Verlobte bei einem Bäcker in Sindringen (Teilort von Forchtenberg) im damaligen Amt

Pfedelbach als Magd beschäftigt war, zog auch er dorthin und arbeitete seit dem 25. März 1829 bei einem dortigen Wagner. Er machte nun verschiedene Versuche, die Magd wieder für sich zu gewinnen, erhielt aber immer wieder Absagen. In diesem „Zustande leidenschaftlicher, von Rachgier und Eifersucht erzeugter Empfindung“[1] nahm er sich vor, die ihn Abweisende zu töten. Zu diesem Zweck kaufte er am Morgen des 29. März 1829 in Öhringen eine kleine Pistole nebst Pulver und Blei. Wieder nach Sindringen zurückgekehrt, lauerte er nachmittags der Magd auf dem Marktplatz auf, da er wusste, dass sie ihrer täglichen Gewohnheit folgend zum Wasserholen an den Marktbrunnen kommen würde. Als sie eintraf und ihm auf die Frage, ob sie nichts mehr von ihm wissen wolle, keine Antwort gab, zog er die geladene Pistole aus der Tasche und drückte ab. Die Schwerverletzte starb drei Tage später.

Haas, der die Tat im Beisein mehrerer Personen verübte, blieb ruhig stehen und ließ sich ohne Gegenwehr verhaften. Man brachte ihn vor das zuständige hohenlohe-bartensteinische Amtsgericht Pfedelbach, das sofort die gerichtliche Untersuchung gegen ihn einleitete. Als er erfuhr, dass seine frühere Geliebte gestorben war, legte er ein unumwundenes Geständnis ab.

Wegen Mordes verurteilte ihn der Gerichtshof für den Jagstkreis in Ellwangen am 12. November 1829 zur Todesstrafe durch das Schwert. Während dieses Urteil der gesetzlichen Revision durch das Obertribunal unterlag, eignete sich Haas am 20. Dezember 1829 im Gefängnis ein Stückchen Eisen an, mit dem er eine schmerzhafte Verstümmelung an sich vornahm. Es stellte sich heraus, dass er dabei keinen Selbstmord beabsichtigte, „sondern – durch irrige religiöse Ansichten verleitet – mit diesem Opfer seine Sünden abzubüßen wähnte“.[2]

Nachdem das Obertribunal am 27. Januar und König Wilhelm I. am 20. Februar 1830 das Todesurteil bestätigt hatten,[3] wurde es am 8. März 1830 öffentlich in Pfedelbach an dem 42-Jährigen vollstreckt.[4] Um 9 Uhr morgens eröffnete man das feierliche Halsgericht im Beisein einer großen Menschenmenge im Saal des Schlosses. Dem Delinquenten wurde der Stab gebrochen, ehe man ihm dem Scharfrichter übergab: „Das günstige Wetter zog eine ungeheure Volksmasse zusammen, man schätzte sie auf 10000. Gegen 1200 Schulkinder waren dabei. Der Zug ging nun dem Hinrichtungsplatz auf dem Heuberg an der Straße nach Gleichen zu. Haas machte den Weg teils zu Fuß, teils auf dem Wagen. Daselbst angekommen, bat der Delinquent, das ganze Volk möge in der Stille ein Vaterunser mit ihm beten. Die Häupter der Tausend- und Abertausend entblößten sich, Totenstille trat ein, und Haas sprach laut auf den Knien ein Vaterunser. Er setzte sich auf den Stuhl, und in Ruhe und

Gewandtheit trennte ihm der Scharfrichter von Ellwangen mit einem Hieb das Haupt vom Rumpfe. Pfarrverweser Nast hielt eine Anrede an das Volk, die aber wegen des Gemurmels nicht verstanden werden konnte. Der vorherrschende Eindruck war Mitleid mit dem Hingerichteten. Über den erheblichen Flurschaden, der dabei angerichtet worden war, hatte der Gemeinderat zu verhandeln."[5]

24. Geislingen an der Steige

Tanzmusik in Weißenstein

Der im November 1808 in Weißenstein (Lauterstein) im damaligen Oberamt Geislingen geborene und wohnhafte Maurer Joseph Edelmann, der seit 1829 bei einem Werkmeister in Donzdorf arbeitete, hatte ein Verhältnis mit einer Frau aus Weißenstein, die dort nicht den besten Ruf genoss und wegen Hurerei, Diebstahls und Betrugs mit dem Gesetz in Konflikt geraten war.

Mit deren früherem Lebenspartner, dem Maurergesellen Bernhard Maichel aus Weißenstein, von dem sie ein Kind zur Welt gebracht hatte, stand ihr neuer Geliebter im Streit, obwohl beide bei dem gleichen Meister in Donzdorf beschäftigt waren. Im Sommer 1833, so Edelmann, habe ihm Maichel Prügel angedroht. Wenn seine Geliebte den Namen Maichels erwähnte, geriet er in Zorn und verbot ihr den Umgang mit ihm, selbst wenn es um Fragen des Kindesunterhalts ging. Ein von Maichel seinem Kind geschenktes Spielzeug wurde von ihm zerschlagen und zertreten.

Beide Kontrahenten besuchten am Sonntag, dem 13. Oktober 1833, eine Tanzmusik im Adlerwirtshaus in Weißenstein. Als es wegen der Verwechslung von Bierkrügen zu einem kurzen Wortwechsel kam, setzte sich Edelmann an einen anderen Tisch. Gegen 22 Uhr verließ er kurzzeitig das Wirtshaus und kam gerade dazu, als Maichel einen anderen Mann auf der Straße zu Boden geworfen hatte. Er mischte sich jedoch in diesen Streit nicht ein und kehrte nach einem kurzen Spaziergang in die Gaststätte zurück. Nicht viel später ging er nochmals heraus, um sich zu „verlüften", weil es ihm im Wirtshaus zu warm und ihm übel geworden war. Auf einem Seitenweg der Straße sah er Maichel auf dessen elterliche Wohnung zugehen. Von „unseligen Gedanken" ergriffen, bewaffnete er sich mit einem langen scharfen Holzscheit und eilte Maichel nach, der betrunken war und mit sich selbst redete. Als er ihn eingeholt hatte, versetzte er ihm wortlos und den Holzscheit mit beiden Händen haltend einen Schlag auf das Hinterhaupt, durch den der Getroffene vor sich hin auf die Straße stürzte. Dann schlug er erneut auf ihn ein. Nachdem sich Edelmann vom Tod seines Opfers überzeugt hatte, ging er wieder in das Wirtshaus zurück und trank weiter Bier.

Anfangs vermutete man, der Verstorbene könnte betrunken auf der Straße liegen geblieben und von einem Gespann überrollt worden sein. Bei näherer Untersuchung aber gewann man die Überzeugung, dass er nur durch eine an ihm verübte Gewalttat ums Leben gekommen sein musste. Die Ermittlungen führten auf die Spur Edelmanns, der am 10. Dezember 1833 vor dem Oberamtsgericht Geislingen ein Geständnis ablegte.[1]

Der Kriminalsenat des Königlichen Obertribunals verurteilte den Angeschuldigten am 11. Juni 1834 wegen Mordes zur Enthauptung durch das Schwert sowie zur Bezahlung der Gerichtskosten. Der württembergische König lehnte am 24. Juni eine Begnadigung ab, sodass das Todesurteil am 10. Juli 1834 in Geislingen im Beisein zahlreicher Zuschauer an Edelmann vollstreckt wurde.[2] Der Gemeinderat hatte sich entschieden, das Schafott in der oberen Weiherwiesen im Rohrachtal aufbauen zu lassen. Das feierliche Halsgericht fand im (alten) Rathaus statt. Die Geislinger Schuljugend hatte sich bis 9 Uhr an der Richtstätte auf einem ihr vom Oberamt zugewiesenen Platz einzufinden. Vollstrecker des Todesurteils war Scharfrichter Matthäus Weidenkeller aus Ulm.[3]

25. Schwäbisch Gmünd

Mord im Zuchthaus Gotteszell, 1838

Am 21. Juni 1788 wurde Matthias Stettner als Sohn eines Amtsschreibers der Reichsstadt Ulm geboren. Der Vater versuchte, ihm eine gute Schulbildung zukommen zu lassen, doch Matthias zeigte wenig Fähigkeiten und Fleiß. Da sein Vater gerne Wein trank, glaubte Matthias, „er sey im Rausche erzeugt" worden, was er als Ursache seiner Lernschwäche ansah.[1] Obwohl der Sohn wenig Neigung dazu zeigte, ließ ihn sein Vater eine Bäckerlehre absolvieren. Danach arbeitete er noch etwas über ein Jahr als Bäckergeselle in Ulm, trat dann aber als Reitknecht in die Dienste eines dortigen Barons.

Im August 1809 kam er in ein bayerisches Reiterregiment, mit dem er an den Feldzügen in Tirol (1809), in Russland (1811/12) und gegen Frankreich (1814/15) teilnahm und mehrere Verletzungen erlitt. Aufgrund seiner durch die erlittenen Strapazen geschwächten Gesundheit sah er sich veranlasst, um seinen Abschied aus dem Militärdienst zu bitten, der ihm im Januar 1816 „mit Ehre und Auszeichnung" gewährt wurde.

Danach arbeitete Stettner einige Jahre lang als Kutscher, ehe er Ende August 1821 vom Ulmer Hospital als „Karrenmann" angestellt wurde, in welcher Eigenschaft er mit einem dem Spital gehörenden Pferd die Fuhrgeschäfte zu besorgen hatte. Nach dem Tod seiner ersten Frau im April 1824 heiratete er Anfang November jenes Jahres Catharina Ursula Kleiber aus Ulm. Während dieser zweiten Ehe sprach er immer mehr dem Alkohol zu – solange er noch Geld hatte, „trank er in besseren Wirthshäusern Braunbier, später nur noch Schnaps und Weissbier".[2] Seine Unzufriedenheit mit seiner Lage stieg immer mehr, denn es schien ihm „eine Ungerechtigkeit des Schicksals zu seyn, daß er, der Sohn eines Beamten, gemeine Bauerndienste verrichten sollte, und er zürnte seinem Vater, daß er aus ihm nicht auch einen ‚Herren' gemacht hatte".[3]

In der Nacht vom 10. auf den 11. Oktober 1831 brach in der Zehntscheune des Ulmer Hospitals ein Brand aus, durch den nicht nur die Scheune mit drei Nebengebäuden, sondern auch auf der entgegengesetzten Seite der Straße gelegene Gebäude zerstört oder beschädigt wurden, wodurch ein Gesamtschaden von rund 40.000 Gulden entstand. Der Verdacht der Brandstiftung fiel auf Stettner, die Beweise gegen ihn reichten aber nicht aus, um eine gerichtliche Untersuchung einzuleiten. Eine Folge des Vorfalls war allerdings, dass er, vorgeblich wegen seines Alkoholkonsums, seiner Ehestreitigkeiten und seiner körperlichen Schwäche, als „Karrenmann" des Hospitals entlassen wurde. Er erhielt zwar aus der Hospitalkasse eine Unterstützung, da er sich aber keine Arbeit mehr suchte, wurde seine Lage immer dürftiger.

Als ihm am 25. Februar 1836 seine Frau wegen seiner häufigen Wirtshausbesuche Vorwürfe machte, schlug er ihr mit der Hand ins Gesicht. Da sie sich wehrte und mit ihm rang, schlug er sie erneut und riss sie an den Haaren herum, worauf sie blutend zu Boden fiel und ihm in den Finger biss. In diesem Augenblick bemerkte er ein in der Nähe liegendes Eisen, ergriff es und versetzte ihr damit einen Schlag auf den Kopf. Sie versuchte, ihm das Eisen aus der Hand zu winden, er riss es jedoch wieder an sich und schlug weiter auf sie ein. Als ihr „schwindlich" wurde, warf er sie auf das Bett und gab ihr noch einen „argen" Schlag auf den Hinterkopf, worauf sie starb.

Nach der Tat war Stettner unschlüssig, was er tun sollte. Er vertraute sich seinen Verwandten an, die ihn anzeigten. Bei der hierauf vom Oberamtsgericht Ulm geführten Untersuchung kam heraus, dass er der Urheber der Brandstiftung von 1831 gewesen war. Bezüglich des Tötungsdeliktes an seiner Frau kamen Zweifel an seiner Zurechnungsfähigkeit auf, die sich hauptsächlich darauf stützten, dass er „seit Jahren ungewöhnlich reizbar und zornmüthig gewesen, und daß seine Körper- und Geisteskräfte durch Kriegsstrapazen, Ausschweifung und fortgesetzten Branntweingenuß sehr geschwächt waren".[4] Wegen vorsätzlicher Brandstiftung und vorsätzlicher – wenn auch ohne Vorbedacht und im Affekt verübter – Tötung seiner Frau verurteilte ihn der Kriminalsenat des Obertribunals am 27. Oktober 1837 zu lebenslänglicher Zuchthausstrafe.

Das Kloster Gotteszell bei Schwäbisch Gmünd in einer Litografie von 1894.

Seine Einlieferung am 10. November 1837 in das Zuchthaus im Kloster Gotteszell (Schwäbisch Gmünd) empfand Stettner als Schmach. Das Zuchthausleben und seine Arbeit als Wollspinner wurden ihm unerträglich. Er wäre lieber hingerichtet worden und dachte an einen Mord, um dieses Ziel zu erreichen: „Ich wollte eben", so seine Worte, „als alter Soldat, der im Felde der Ehre gedient, unter keinen Umständen in's Zuchthaus, und dort mein Leben zubringen. Ich dachte daher, du schlägst eben Einen todt, dann wird's schon anders kommen."[5]

An dem 48-jährigen Mitgefangenen Xaver Eierstock aus Einsingen (Ulm), Vater von fünf Kindern, der wegen Brandstiftung zu einer sechsjährigen Zuchthausstrafe verurteilt worden war, glaubte Stettner sein Vorhaben vollführen zu können. Am Morgen des 12. März 1838 versetzte er diesem mit einem Beil mehrere Schläge auf den Kopf, worauf Eierstock einige Stunden später verschied. Auf dem Weg zur Wachstube äußerte Stettner: „So, jetzt werde es doch reichen, und wenn es dießmal nicht reiche, so mache er so lange fort, bis es reiche."[6]

Der Kriminalsenat des Obertribunals verurteilte Stettner am 10. Juli 1839 wegen Mordes zum Tode durch das Schwert. Nach der Bestätigung des Urteils durch König Wilhelm I. am 9. September fand die Hinrichtung Stettners am 23. September 1839 in Schwäbisch Gmünd auf einem in der Nähe der Stadt befindlichen Platz statt.[7]

26. Biberach an der Riß

Bluttat bei Tettnang, 1839

Der 19-jährige Bauernsohn Matthäus Flock aus Wiesach (Tettnang) kam am Sonntag, dem 8. Dezember 1839, vormittags nach Tettnang, um eine Uhr abzuholen. Dort traf er auf der Straße die 37-jährige Maria Anna Spohn aus Tettnang, die sechs uneheliche Kinder zur Welt gebracht und mit der er im Sommer 1839 einmal „unzüchtigen Umgang" gehabt hatte. Auf seinem Heimweg nach Wiesach schloss sie sich ihm an und teilte ihm unterwegs mit, dass sie von ihm schwanger sei, und verlangte Geld. Wenn er es ihr nicht gebe, so drohte sie, würde sie sich an seinen Vater wenden, den Bauern und Gemeinderat Johann Flock, bei dem der 19-Jährige lebte und arbeitete.[1]

Er gab vor, zu Hause Geld holen zu wollen und forderte seine Begleiterin auf, im Wald auf ihn zu warten. In seinem Elternhaus angekommen, nahm er ein Brotmesser und ein Fläschchen Branntwein an sich. Ohne dass eine Regung an ihm wahrzunehmen gewesen wäre, aß er mit seiner Mutter und seinen Schwestern zu Mittag und ging dann zu Frau Spohn zurück. Er gab ihr von dem Branntwein zu trinken und sagte ihr, dass er kein Geld habe besorgen können. In einem ihm günstig erschienenen Augenblick zog er sein Messer aus der Tasche und versetzte ihr von hinten einen Stich in den Hals. Nach dem zweiten oder dritten Stich, so Flock, sei sie zu Boden gefallen, woraufhin er weiter auf sie eingestochen habe. Den Rest des Tages verbrachte er mit einem Bekannten in mehreren Wirtshäusern in Tettnang „auf die unbefangenste Weise". Als man die Getötete anderntags fand, waren insgesamt 24 Stichwunden an ihr festzustellen.

Unter dem Verdacht der Täterschaft wurde Flock am 11. Dezember 1839 verhaftet und den Oberamtsgerichten Tettnang und Biberach übergeben.[2] Der Kriminalsenat des Obertribunals erkannte am 7. Mai 1841, dass der Angeschuldigte wegen Mordes zur Todesstrafe mittels Enthauptung durch das Schwert zu verurteilen sei, ein Urteil, das König Wilhelm I. am 29. Mai 1841 bestätigte.[3]

Die Hinrichtung vollzog Kreisscharfrichter Matthäus Weidenkeller aus Ulm unter Assistenz des Kleemeisters (Abdecker) Matthäus Schwarz jun. aus Blaubeuren am 14. Juni 1841 „im sog. Wolfenthal vor dem Rindlinger Thor, ¼ Stunde vor der Stadt".[4] In der Presse war von 15.000 bis 30.000 Zuschauern die Rede.[5]

Erste Hinrichtung mit der Guillotine in Württemberg, 1854

Nach der Wiedereinführung der Todesstrafe am 17. Juni 1853 war der Kleinbauer Johann Martin Merk aus Wangen im Allgäu der erste, an dem man in Württemberg wieder ein Todesurteil vollstreckte. Er war am 17. Dezember 1853 vom Schwurgericht Biberach im Alter von 41 Jahren zum Tode verurteilt worden.

Wie aus der Verhandlung hervorging, war der aus dem bayerischen Landgerichtsbezirk Weiler gebürtige Merk, ein „wenig unterrichteter, roher und abergläubischer Mensch", im Jahr 1852 nach Wangen gezogen und hatte dort Franziska Müller, die 37-jährige Stieftochter des Kleinbauern Josef Sinz aus Wangen, geheiratet. Er übernahm das auf 2.000 Gulden taxierte Anwesen seines Schwiegervaters mit Haus und Hof, musste dafür aber auch für auf dem Hof lastende Schulden aufkommen. Außerdem war er verpflichtet, die Schwiegereltern in Wohnung und Pflege zu nehmen und sie finanziell zu unterstützen. Dies fiel ihm schwer, da sein Verdienst – er versah aushilfsweise die Stelle seines Schwiegervaters als Lader beim städtischen Kornhaus – sehr gering war.

Das Verhältnis zu seiner Frau, die er als schlechte Haushälterin ansah, wurde im Laufe der Zeit immer schlechter. Er sah sich von ihr verraten, da sie sich mit ihren Eltern gegen ihn verbündet habe: „Was Wunder, wenn der Angeklagte unter diesen Verhältnissen seine neue Verwandtschaft als die Quelle seiner inneren und äußeren Bedrängnisse betrachtete und zuletzt schlimmen Gedanken gegen dieselbe sich hingab, zumal es ihm auch nicht gelingen wollte, durch Beten um den Tod seines Schwiegervaters sich von demselben zu befreien."[6]

So reifte der Entschluss, ihn auf andere Weise aus der Welt zu schaffen. In der Nacht vom 31. Juli auf den 1. August 1853, als seine Frau und sein Schwiegervater schon schliefen, schlich er zu dessen Bett, fasste ihn am Hals und würgte ihn, die „Blutarbeit war aber nicht so leicht gethan". Der Angegriffene wehrte sich verzweifelt, sodass es Merk erst nach einem heftigen Kampf gelang, ihn zu überwältigen.

Nachdem die Gerichtsärzte den Leichnam des Getöteten besichtigt hatten, schritt das Gericht ein und verhaftete Merk, den das öffentliche „Gerücht als den Mörder des alten Sinz bezeichnet hatte". Schon am 7. August legte der Inhaftierte ein umfangreiches Geständnis ab. Nach einer Belehrung über Kassation und Begnadigung schloss der Gerichtspräsident die Verhandlung mit folgenden Worten an den Angeklagten: „Johann Martin Merk! Ihr habt das gegen Euch ergangene Urtheil des Schwurgerichtshofs vernommen, - es lautet auf Tod! Wenn dieses Urtheil die Rechtskraft erlangt und nicht die Gnade des Königs Euch zu Theil wird, dann habt Ihr Eure Rechnung mit diesem Leben abzuschließen, und werdet noch vor einem andern Richter jenseits in der Ewigkeit Rechenschaft über Eure That abzulegen haben."[7]

Die Hinrichtung des Verurteilten am 27. Januar 1854 in Biberach war die erste in Württemberg, die nicht mehr öffentlich und mit der neugebauten württembergischen Guillotine vollzogen wurde. Als Richtstätte wählte man einen mit einer Umfassungswand umgebenen Raum „bei den Holzpläzen vor der Stadt rechts von der Straße nach Warthausen" aus.[8] Unter dem 25. Januar 1854 berichtete die Presse aus Biberach: „Dem Vernehmen nach wird heute mit dem Abendzuge der Eisenbahn die zur Hinrichtung des Mörders Merk bestimmte wandernde Maschine von Stuttgart aus, wo sie bekanntlich in dem sogenannten Pönitentiarhaus stationirt ist, hier eintreffen, um sofort auf dem Richtplaze aufgestellt zu werden."[9]

Zwei Tage später wurde Merk vom Gefängnis aus in einem geschlossenen Gefährt zur nicht weit entfernten Richtstätte gebracht. Auf dem Weg dorthin hatte sich eine große Menge Neugieriger versammelt. Der Zutritt zum Richtplatz war nur auserwählten Personen mit einer Eintrittskarte erlaubt.[10] Zu der Hinrichtung, die von Kirchengeläut begleitet war, und zu den neuen Hinrichtungsmodalitäten hieß es in der Presse: „Martin Merk blieb bis auf den letzten Augenblick in seiner Fassung. Er starb mit einer Ruhe und Ergebung, die allgemeines Mitleiden für ihn erregte. In der letzten Nacht hat er mehrere Stunden geschlafen, sodann sein gewöhnliches Frühstück genommen, auch noch ein Glas warmen Wein genossen, das ihm der Gerichtsdiener gereicht. Von da an betete er unaufhörlich mit den zwei Geistlichen, Herrn Dekan Nachbauer und Vikar Lob, die ihm mit ihrem Troste und ihrem Gebete treulich zur Seite standen und ihn auch bis zum Schaffot begleiteten. Auf dem Richtplatze sprach der Gerichtsvorstand, Herr Oberamtsrichter v. Zwerger, in feierlicher und würdiger Weise ernste Worte, die einen tiefen Eindruck bei den Anwesenden, deren es etwa 180 seyn mochten, nicht verfehlte. Das letzte Gebet, das der Geistliche vortrug, sprach Merk wörtlich nach und ließ sich dann, die Hände gefaltet um ein Christusbild, das er oft an seine Lippen drückte, still zum Tode führen. Die Maschine mit dem Fallbeil hat sich vollkommen erprobt, auch die Wahl des Scharfrichters scheint eine gute zu seyn; er versah mit zwei tüchtigen Gehülfen seinen schweren Dienst gewandt und richtig. Es kann nun wohl kein Zweifel mehr darüber seyn, daß diese Art der Hinrichtung in jeder Beziehung den unbedingten Vorzug verdient vor der früher üblichen."[11]

Johannes Wiest aus Dettingen an der Iller

Nachdem der 17-jährige Schifferjunge Reinhard Spahn am Sonntag, dem 4. Februar 1855, bei seinen Eltern in Oberopfingen und auf dem Blasiusfest in Kirchheim an der Iller gewesen war, kehrte er um 18.30 Uhr nach Fellheim zu seinem Dienstherrn, dem Küfer Breitruck, zurück, der einen Fährbetrieb über die Iller hatte. Gegen 20 Uhr waren vom jenseitigen Ufer Rufe zu hören, zum Zeichen, dass noch jemand über den Fluss wollte. Spahn, der wegen des starken Nebels in einen alten Soldatenmantel gehüllt war, holte den Mann mit dem Fährkahn ab. Der Fahrgast kündigte an, noch am gleichen Abend wieder zurückgebracht werden zu wollen. Spahn teilte seinem Dienstherrn mit, dass es sich um einen Mann aus Dettingen (Dettingen an der Iller) handelte. Als die Eheleute Breitruck gegen 20.45 Uhr zu Bett gingen, klopfte es kurz darauf am Haus. Breitruck sah durch ein Fenster im ersten Stock, wie ein ihm Unbekannter mit Spahn zu dem Kahn ging, um übergesetzt zu werden.

Am nächsten Morgen wurde der Schifferjunge mitsamt dem Nachen vermisst. Breitruck, der nichts Gutes ahnte, machte sich mit einem älteren Kahn auf die Suche und fand die Leiche Spahns mit dem Soldatenmantel umhüllt am Ufer der Iller liegen. Die übrige Kleidung des Erschlagenen, sein Geld und seine Uhr fehlten. Der vermisste Kahn, den man unterhalb von Fellheim entdeckte, wies ebenso Blutspuren auf wie ein Instrument, das zum Abstoßen des Bootes diente.

Der Tat verdächtig, wurde noch am gleichen Tag der 23-jährige, vorbestrafte Bauernknecht Johannes Wiest verhaftet, der arbeitslos im kleinen Haus seiner unbemittelten Eltern in Unterdettingen wohnte. Es stellte sich heraus, dass er sonntags bei einem Bekannten, Joseph Anton Hensle, in Oberdettingen gewesen war. Fußspuren, die von dort zur Fähre nach Fellheim führten, erwiesen sich als von ihm herrührend. Noch erschwerender aber war, dass man bei ihm Gegenstände feststellte, die dem Schifferjungen gehört hatten. Seine Eltern überredete er, ihm ein Alibi zu geben, das sie aber später zurücknahmen.

Wie schon in der Voruntersuchung versuchte Wiest auch in seiner mehrtägigen Verhandlung vor dem Biberacher Schwurgericht, die Tat seinem Bekannten Hensle anzulasten. Dieser habe den Schiffjungen ermordet und die geraubten Sachen ihm, Wiest, zur Aufbewahrung übergeben. Zeugenaussagen, die Hensle eindeutig entlasteten, bezeichnete Wiest als falsch – sie würden von einer „zu seinem Verderben zusammengeschworenen Rotte" herrühren, die meineidig aussage, „um wieder etwas zum Fressen und Saufen zu haben". Trotz solcher Erläuterungen des „schnabelschnellen Angeklagten" sahen ihn die Geschworenen des Raubmordes für schuldig an, worauf ihn der Gerichtshof am 15. Juni 1855 zur Todesstrafe verurteilte.[12]

Nachdem er noch im Gerichtssaal wiederholt seine Unschuld beteuert hatte, legte der Verurteilte im Gefängnis ein Geständnis ab. Demnach hatte er den Schifferjungen auf dem Kahn in der Hoffnung erschlagen, dieser würde seinen gerade erhaltenen Dienstlohn bei sich führen. Er habe das Geld dringend gebraucht, um Schulden an seine Geliebte Rosalie Hudler zu begleichen, die sich von ihm getrennt habe. Durch die Rückzahlung des Geldes habe er gehofft, sich wieder mit ihr versöhnen zu können.[13]

Am 3. Juli 1855 wurde Wiest im oberamtsgerichtlichen Gefängnis in Biberach eröffnet, dass der König am 29. Juni eine Begnadigung abgelehnt hatte: „Ruhig und gefaßt hörte er die Bestätigung seines Todesurtheils an, da er zu der Ueberzeugung gelangt ist, nur hiedurch sein Verbrechen sühnen zu können. Unter Fasten und Gebet bereitete er sich auf seinen lezten schweren Gang vor."[14]

Diesen trat er am Morgen des 7. Juli 1855 um 4.30 Uhr an. In einem geschlossenen Wagen wurde er, begleitet von seinem Ortspfarrer und einem Biberacher katholischen Vikar, zur Richtstätte gebracht, einem „vor dem Ehinger Thore an der Landstraße gelegenen, geschlossenen Raume".[15] Der Oberamtsrichter führte dort dem Verurteilten sein Vergehen nochmals vor Augen, und nachdem der Gerichsaktuar das Todesurteil und dessen Bestätigung durch den König verlesen hatte, wurde der Stab über Wiest gebrochen. Wenig später erfolgte die Enthauptung mit dem Fallbeil.[16]

Furchtbare Bluttat auf dem Weg nach Bodnegg, 1863

Am 6. April 1864 begann in Biberach die Schwurgerichtsverhandlung gegen den 33-jährigen Wagnermeister Gabriel Pfeiffer aus Mühlheim an der Donau im damaligen Oberamt Tuttlingen wegen zweifachen Mordes. Schon vorher hatten sich Neugierige vor dem Eingang des Gerichts und in den Straßen, die der Angeklagte zu begehen hatte, eingefunden.[17] Aus dem Anklageakt, dessen Verlesung einige Stunden in Anspruch nahm, und der mehrtägigen Verhandlung ging Folgendes hervor:

Pfeiffer war der Sohn eines mittellosen Webers, der schon seit längerer Zeit verstorben war. Seine Mutter bestritt ihren bescheidenen Lebensunterhalt durch das Sammeln von Heilkräutern. Nach der Schulzeit und seiner Lehre arbeitete er längere Zeit als Wagnergeselle in der Schweiz, dann sieben bis acht Jahre lang bei dem Wagner Cornel von Briel in Hackbrettler (Amtzell) bei Wangen. Dieser war mit seinem Gesellen im Allgemeinen zufrieden, tadelte aber in Übereinstimmung mit den von den Gemeinderäten in Amtzell und Mühlheim an der Donau ausgestellten Leumundszeugnissen, dass er nicht sparsam gewesen sei und sich nichts erworben habe.

Im Herbst 1861 lernte er Agathe Hausmann, Tochter einer Bauernwitwe, aus dem von Hackbrettler nicht weit entfernten Hinterberg (Bodnegg) kennen und verlobte sich mit ihr. Im November beendete er seine Arbeit in Hackbrettler und begab sich in seine Heimat nach Mühlheim, um Hochzeitsvorbereitungen zu treffen, die sich aber als schwierig erwiesen, da der dortige Gemeinderat sein Hochzeitsgesuch wegen „mangelnder Sicherheit des Nahrungsstandes“ wiederholt zurückwies.[18]

Wagnermeister Gabriel Pfeiffer aus Mühlheim an der Donau.

In der Anklageschrift wurde Pfeiffer angelastet, in jener Zeit den ersten Mord verübt zu haben. Demnach besuchte er an Fastnacht 1862 seine Braut in Hinterberg und erschlug am Fastnachtdienstag, dem 4. März 1862, in Weißenbach (Amtzell) die ledige, 72 Jahre alte Hofbesitzerin Elisabetha Baumann mit einem Beil, während deren Dienstboten in Amtzell in der Kirche waren. Als diese am Spätnachmittag auf den isoliert gelegenen Hof zurückkehrten, fanden sie Frau Baumann schwer verletzt in einer Blutlache auf dem Boden liegend vor. Gegen 19 Uhr erlag sie ihren Kopfverletzungen, ohne das Bewusstsein wiedererlangt zu haben. Der Täter hatte nur eine kleine Beute gemacht, da er offensichtlich gestört worden war.[19]

Wieder nach Mühlheim zurückgekehrt, widmete sich Pfeiffer erneut seinen Heiratsplänen. Erst nach einer Beschwerde beim Oberamt Tuttlingen wurde ihm die Erlaubnis zur Eheschließung erteilt, die dann am 6. Mai 1862 erfolgte. Pfeiffer ließ sich mit seiner Frau in Mühlheim nieder, es zeigte sich aber, dass seine Versprechungen hinsichtlich seiner Vermögensverhältnisse nicht zutrafen. Im Gegenteil, das wenige Geld, das in der Haushaltung vorhanden war, vertrank er in Wirtschaften, in denen er Schulden anhäufte. Vorwürfe machte ihm seine Frau selten, da sie sich vor seinen Wutattacken fürchtete. Noch im Jahr 1862 verließen die Eheleute Mühlheim und zogen dann rastlos immer wieder um, meist im damaligen Oberamt Ravensburg. Am 23. Juli 1863 trennten sie sich, worauf Pfeiffer noch mehr trank und seine Arbeitsstellen häufig wechselte.

Ab dem 1. Dezember 1863 war er bei einem Wagner in Schwärzach (Eschach) bei Ravensburg angestellt. Da er aber keinen Vorschuss erhielt, kündigte er bereits am 13. Dezember. Am Tag darauf, einem Montag, kam es in der dortigen Gegend zu einem grässlichen Verbrechen. Crescentia Schlichte, Tochter des Schullehrers Franz Joseph Schlichte aus Grünkraut, die mit ihrem Bruder Eduard die Wirtschaft „Zum Meßner“ in Bodnegg betrieb, begab sich an jenem Montag in ihr Elternhaus in Grünkraut, um einen Krankenbesuch zu machen. Als die 23-Jährige gegen 16.30 Uhr den Rückweg nach Bodnegg antrat, folgte sie dem Rat ihres Vaters, nicht den näheren Weg durch den Wald einzuschlagen, sondern auf der Straße zu bleiben. Nicht viel später fand man auf jener Straße – etwa auf der Höhe von Bodnegg-Emmelhofen – ihre grausam zugerichtete Leiche, die sich in einer Lage befand, „als ob man sie zur Unzucht hätte mißbrauchen wollen“. Die Kleider waren über die Knie hinaufgezogen und mit Blut getränkt. Am Körper der Toten waren etwa 20 Verletzungen sichtbar, „namentlich war ihr eine schwere Halswunde beigebracht und der Bauch aufgeschnitten worden; aus der geöffneten Bauchhöhle hing ein Theil der Gedärme heraus, wie wenn sie herausgerissen worden wären; diese Gedärme waren theilweise angeschnitten, ein 4 Fuß langes Stück des Dünndarms, welches man um den linken Fuß geschlungen fand, war an einem Ende abgeschnitten.“[20]

Der Mord an Crescentia Schlichte.

Ein Zeuge hatte am Tatort einen Mann gesehen, dessen Beschreibung auf Pfeiffer zutraf. Er wurde am Tag nach der Tat in Schwärzach verhaftet und dem Oberamtsgericht Ravensburg übergeben. An seinen Kleidungsstücken befanden sich Blutspuren und er wies eine Schnittwunde an der Hand auf, für die er keine glaubhafte Erklärung geben konnte. Die Stiefel, die er bei seiner Verhaftung trug, passten mit ihren Nagelabdrücken genau in am Tatort vorgefundene Fußspuren. Außerdem erwies sich ein dort sichergestellter Schleifstein ebenso als sein Eigentum, wie ein vorgefundenes blutüberzogenes Rasiermesser. Die Gerichtsärzte erklärten, dass die am Kopf und im Gesicht der Toten befindlichen Wunden durch Schläge mit dem Schleifstein, die Halswunde durch einen Schnitt mit dem Rasiermesser verursacht worden sein konnten. Es stellte sich heraus, dass Pfeiffer am Morgen des 14. Dezember in der Wirtschaft der Geschwister Schlichte in Bodnegg war und sich von Crescentia Schlichte hatte bedienen lassen, die wenig später ihren Gang nach Grünkraut antrat.[21]

Am 16. April 1864 resümierte der Präsident das Ergebnis der Gerichtsverhandlung und die Geschworenen zogen sich zur Beratung zurück, um drei an sie gestellte Fragen zu beantworten. Ihr Wahrspruch lautete bezüglich des in Weißenbach an Frau Baumann verübten Tötungsdeliktes auf Nichtschuldig, wogegen Pfeiffer des an Crescentia Schlichte begangenen Mordes für schuldig erklärt wurde. Der Gerichtshof verhängte daraufhin das Todesurteil über den Angeklagten, der seine Unschuld beteuerte,[22] später aber den Mord an der 23-Jährigen einräumte und die Richter für seine Lügen um Verzeihung bat. Ein Geständnis bezüglich des Mordes in Weißenbach legte er nicht ab.[23]

Nachdem ihm am 24. Mai mitgeteilt worden war, dass der König keine Begnadigung gewährt hatte, wurde Pfeiffer am 28. Mai 1864 morgens um 5 Uhr im Beisein von etwa 300 Personen in Biberach mit der Guillotine hingerichtet.[24]

27. Wangen im Allgäu

Festnahme am Bodensee, 1841

Justinus Kinzelmann aus Pfärrich (damaliges Oberamt Wangen), am 3. Februar 1816 als Sohn des Küsters Joseph Anton Kinzelmann geboren, trat am 23. Juli 1841 in Emmishofen im Kanton Thurgau eine Arbeit in seinem Beruf als Zimmermanns- und Schreinergeselle an. Er kehrte aber schon wenige Tage später mit der Absicht in seine Heimat zurück, sich durch Diebstahl Handwerkszeug zu verschaffen.

Im Wirtshaus „Zum rothen Kreuze“, eine Stunde von Lindau entfernt, traf er am 31. Juli jenes Jahres Joseph Pfleghaar, den Knecht des Sägemüllers Max Hackspiel aus Beutelsau (Wangen). Dieser hatte im Auftrag des Sägemüllers in Lindau Bretter verkauft und befand sich nun mit dem erlösten Geld, das er in einem offen um den Leib geschnallten Gurt bei sich trug, auf dem Rückweg. Gutmütig erlaubte er Kinzelmann, auf dem Fuhrwerk Platz zu nehmen.

Vor Wangen stieg Kinzelmann von dem Wagen ab und gewann einen Vorsprung vor diesem, indem er die Stadt auf einem Seitenweg umging. Im Wald besorgte er sich einen Holzprügel und versteckte sich an der von Wangen nach Wolfegg führenden Landstraße. Als der Knecht ahnungslos vorbeifuhr, eilte Kinzelmann herbei und versetzte ihm von hinten einen Schlag auf den Kopf, sodass er bewusstlos vom Wagen stürzte. Auf den am Boden Liegenden schlug er weiter so heftig ein, dass der Schädel, wie sich später herausstellte, in 43 Stücke zersplitterte. Dann nahm er das Geld an sich und begab sich zum Hof Büchel, wo er Schreinerhandwerkszeug verwahrt wusste, das er entwendete.

Mit seiner Beute ging er nach Lindau zurück, das er am 1. August um 4 Uhr morgens erreichte. Hier kauft er sich einen neuen Anzug und fuhr um 17 Uhr mit dem Dampfboot nach Rorschach. Per Extrapost reiste er weiter nach Konstanz, von wo er sich wieder bei seinem Meister in Emmishofen einfand.

Da man Kinzelmann auf dem Wagen des Knechts hatte sitzen sehen, fiel der Tatverdacht auf ihn und man verfolgte seine Spur bis Konstanz. Der Dienstherr des Ermordeten, Sägemüller Hackspiel, der Kinzelmann kannte, beteiligte sich persönlich an den Ermittlungen und begab sich an den Bodensee. Das badische Bezirksamt Konstanz gab ihm einen Landjäger zur Seite. Da Hackspiel aber bereits herausgefunden hatte, dass der Tatverdächtige in dem schweizerischen Grenzort Emmishofen zu finden sein könnte, wo der badische Landjäger keine Verhaftung vornehmen durfte, ließ er ihn an der Grenze zurück und begab sich allein nach Emmishofen. Tatsächlich traf er dort den Gesuchten an einem Neubau an, erklärte ihn laut und offen vor den anderen Arbeitern als den Mörder seines Knechtes und führte ihn über die nahe Grenze, wo der Landjäger sie erwartete. Schon im Bezirksamt Konstanz räumte Kinzelmann die Tat ein, und auch vor dem Oberamtsgericht Wangen, an das er als zuständige Untersuchungsbehörde ausgeliefert wurde, legte er später umfassende Geständnisse ab.[1]

Der Kriminalsenat des Obertribunals schloss sich am 10. Januar 1842 dem Urteil des Gerichtshofes für den Donaukreis in Ulm an, der den Angeschuldigten wegen Mordes mit der Todesstrafe durch das Schwert belegt hatte.

Nachdem König Wilhelm I. das Urteil am 18. Januar bestätigt hatte, vollzog Scharfrichter Weidenkeller die öffentliche Hinrichtung am 27. Januar 1842 in Wangen.[2]

28. Künzelsau

Beziehungsdrama in Oberkessach und Dreifachhinrichtung in Künzelsau, 1843

Der Zimmermann Andreas Herold aus Oberkessach (Schöntal), der früher mit Rosalie Schwab verheiratet war, lebte seit dem 16. Februar 1841 mit der wesentlich jüngeren Walburga (geborene Schweikert) in zweiter Ehe. Nachdem er mit ihr am Sonntag, dem 29. August 1841, noch in Berlichingen und Schöntal gewesen war, fehlte am nächsten Morgen jede Spur von dem 53-Jährigen. Als seine Frau vom Oberkessacher Schultheiß hierüber befragt wurde, gab sie an, ihr Mann habe an jenem Montag auf die Beerdigung eines Vetters und nach Adelsheim gehen wollen, um dort etwas zu kaufen. Seitdem habe sie nichts mehr von ihm gehört.[1]

Am 5. September sahen zwei Mädchen aus Oberkessach, die an einem Bach spazieren gingen, einen toten Mann im Wasser liegen, der sich als der Vermisste erwies. An seinem Kopf waren Verletzungen festzustellen. Da im Ort allgemein bekannt war, dass die Witwe ein Verhältnis mit dem Zimmergesellen und Soldaten Joseph Bernhard Appel (geboren im März 1811) aus Berlichingen hatte, der schon vor ihrer Heirat ihr Liebhaber war, verfügte der Oberkessacher Schultheiß die Verhaftung der beiden.

Dieser begab sich am 9. September 1841 mit dem Amtsnotar, zwei Urkundspersonen und einem Landjäger in das Haus des Verstorbenen, um dessen Nachlass aufzunehmen. Hierbei, so der Schultheiß, sei ihm das verstörte Verhalten der betagten Hebamme Regine Arnold (geboren im Oktober 1779) aufgefallen, die in dem Haus eine kleine Stube bewohnte. Er stellte die unwahre Behauptung auf, dass die Witwe und Appel den Mord bereits zugegeben hätten, und warnte die Hebamme, dass sie „am Ende als Mitschuldige an dem Mord recht schlecht wegkommen“ könnte. Diese wurde nun „schier unmächtig“ (ohnmächtig) und fragte ihn, was sie tun solle. Der Schultheiß riet ihr zu einem offenen Geständnis, worauf sie erwiderte, sie habe gehört, wie Frau Herold und Appel den Ehemann weggetragen hätten, auch habe sie „den Herold röcheln hören".[2]

Unter dem Druck ihrer Aussage gestanden im Februar und März 1842 auch Appel und die Witwe vor dem Oberamtsgericht Künzelsau den Mord ein. Letztere fiel nach einer Konfrontation mit einer Zeugin auf die Knie und sagte weinend: „Ich bekenne, es drückt mich schon lange, die Regine ist an allem Schuld! Ich bitte nur, daß ich nicht auf dem Schaffot sterben muß."[3]

Die drei hatten sich schon längere Zeit mit dem Gedanken getragen, den Zimmermann aus dem Weg zu räumen und verschiedene Pläne entworfen, wobei die Hebamme die Hauptanstifterin war. Sie hasste Herold, da er sie „geplagt" habe, und begünstigte den „verbotenen Umgang" der jungen Ehefrau mit Appel, indem sie diesem den Aufenthalt in ihrer Stube und damit einen Zugang ins Herold'sche Haus gestattete. So erlangte sie das Vertrauen der beiden, deren Wunsch es war, nach dem Tod des Ehegatten zu heiraten. Appel, der infolge einer Klage des Ehemanns wegen Ehebruchs am 23. August 1841 aus Oberkessach ausgewiesen worden war, kehrte heimlich dorthin zurück und hielt sich auch diesmal einige Tage in der Stube der Hebamme verborgen. Hier kam es zu Überlegungen, wie die Tat am besten zu verüben sei.

Der gemeinsamen Verabredung gemäß unternahm Frau Herold am 29. August mit ihrem Mann einen Spaziergang nach Berlichingen und Schöntal und sorgte dafür, dass er viel Alkohol zu sich nahm. Nachdem er mit der Hebamme und seiner Frau zu Hause noch etwas gegessen und getrunken hatte, legte er sich müde zu Bett. Seine Aufforderung, sich ebenfalls schlafen zu legen, lehnte seine Frau unter dem Vorwand ab, noch in einem Gebetbuch lesen zu wollen. Als sie sich überzeugt hatte, dass er schlief, ging sie in die Stube der Hebamme, wo sich auch Appel befand. Nach Mitternacht schlichen sie zu dritt in die Schlafkammer des Ehemanns. Die beiden Frauen waren mit jeweils einem Stein bewaffnet. Frau Arnold schilderte den Tathergang so: „Die Walburg schlug dem Herold auf den Kopf – der Appel hielt ihm den Hals [zu] u. ich schlug dem Herold mit meinem Stein auf das Gemäch."[4] Appel wurde zwar von Herold in den Finger gebissen, ließ aber nicht mehr von ihm ab, bis er aufhörte zu atmen. Er und die Hebamme kleideten den Toten nun wieder an und versteckten ihn in dessen Werkstatt. Unmittelbar danach bestieg Appel mit seiner Geliebten dasselbe Bett, in dem kurz zuvor die Bluttat begangen worden war. In der folgenden Nacht halfen ihm die Frauen, den Leichnam zu dem Bach zu schleppen und ihn hineinzuschaffen. Es sollte so aussehen, als ob er im Rausch verunfallt und ertrunken sei.[5]

Der Gerichtshof für den Jagstkreis erkannte am 4. April 1843, dass die drei Angeschuldigten wegen Mordes zur Todesstrafe durch das Schwert zu verurteilen seien. Das Urteil wurde am 11. Juni 1843 vom Kriminalsenat des Obertribunals und am 25. August 1843 durch König Wilhelm I. bestätigt.[6]

Am 5. September 1843 morgens um 9 Uhr ging der Wagenzug zur Künzelsauer Richtstätte: „Eine unendliche Menschenmenge von nah und fern, wie sie hier noch nicht beisammen gewesen seyn wird, strömte von Morgens 2 Uhr an herbei."[7] Als erster wurde Appel von Matthäus Weidenkeller, Kreisscharfrichter in Ulm, enthauptet, als zweite die Witwe Arnold von Scharfrichter Georg Michael Schwarz aus Öhringen und als dritte die 27-jährige Witwe Herold von Scharfrichter Johann Karl Seltenreich aus Stuttgart. Diese „bedenkliche Exxecution" wurde von „denen Drey Kreis-Scharfrichter sehr Glücklich jeder mit einem Schwerdstreiche vollführt, und Verdienten von Hohe und niedere zuschauer alle Achtung und Belobung".[8]

29. Backnang

Hinrichtung auf der Bleichwiese

Heinrich Wilhelm Armbruster wurde am 17. August 1827 als Sohn des Metzgers Friedrich Armbruster aus Löchgau geboren, besuchte die dortige Schule und erlernte bei seinem Vater das Metzgerhandwerk. Als Geselle arbeitete er in Ludwigsburg zuletzt bei der Metzgerswitwe Groß. Man schilderte ihn einerseits als fleißigen Arbeiter, andererseits aber auch als „gefühllos und unbarmherzig gegen Thiere" sowie in letzterer Zeit als trunk- und spielsüchtig. Nachdem er am 28. Mai 1847 wegen Ungehorsams von der Metzgerswitwe aus dem Dienst entlassen worden war, litt er an Geldnot und hatte Schulden.[1]

Am Morgen des 4. Juni 1847 war er auf einem Acker in der Nähe von Ludwigsburg, als er den ihm bekannten, 18-jährigen Gottlieb Winter aus Unterweissach (Weissach im Tal) vorbeigehen sah. Dieser beschäftigte sich – ebenso wie sein Vater – schon seit längerer Zeit damit, den Ludwigsburger Metzgern das von ihnen in der Unterweissacher Gegend aufgekaufte Vieh zuzuführen, die ihm in der Regel bei Übergabe des Viehs den Kaufpreis auszahlten. Auch diesmal hatte er zwei Ochsen bei sich, die er nach Ludwigsburg führte.

In der Absicht, sich den Verkaufserlös – nötigenfalls mit Gewalt – anzueignen, begab sich Armbruster nach Neckarweihingen, um sich Winter auf dessen Rückweg anzuschließen. Dieser kam aber nicht zu Fuß, sondern hatte in Ludwigsburg eine Mitfahrgelegenheit auf dem Fuhrwerk eines Knechtes aus Affalterbach gefunden. Armbruster nahm ebenfalls auf dem Gefährt Platz, fuhr aber nur bis Marbach mit, da er in Affalterbach nicht auf dem Wagen gesehen werden wollte. Während Winter und der Knecht in Marbach einkehrten, ging Armbruster allein nach Affalterbach voraus. Auf dem weiteren Weg nach Burgstall überzeugte er sich aus der Ferne, dass Winter die gleiche Richtung einschlug und wartete auf ihn. Während ihres gemeinsamen Marsches ließ sich Armbruster besonders in den Ortschaften immer wieder hinter Winter zurückfallen, um möglichst nicht in dessen Begleitung gesehen zu werden.

Die Tatwaffe, ein kleines Metzgermesser, das Armbruster in einer Scheide stets mit sich zu führen pflegte.

Bei Eintritt der Dunkelheit in einem Hohlweg zwischen dem Ungeheuerhof (Backnang) und Unterweissach angelangt, forderte er nach eigenen Angaben Winter zur Herausgabe des Geldes auf. Als dieser sich weigerte, kam zu einem Kampf, bei dem Armbruster sein Messer zog, angeblich aus Angst, von seinem Gegner überwältigt zu werden. Winter wollte ihm das Messer entreißen, griff aber an die Schneide, die ihm Armbruster durch die Finger zog. Während sich Winter weiterhin wehrte, versetzte ihm Armbruster einen Stich in den Hals unter das linke Ohr. Der schwer Verletzte rief um Hilfe, dann versagte seine Stimme. Er versuchte sich aufzurichten, kam aber lediglich auf die Knie und kroch zur Straße. Hier stach ihm Armbruster zweimal ins Genick, worauf Winter zusammensank. Armbruster schleppte den Sterbenden in den Graben zurück und schnitt ihm die Kehle durch, „damit er nicht lange leide". Nun nahm er ihm die Barschaft ab – in der Eile nur einen Teil davon – und flüchtete. Unterwegs reinigte er an einem Bach seine blutbefleckte Kleidung.

Trotz aller Vorsichtsmaßnahmen Armbrusters war er von mehreren Zeugen in Begleitung Winters gesehen worden. Zudem fand man bei der Leiche den bei dem Kampf abgerissenen Ärmel seines Metzgerkittels. Am 9. Juni 1847 gelang in Bietigheim seine Festnahme.[2] Für ihre Verdienste dabei wurden der Landjäger und Stationskommandant Schreiweiß aus Backnang und der dortige Schwanenwirt Köhle öffentlich belobigt.[3] Erst nachdem ihn sein Vater unter Tränen gebeten hatte, die Wahrheit zu sagen, legte Armbruster am 7. Juli ein Geständnis ab, worauf er am 13. Juli 1847 wegen Raubmordes in den Anklagestand versetzt wurde.[4]

Am 9. Oktober 1847 fand seine Schlussverhandlung vor dem Gerichtshof für den Neckarkreis in Esslingen statt. In der Presse hieß es: „Er erschien in grauem Wamms, lohfarben langen Beinkleidern, und schwarzer Weste. Seine Statur ist hager, der Kopf etwas vorhängend, das Gesicht unbärtig und die ganze Gestalt noch knabenhaft, so daß man sich unwillkürlich fragt, wie? dieser Junge sollte ein so gräßliches Verbrechen begangen haben!".[5] Ein Urteil wurde nicht verkündet, woraus hervorging, dass der Gerichtshof auf Todesstrafe erkannt hatte (Bestätigung durch das Obertribunal am 14. Dezember 1847).[6]

Im Backnanger Gefängnis wurde dem Verurteilten am Morgen des 5. Januar 1848 eröffnet, dass König Wilhelm I. am 24. Dezember 1847 eine Begnadigung abgelehnt hatte. Am 8. Januar morgens um 5 Uhr brachte man ihn ins Rathaus in ein besonderes Zimmer. Von dieser Stunde an strömte eine unabsehbare Volksmenge in die Stadt. Um 7.45 Uhr zog das Gerichtspersonal mit den Gerichtsärzten, denen sich der Oberamtmann und der Bezirkskommandant der Landjäger anschlossen, in Begleitung von zehn Landjägern in den Rathaussaal, der feierlich eingerichtet worden war. Auf dem mit schwarzem Tuch bedeckten Gerichtstisch stand ein Kruzifix. Der mit Schranken abgegrenzte Teil für die Zuschauer, an die 300 Einlasskarten ausgegeben worden waren, war dicht besetzt.

Nachdem das Gerichtskollegium, bestehend aus dem Gerichtsvorstand, einem Gerichtsaktuar und einem rechtsgelehrten Assistenten samt sämtlichen zwölf Beisitzern, seine Plätze eingenommen hatte, befahl der Gerichtsvorstand dem Gerichtsdiener, den Verurteilten vor Gericht zu stellen. Dieser wurde daraufhin durch den Gerichtsdiener und einige Landjäger vorgeführt, begleitet von zwei Geistlichen, die hinter ihm Platz nahmen. Der Gerichtsvorstand eröffnete nun die Verhandlung mit folgenden Worten: „Ein ernster Act hat uns heute hier versammelt, Gerechtigkeit soll geübt werden an einem Menschen, der es gewagt hat, unsere friedlichen Thäler mit dem Blute eines unschuldigen Mitbruders zu besudeln; zur Wahrheit soll gemacht werden jener Satz der heiligen Schrift: ‚wer Menschenblut vergeußt [vergießt], dessen Blut soll wieder durch Menschen vergossen werden'".[7] Es folgte ein Rückblick auf das Verbrechen mit dem Ersuchen an die Eltern, sich den Fall zum warnenden Beispiel zu nehmen. Dann forderte der Gerichtsvorstand den Gerichtsassistenten auf, die übliche „Kurze aktenmäßige Beschreibung" des von Armbruster verübten Raubmordes zu verlesen. Im Anschluss daran verkündete der Gerichtsaktuar das Urteil des Obertribunals und die Bestätigung des Urteils durch den König, während sich der Verurteilte auf einen Wink des Vorstands von seinem Stuhl erhob. Auch das Gerichtspersonal stand auf, der Oberamtsgerichtsverweser brach einen schwarzen Stab, warf ihn dem Verurteilten zu Füßen und sprach zu ihm:

„Armbruster! Euer Leben ist verwirkt. Gott sey Eurer Seele gnädig!"

Zu Kreisscharfrichter Seltenreich, der sich indessen dem Verurteilten genähert hatte, sagte er:

„Nachrichter! Ich übergebe Ihnen den Wilhelm Heinrich Armbruster von Löchgau, mit dem Befehl, ihn dem ausgesprochenen Urtheile gemäß, mit dem Schwert zu richten vom Leben zum Tode."

Worauf der Scharfrichter erwiderte:

„Ja Herr Oberamtsrichter, das soll geschehen."[8]

Seltenreich übernahm den Verurteilten und führte ihn unter Bewachung durch Landjäger in sein voriges Zimmer zurück, wo man ihm die „Malefikantenkleidung von weißgrauem Zwilch" anzog.[9] Mit etwas Wein gestärkt, wurde er nun vom Scharfrichter gefesselt. Während dieser vorauseilte, um ihn auf dem Richtplatz zu erwarten, sprachen die Geistlichen noch ein kurzes Gebet mit Armbruster, der dann das Zimmer verließ und einen Wagen bestieg. Der Zug zum Richtplatz setzte sich in folgender Ordnung in Bewegung: „Voran der Oberamtmann mit dem Bezirks-Commandanten der Landjäger zu Pferde, sodann der Gerichtsvorstand mit dem Stadtschultheiß als dem Localpolizeibeamten zu Wagen, sodann der Gerichtsactuar und Assistent zu Pferde, sodann die beiden Gerichtsärzte zu Wagen, hierauf das ganze Collegium der Gerichtsbeisitzer zu Fuß, dann der Verurtheilte auf einem mit wollenen Teppichen bedeckten Wagen, ihm gegenüber auf dem Vordersitze die beiden jüngsten Geistlichen der Diöcese. Diesen Zug beschloß ein Kommando von ungefähr 20 Landjägern."[10]

Auf dem Richtplatz – die „unfern der Stadt im obern Murrthale gelegene, dem Staate gehörige sogenannte Thauswiese" (heute Bleichwiese)[11] – empfing der Scharfrichter den Verurteilten am Fuß des Schafotts und half ihm beim Hinaufgehen auf einer flachen Treppe. Nachdem Armbruster auf dem Schafott einige Male umhergeblickt hatte, setzte er sich auf den Richtstuhl. Seltenreich band ihn mit einem Riemen an die Stuhllehne fest und sein Assistent, Scharfrichter Weidenkeller aus Ulm, entblößte ihm den Nacken und befestigte ihm eine Ledermaske um das Gesicht, mit der er den Kopf hochzog. Seltenreich zog nun sein Schwert, nahm hinter dem Verurteilten Stellung und trennte ihm mit einem kurz ausgeholten, sicheren Schlag den Kopf vom Rumpf, „der sich sodann auf die Seite neigte, und aus welchem ein Strahl Blutes in einem starken Bogen hervorquoll. Ein hörbares Ach tönte durch die versammelte Menge, deren Zahl 7000 – 8000 betragen mochte. Eine Person aber hörte man laut und heftig weinen, welche sich sofort als Bruder des Hingerichteten zu erkennen gab."[12] Der abgeschlagene Kopf wurde mit dem Körper in eine bereitgehaltene Kiste gelegt, die man vernagelte und versiegelte, um „Unfug auf dem Transport" zu vermeiden. Dann betrat Helfer Heermann das Blutgerüst und hielt eine Rede.

Unmittelbar nach der Hinrichtung erfolgte unter der Aufsicht von Landjägern der Abbruch des Schafotts. Das gegen Armbruster ausgesprochene Urteil war am schwarzen Brett des Rathauses in Backnang zu lesen und gelangte auch im Heimatort des Hingerichteten zur Veröffentlichung. Von den 1.500 Exemplaren der „Kurzen aktenmäßigen Beschreibung" wurden 1.430 an das Publikum abgesetzt.[13]

30. Tettnang

Trauriges Ende der Wanderschaft eines Schreinergesellen, Tettnang 1847

Ende Mai 1847 zog ein Unwetter von den Ufern des Bodensees herauf und entlud sich in starken Regengüssen über das Land. Am 26. Mai begab sich ein Einwohner der Pfarrgemeinde Tettnang in den an der Straße nach Lindau sich ausdehnenden Wald Nesselfang, um nachzusehen, ob eine Wiese von ihm Schaden genommen hatte. Auf einem dort befindlichen Düngerhaufen glaubte er einen Handschuh zu bemerken, der sich bei näherem Hinsehen aber als eine menschliche Hand erwies. Nach Einschalten der Behörden fand man eine männliche Leiche, die schon stark verwest war. Bei der Leichenöffnung ergab sich, dass der ganze Schädel zertrümmert war. Auf dem Hemd des Verstorbenen, der auf dem Kirchhof St. Johann in Tettnang begraben wurde, waren die Buchstaben „C. R." eingenäht. Nach Anzeigen in öffentlichen Blättern fand man nach einigen Wochen heraus, wer sich hinter diesen Initialen verbarg: Es handelte sich um den 20 Jahre alten Schreinergesellen Carl Rimmele aus Wittenhofen (Deggenhausertal), der vor seinem Tod gerade seine erste Wanderschaft angetreten hatte.

Es stellte sich heraus, dass er am 21. April 1847 von dem Schreinermeister Joseph Frei aus Tettnang als Geselle angestellt worden war. Dieser machte sich hinsichtlich seiner Angaben über die Einstellung und angebliche Entlassung des Gesellen verdächtig. Außerdem hatte er versäumt, dessen Wanderbuch an das Stadtschultheißenamt abzuliefern. Später stellte sich heraus, dass er es zerrissen hatte. Als man eine Hausdurchsuchung bei ihm vornahm, fand man weitere Kleidungsstücke des Ermordeten mit den besagten Initialen sowie dessen Rucksack.

Schon im zweiten Verhör gestand der im August 1813 in Schwäbisch Gmünd geborene und zeitweise in Oberdorf (Langenargen) wohnhafte Schreinermeister ein, den Gesellen getötet zu haben. Er war mit seiner Familie teils durch ungünstige äußere Verhältnisse, teils durch eigene Schuld in finanzielle Schwierigkeiten geraten, was ihn zu Betrügereien und Diebstählen – auch an seinen eigenen Gesellen – verleitete. Als er bemerkte, dass Rimmele eine größere Summe Geldes mit sich führte, kam er auf den Gedanken, sich auch an ihm zu bereichern.[1]

Am Mittag des 27. April 1847 hatte er sich zu der besagten Wiese („bei dem Schäferhofe, ½ Stunde von Tettnang“)[2] begeben und auf dem Düngerhaufen eine Grube ausgehoben, die zum Grab des Gesellen werden sollte. Dann kehrte er in ein nahe gelegenes Wirtshaus ein, „der Galgen genannt“, und trank sich mit Most und Branntwein Mut an. Nachdem er zu Hause mit seiner Familie und Rimmele das Abendessen eingenommen hatte, forderte er den Gesellen mit eintretender Dunkelheit auf, mit ihm noch in den Wald zu gehen, um Holzstangen zu besorgen. So machten sie sich auf den Weg, der Meister mit einem Handbeil, der Geselle mit einer Säge versehen. Im Wald angekommen, gab Frei seinem Begleiter auf, in der Nähe der vorbereiteten Grube eine junge Tanne abzusägen. Als sich der Geselle niederkniete und sich an die Arbeit machte, gab ihm der danebenstehende Frei mit der flachen Rückseite des Beiles zwei kräftige Schläge auf den Hinterkopf, „daß es fürchterlich kracht und der Getroffene das Haupt vorwärts sinken“ ließ.[3] Da er noch einen röchelnden Laut von sich gab, schlug Frei nochmals auf ihn ein. Nun wollte er dem Toten die Handsäge abnehmen, dessen Hand hielt sie aber so fest umschlossen, dass Frei Finger um Finger öffnen musste. Dann trug er den Leblosen zu der Grube und nahm ihm das in einem Kleidungsstück eingenähte Geld ab. In einem nahen Bach reinigte er das von Blut bespritzte Beil. Seiner Frau erzählte er, sie seien im Wald von Wilderern überfallen worden, die auf sie geschossen hätten. Was aus dem Gesellen geworden sei, wisse er nicht, es sei aber angebracht, der Sache nicht weiter nachzugehen. Die Frau schien ihm diese Geschichte zu glauben. Von den in dem Rucksack des Gesellen vorgefundenen Kleidungsstücken verkaufte Frei einen Teil, einige schenkte er seinem Bruder und die übrigen behielt er für sich.

Der Schreinermeister gestand ein weiteres Verbrechen, das er rund zwei Jahre zuvor verübt hatte. Im Mai 1845 hatte er auf dem Brettermarkt in Lindau die Bekanntschaft einer Frau aus Österreich gemacht, die schon mehrere uneheliche Kinder zur Welt gebracht hatte. Nachdem sie in ein Wirtshaus an der Straße nach Bregenz eingekehrt waren, führte sie ihn in eine der Bretterhütten auf den Wiesen am See, wo es zu Intimitäten kam. Als sie Geld von ihm verlangte, drückte er sie ins Heu nieder und erwürgte sie. Dann bestahl er sie und bedeckte sie mit Heu. Bis zum Dunkelwerden blieb er bei ihr in der Hütte. Man fand zwar später die Leiche, konnte den Täter aber nicht ausfindig machen.[4]

Nach Abhaltung des öffentlichen Schlussverfahrens erschien Frei unter der Anklage des Raubmordes am 7. Januar 1848 vor den Schranken des Kriminalsenats in Ulm. Er saß mit gesenktem Kopf vor den Richtern und weinte während des ganzen Vortrags des Staatsanwalts. Hinsichtlich des an seinem Gesellen verübten Verbrechens gab er an, durch die Not seiner Familie dazu getrieben worden zu sein. Er sagte, „er sei in Verzweiflung und nahe daran gewesen, sich selbst und seine Kinder zu ermorden, er habe geglaubt, es gebe keinen Gott, keinen Monarchen und keine Hülfe mehr".[5] Das in Ulm über ihn verhängte Todesurteil wurde am 3. März 1848 vom Kriminalsenat des Obertribunals einstimmig bestätigt. Nachdem sich König Wilhelm I. am 19. März 1848 „nicht bewogen gefunden" hatte, die Strafe auf dem Gnadenweg zu mildern, wurde sie am 1. April 1848 in Tettnang unter dem Zusammenströmen einer großen Volksmenge mit dem Schwert vollzogen.[6]

Der Scharfrichter Matthäus Schwarz, „Kleemeister und Thierarzt von Blaubeuren", machte mit der Hinrichtung Freis sein Meisterstück. Dieses wurde für gut anerkannt, obwohl er zweimal hatte zuschlagen müssen. Er und sein Gehilfe waren bereits am 25. März in Tettnang gewesen, „es war aber selben Tages alles in diesen Städtleich voll Ängstlichkeit Alarm und Jammer, in dem es heißte das würklich 40,000 Franzoßen in das Simmaringische eingedrungen wären, und vieles unheil ausführte". Aus Ulm kam dann eine Nachricht, dass die Hinrichtung verschoben werden müsse. So reiste Schwarz ein zweites Mal an, um die Hinrichtung am 1. April zu vollziehen.[7]

31. Canstatt

Die Cannstatter Raubmörder Mauthe und Schaff

Die 80-jährige Witwe Haag, die mit dem Schuster Christian Haag verheiratet gewesen war, lebte in Cannstatt zurückgezogen in einem kleinen Haus im sogenannten Heimischen Gäßchen, „ein Seitensträßchen der Haupt- und Marktstraße". Ihr Geiz, aber auch ihr Reichtum, waren stadtbekannt. Sie stand im Ruf, bedeutende Summen an Bargeld in ihrem ärmlichen Haus aufzubewahren. Vor Geiz aß sie sich nicht satt und verrammelte allnächtlich die Haustür mit verschiedenen Gerätschaften, um das Geld für die Reparatur der Tür und des Schlosses zu sparen.

Am 16. Oktober 1846 fiel den Nachbarn auf, dass den ganzen Tag über nichts von ihr zu sehen war. Man forschte nach und fand sie tot auf dem Boden liegend vor. Da sie keine erheblichen äußeren Verletzungen aufwies und auch im Haus auf den ersten Blick keine Auffälligkeiten festzustellen waren, ging man zunächst von einer natürlichen Todesursache aus.

Den Tätern kam man durch deren eigenes Verhalten auf die Spur. Einer von ihnen, der ledige Dienstknecht Conrad Mauthe aus Hausen ob Verena im damaligen Oberamt Tuttlingen, machte in Stuttgart Anschaffungen und übergab einem Wirt eine Geldrolle und weiteres Bargeld zur Aufbewahrung, mit der Bitte, nichts davon zu sagen, der Wirt zeigte dies aber an. Vor die Polizei geführt und über die Herkunft des Geldes befragt, machte Mauthe Angaben, die auf die Spur eines Komplizen, des Weingärtners und Tagelöhners Georg Friedrich Schaff aus Cannstatt, führten. Auch bei diesem fand man einen größeren Geldbetrag vor.[1]

Schaff, 1809 in Cannstatt geboren und ein halbes Jahr älter als Mauthe, hatte 1838 Maria Barbara (geborene Aman) aus Weilimdorf (Stuttgart) geheiratet, mit der er zwei Kinder bekam. Ein drittes hatte sie mit in die Ehe gebracht. Er war „ein zärtlicher Vater und glücklicher Gatte, bis das Elend, die Armuth in Folge von vielen langwierigen Krankheiten, der theuren Jahre überhaupt und der Fehljahre über ihn kam".[2] Wegen Geldnot aus ihrer Mietwohnung entlassen, musste die Frau mit den Kindern Zuflucht in ihrem Geburtsort suchen.

Im Gegensatz zu Schaff, der nie aus Cannstatt hinauskam, war das Leben Mauthes sehr unruhig verlaufen. Er hatte bei mehr als 40 Dienstherren in Baden, im Elsass, in der Schweiz und in Württemberg gearbeitet. Schaff lernte er bei Kiesarbeiten in Cannstatt kennen. Dieser war als Ortsansässiger mit den Verhältnissen der Witwe näher bekannt und machte den Dienstknecht auf deren Geld und einen möglichen Diebstahl aufmerksam.

Nachdem sie hierüber eingehend beraten hatten, stattete Schaff der Witwe am Sonntag, dem 11. Oktober 1846, einen Besuch ab. Er gab vor, Geld leihen und etwas kaufen zu wollen, der eigentliche Zweck seines Besuchs aber war, die Örtlichkeiten, d. h. das Innere der Baulichkeit, auszuspähen.

Vier Tage später gegen 23 Uhr stiegen beide durch eine Kelleröffnung in das Haus ein. Nachdem Schaff eine eigens angeschaffte Laterne angezündet hatte, begaben sie sich hinauf zur Tür der Wohn- und Schlafstube, die sie aber verrammelt vorfanden, „die Bettstatt vor die Thüre geschoben". So kehrten sie in den Keller zurück und warteten. Als die Witwe um 6 Uhr die Treppe herabkam, um ihre Gänse zu füttern, wurde sie von den beiden überwältigt und erdrosselt. Dann durchsuchten die Täter das Haus und entwendeten mehrere hundert Gulden – rund 6.000 Gulden „in allen möglichen Sorten", die überall im Haus versteckt waren, fanden sie nicht. Auch im Keller unter dem Stroh, auf dem die Täter die Nacht verbracht hatten, war Geld versteckt.[3]

Mauthe und Schaff ermordeten am Morgen des 16. Oktober 1846 die 80-jährige Witwe Haag.

Am 14. Dezember 1847 fand das öffentliche Schlussverfahren in Esslingen statt. Wer den Hauptanteil an der Erdrosselung der Witwe hatte, konnte nicht geklärt werden, da sich diesbezüglich beide gegenseitig belasteten. Jeweils der andere sollte auf dem Opfer gekniet, es am Hals gefasst und den Kopf auf den Boden gepresst haben, beide waren aber unzweifelhaft an der Tat beteiligt. Schon in der Voruntersuchung waren die Verhöre sehr verworren verlaufen und immer wieder berichtigt oder sogar widerrufen worden. Mauthe äußerte öfters, er wolle alles vollständig angeben, worauf aber meist wieder nur Stückwerk zutage trat. Das in geheimer Sitzung gefällte Urteil kam nicht zur Eröffnung vor das Publikum – es lautete einstimmig auf Todesstrafe. Das Obertribunal in Stuttgart bestätigte das wegen im Komplott verübten Mordes verhängte Urteil am 9. Mai 1848 und König Wilhelm I. am 2. Juni 1848.[4]

Die Doppelhinrichtung sollte am frühen Morgen des 13. Juni 1848 in Canstatt stattfinden, aber der Gerichtshof in Esslingen erhob dagegen Einspruch, weil die gesetzliche Frist zwischen der Verkündigung des Todesurteils (gegenüber dem Verurteilten) und der vorgesehenen Hinrichtung noch nicht verflossen war, sodass sie verschoben wurde.[5] An anderer Stelle wird als Grund hierfür die „unglückselige Wahl" des Hinrichtungstages (Nähe zum Pfingstmontag) und der allgemeine Protest gegen die Todesstrafe angegeben.[6]

Als am Morgen jenes 13. Juni um 6 Uhr die Eisenbahn aus Stuttgart in Canstatt eintraf, sah man schon von weitem her Rauch vom Hinrichtungsplatz auf dem Wasen („über der Kiesbrücke beim Wasserhaus")[7] aufsteigen. Die große Volksmenge, die dort schon seit einigen Stunden versammelt war, hatte aus Enttäuschung über das entgangene Schauspiel das Schafott abgerissen und zum Teil in den Neckar geworfen: „Doch kamen bald Einige auf den Einfall, es wäre besser, das Schaffot zu verbrennen, als dasselbe dem Wasser zu übergeben. Die Bretter wurden sofort wieder herausgezogen, aufgeschichtet und mit den Spähnen in der Truhe, in welche man den blutigen Leichnam zu legen pflegt, angezündet. Ein Theil der Menge tanzte um das Feuer unter dem Rufe: ‚Es lebe die Republik! es lebe Hecker!'" (Friedrich Hecker, 1811-1881, Vertreter und Agitator der Revolution). Die Menschenmasse überfüllte für kurze Zeit die Stadt und drohte mit Demonstrationen, sodass die Bürgerwehr alarmiert werden musste.[8]

Nachdem einige Verhaftungen vorgenommen und weitere Militäreinheiten zur Einhaltung der Ordnung hinzugezogen worden waren, wurde in der Nacht zum 14. Juni ein neues Schafott errichtet. Um 2 Uhr sicherten ein doppelter Kreis Landwehr und Infanterie den Richtplatz ab und einige Schwadronen Reiterei bildeten die Reserve. Es waren weniger Menschen anwesend als am Tag zuvor, als Scharfrichter Karl Seltenreich aus Stuttgart unter Assistenz von Matthäus Weidenkeller aus Ulm um 5 Uhr die Doppelhinrichtung vollzog.[9]

Dies waren die letzten Hinrichtungen in Württemberg vor der am 13. August 1849 erfolgten Abschaffung der Todesstrafe (die später wieder eingeführt wurde).[10]

32. Tübingen

Tübinger Kutscher verweigerten den Gefangenentransport, 1854

Unter ungeheurem Gedränge vor und im Sitzungssaal des Tübinger Schwurgerichts begann am 16. März 1854 die Verhandlung gegen den des Raubmordes angeklagten Schneidergesellen Robert Fuchs aus Reutlingen und seinen Komplizen, den Sattlergesellen Franz Jakob Mühleisen aus Eningen unter Achalm. Zu den beiden vielfach vorbestraften Angeklagten hieß es in einem Pressebericht über den Prozess: „Fuchs ist 27 Jahre alt, um einen ganzen Kopf kleiner als Mühleisen, hat schwarzes Haupthaar, von dem sein mageres, blasses Gesicht nur um so mehr absticht, schmächtig, leibarm macht er in seinem schwarzen bis an den Hals zugeknöpften Rocke den Eindruck eines verhockten hektischen Schneiders. Mühleisen steht in seinem 32. Lebensjahr, er ist ein wohlgebauter Mann, von gerader Haltung, seine Gesichtszüge, die etwas Bekanntes haben, in Verbindung mit dem schwarzen Kopfhaar und ebensolchem wohlgepflegtem Schnurrbarte, wie sein Blick zeugen von festem entschlossenem Willen.“[1]

Fuchs hatte schon 1849 wegen schweren Diebstahls in der Strafanstalt in Rottenburg eingesessen, nachdem er sich an der badischen Revolution beteiligt hatte. „Das Freischaarenleben“, so berichtete er über jene Zeit, „hatte den schlimmsten Einfluß auf mich. Da haben wir wie die Wilden gelebt, im Wald übernachtet, Vieh genommen und geschlachtet und sonst geraubt, wo es Etwas gab. Wir sangen Freiheitslieder, soffen und fluchten.“[2]

Er und Mühleisen hatten sich 1852 im Zuchthaus in Ludwigsburg näher kennengelernt und schon hier Pläne geschmiedet, wie sie nach ihrer Entlassung zu Geld kommen könnten. Fuchs erzählte von einer Nachbarin seiner Eltern in Reutlingen, der Witwe des Bäckers Haarer, Katharine Haarer (geborene Müller), die ein Wirtshaus betrieb und als sehr vermögend galt. Der Schneidergeselle kannte die Örtlichkeiten und Gewohnheiten der Wirtin, deren Söhne oft erst spät nach Hause kamen. Die beiden Häftlinge beschlossen, hier ihr Glück zu versuchen.

Die zum Tode verurteilten Franz Jakob Mühleisen (links) und Robert Fuchs.

Nachdem Mühleisen am 17. August und Fuchs am 29. August 1853 aus der Strafanstalt entlassen worden waren, begab sich Letzterer nach Eningen, um mit Mühleisen die Ausführung des Planes näher zu besprechen und eine passende Gelegenheit auszusuchen. Obwohl Fuchs noch einmal für fünf Wochen ins Zuchtpolizeihaus musste und beide inzwischen Arbeit gefunden hatten – Mühleisen bei seinem Vater in Eningen und Fuchs bei einem Schneidermeister in Reutlingen – ließen sie nicht von der Ausführung ihres Vorhabens ab, die ihnen den Weg zu einer Auswanderung nach Amerika ebnen sollte.

Am Sonntag, dem 30. Oktober 1853, trafen sie sich gegen 14 Uhr in Reutlingen und zogen nun in verschiedenen Wirtshäusern umher. Nacheinander besuchten sie den Weingärtner Votteler, den Lindenwirt Heimberger, den Schneider Buck und den Weingärtner Riepert, bei dem sie mit zwei anderen Handwerksgesellen einige Flaschen Wein ausspielten. Nachdem Fuchs um 18 Uhr bei seinem Meister das Abendessen eingenommen hatte, ging er wieder zu Riepert zurück. Zwei Stunden später begaben sie sich in die Wirtschaft der Witwe Haarer, in der außer ihr ein weiterer Gast und ihre Tochter mit ihrem Mann, dem Tuchmacher Uber aus Reutlingen, anwesend waren. Die beiden Söhne der Wirtin waren wie erwartet ausgegangen.

Nachdem alle Gäste das Wirtshaus verlassen hatten und die Wirtin gegen 22 Uhr zu Bett gegangen war, drückten Mühleisen und Fuchs auf der Hinterseite des Hauses ein Stallfenster ein, öffneten die Tür und gelangten nun durch den Stall und die Scheuer und über den Hof an die hintere Haustür, die sie unverschlossen fanden. Sie schlichen nun die Treppe hinauf und betraten die Schlafstube der Witwe, die zunächst meinte, einer ihrer Söhne sei nach Hause gekommen. Die beiden Eindringlinge rissen die alte Frau an den Füßen aus dem Bett und warfen sie zu Boden. Sie versuchte zwar, sich zu wehren und um Hilfe zu rufen, die beiden aber fassten sie am Hals und würgten sie, bis sie kein Lebenszeichen mehr von sich gab. Anschließend hängten sie ihr Opfer am Halstuch des Schneidergesellen an der Stubentür auf. Mit einem der Toten abgenommenen Schlüssel öffneten sie eine Kommode, Barmittel fanden sie allerdings nicht. Einige Schmucksachen, die sie einer Schachtel entnahmen, waren nur ein geringer Ersatz für das viele Geld, das sie bei der Wirtin vermutet hatten. Mit dem Schmuck, einigen anderen Sachen und verschiedenen Papieren verließen sie nun eilig das Haus, da sie die Heimkehr der Söhne befürchteten. Der ältere von ihnen, Georg Adam Haarer, kam vor Mitternacht zurück und fand seine tote Mutter vor. Als auch die Tochter hinzukam, erkannte sie das Halstuch, an dem ihre Mutter aufgehängt worden war, als dasjenige, das Fuchs an jenem Abend in der Wirtsstube getragen hatte.

Noch in der gleichen Nacht kamen drei Polizeidiener zum Haus seines Meisters, um ihn festzunehmen, doch Fuchs gelang es zu entfliehen. Sein Komplize Mühleisen dagegen, der inzwischen nach Eningen zurückgekehrt war, wurde dort wenig später von einem Polizeiinspektor und einem Landjäger verhaftet und dem Oberamtsgericht Reutlingen übergeben. In seiner Kammer fand man Teile der Beute und ein Gedenkblatt, das den Namen Georg Adam Haarers trug. Er hatte einige Hautverletzungen, die wahrscheinlich von der Gegenwehr der Getöteten herrührten. Am Morgen des 1. November wurde er zum Tatort gebracht und seinem Opfer gegenübergestellt, er leugnete aber jede Teilnahme an dem Verbrechen ab. Die bei ihm gefundenen Sachen wollte er in der Nacht nach der Tat von Fuchs erhalten haben, als er sich auf dem Heimweg nach Eningen befunden habe.

Fuchs war in jener Nacht nach seiner Flucht ebenfalls nach Eningen gegangen, um Mühleisen vor Verfolgung zu warnen, doch er sah, dass dessen Haus schon umstellt war. Die nächsten Tage hielt er sich in Wäldern auf und schlief in Scheunen. Brot, das er sich gelegentlich kaufte, war seine einzige Nahrung. Als er am 6. November einem Schneidermeister in Tübingen mehrere Kleidungsstücke entwendete (und seine eigenen zurückließ), geriet die ganze Gegend in Aufregung und die abenteuerlichsten Gerüchte kamen in Umlauf. In sechs Oberämtern führte man Patrouillen durch, und Verwandte der Ermordeten setzten eine bedeutende Belohnung auf die Ergreifung des Flüchtigen aus. Dieser wandte sich in Richtung Schweiz, als am 14. November in Schaffhausen endlich seine Festnahme gelang. Rund eine Woche später war er wieder in Reutlingen. Er gestand ein, im Zuchthaus mit Mühleisen das Verbrechen geplant zu haben, behauptete aber, bei dem Mord nicht selbst Hand angelegt und sich nicht an dem Raub beteiligt zu haben. Im Februar 1854 wurden die beiden von Reutlingen nach Tübingen überführt.[3]

Am 18. März verurteilte der Gerichtshof die beiden Angeklagten wegen Mordes zum Tode durch Enthauptung. Mühleisen, der in der Verhandlung beim Ableugnen der Tat geblieben war, legte später im Gefängnis dem Ortsgeistlichen aus Eningen, Pfarrer Eisert, ein umfassendes Geständnis ab. Er hatte darauf vertraut, mit dem Leben davonzukommen, wenn er alles bestreite.[4]

Dass König Wilhelm I. ihnen keine Begnadigung gewährt hatte und das Urteil nach Ablauf von drei Tagen vollstreckt werden würde, eröffnete man den beiden Verurteilten am Mittag des 17. April 1854, dem Ostermontag. Gleichzeitig rückte eine Landjägerabteilung in Tübingen ein, die bis zur Exekution auf über 40 Mann erhöht wurde. Der Diakon Kuhn aus Reutlingen und Pfarrer Eisert übernahmen die seelsorgerische Betreuung der Verurteilten, die Besuche empfangen durften.[5]

Mühleisen schrieb aus der Haft einen langen, reumütigen Brief an seine Heimatgemeinde, den Pfarrer Eisert von der Kanzel vorlas. Hierin hieß es unter anderem: „Ich möchte gerne meiner lieben Heimath, der ganzen Gemeinde Eningen, einen Brief schreiben. Ich bin ein sterbender Mensch und möchte mein Herz ausschütten, ehe ich aus der Welt gehen muß, in der ich nicht verdiene länger zu leben [...] Was ich zuerst sagen will, ist das, daß ich die ganze Gemeinde inbrünstig um Verzeihung bitte für die Schande, die ich über sie gebracht habe, das ist nicht erhört, seit Eningen steht, daß ein Eninger als ein Mörder gerichtet worden ist, und jetzt bin ich es, um dessetwillen man ganz Eningen schmähen und verunehren wird.“[6]

Als Richtstätte wurde der zu dem Tübinger Anatomiegebäude gehörige Garten gewählt, wo Zimmerwerkmeister Joos aus Stuttgart am 20. April die von dort angelieferte „Hinrichtungsmaschine“ (Guillotine) aufstellte. Diese in Augenschein zu nehmen, war dem Publikum eine Zeitlang gestattet, „und es macht[e] dasselbe, insbesondere das weibliche Geschlecht, einen so starken Gebrauch von dieser Erlaubniß, daß die an den Zugängen aufgestellte Wachmannschaft über die Andrängenden kaum Meister“ wurde.[7]

Schon am frühen Morgen des 21. April begann das Zuströmen von Auswärtigen zu der Doppelhinrichtung. Die zu der Richtstätte führenden Straßen waren mit Neugierigen angefüllt. Um 5 Uhr wurde zuerst Fuchs in einer verschlossenen Kutsche unter starker Bewachung vom oberamtsgerichtlichen Gefängnis zum Anatomiegarten gefahren.

Beschreibung des württembergischen Fallbeils.

Zum Verständniß des Lesers folgt hier noch eine kurze Beschreibung des württ. Fallbeils:

a) Das Brett, auf welches der Delinquent (nachdem ihm eine Maske über's Gesicht gezogen ist) geschnallt und sodann unter das Beil vorgeschoben wird.

b) Das Fallbeil, 33 Pfund (und mit dem darüber befindlichen Bleiklotze 90 Pfund) schwer. Dasselbe fällt 10 Fuß hoch herab.

c) Die Oeffnung, zwischen welche der Kopf des Delinquenten zu liegen kommt.

d) Der Scharfrichter, welcher auf ein gegebenes Zeichen vermittelst einer Schnur das an einer eisernen Stange befestigte Beil fallen läßt.

e) Der Korb, in welchen der Kopf des Delinquenten fällt.

Die Execution vollzieht Scharfrichter Schwarz von Oehringen mit 2 Gehülfen. Der Zutritt ist blos gegen Vorzeigung einer Karte, welche vom Bezirksgericht abgegeben wird, ehrbaren Personen in feierlicher Kleidung gestattet.

Beschreibung der württembergischen Guillotine anlässlich der Doppelhinrichtung Mühleisen/Fuchs.

Es handelte sich um eine Postkutsche, da die Tübinger Kutscher „sämmtlich die Fahrt mit Rücksicht auf etwaige Vorurtheile des Publikums und für sie möglicherweise daraus entstehende Nachtheile verweigert haben sollen“.[8] Nach der üblichen Ansprache durch den Gerichtsvorstand, der Verlesung des

Urteils, der Stabbrechung und einem Gebet nahm Scharfrichter Schwarz aus Öhringen die Guillotinierung in Anwesenheit von etwa 200 Personen vor. Währenddessen erklang das Armesünderglöckchen auf dem Rathaus, das seit langen Jahren nicht mehr geläutet worden war. Nachdem der Leichnam entfernt worden war, wurde die Guillotine, „die ihren blutigen Dienst ebenso rasch als sicher geleistet hat", gereinigt, was kaum fünf Minuten in Anspruch nahm.[9]

Es trat nun eine Pause ein, bis Mühleisen aus dem Gefängnis herbeigeholt worden war. Bei seiner Hinrichtung fiel der Kopf nicht in den Korb, sondern links daneben auf den Boden. Dies soll laut Presse dadurch herbeigeführt worden sein, „daß der Kopf durch den heftigen Schlag so sehr geschnellt wurde, daß dem ihn haltenden Gehülfen die Haare in der Hand blieben und die gehörige Richtung im Falle verloren gieng. Ein solcher Zufall mag zu den seltenen gehören, immerhin aber ist er geeignet, das Peinliche und Widerliche des Augenblicks zu vermehren, und es sollte daher demselben für künftig um so mehr vorgebeugt werden, als dieß unseres Dafürhaltens durch eine nach Höhe und Breite entsprechendere Form des Korbes leicht geschehen könnte. Alsbald nach der Exekution wurden die Leichname in das nur wenige Schritte entfernte anatomische Theater gebracht, und es sollen die dort angestellten Versuche überraschende Resultate ergeben haben, über welche Bericht zu erstatten wir aber natürlich Männern vom Fache überlassen müssen."[10]

Die Stadt Tübingen sollte nicht zur Ruhe kommen, denn schon in kürzester Zeit stand die nächste Hinrichtung an.

Verwandtenmord in Böhringen, 1853

Am Abend des 3. Dezember 1853, einem Samstag, saß der Wirt des „Hirschen", Christoph Scheer aus Böhringen (Römerstein), ein allgemein geachteter Mann, in seinem zu ebener Erde befindlichen Arbeitszimmer und schrieb an seinem Schreibtisch einen Brief, als er durch einen von außen her durch das Fenster auf ihn abgefeuerten Schuss getötet wurde. Von 40 groben Schroten in den Kopf getroffen, sank er augenblicklich leblos zu Boden.

Unter der Anklage, diesen Mord verübt zu haben, stand sein eigener Schwager, der 53-jährige Kaufmann Johann Georg Ensinger, vor dem Tübinger Schwurgericht. Der Prozess begann am 20. März 1854, also nur zwei Tage nach der Urteilsverkündung über Mühleisen und Fuchs.

Nachdem sich der Angeklagte in Böhringen ansässig gemacht hatte, heiratete er 1824 eine Tochter des früheren „Hirschwirths" Schilling.[11] In der Presse wurde er als „kalter, verschlossener, selbstsüchtiger Mensch" geschildert, der seine Frau und Kinder oft unmenschlich behandelt habe.[12] Auch Tieren gegenüber soll er grausam gewesen sein: „So schnitt er der Ziege eines ihm verhaßten Nachbarn, welche in seinen Garten kam, beide Ohren ab und ließ sie wieder laufen."[13]

Eine Schwester seiner Frau verehelichte sich mit Scheer, dem die Wirtschaft samt dazugehörigen Gütern übergeben wurde. Schon dieser Umstand schien den Neid und Hass seines Schwagers hervorgerufen zu haben. Hinzu kam ein Zerwürfnis zwischen den beiden bezüglich ihres Verhältnisses zu der Böhringer Zielerkasse. Ensinger war anfangs Kassierer dieser Kasse, da er sich aber wiederholt verschiedene Ordnungswidrigkeiten zuschulden kommen ließ, wurde ihm die Kassenführung entzogen und seinem Schwager Scheer übertragen, der nun wegen Unregelmäßigkeiten im Kassenbestand mehrfach gegen Ensinger klagen musste. Dieser kam dadurch in Geldverlegenheiten und machte aus seinem Hass gegen seinen Schwager keinen Hehl. Öfters hörte man von ihm Äußerungen wie: „Aber dem Hirschwirth, dem mach' ich noch warm! der ist mein größter Widersacher!" Schon längere Zeit vor der Tat war er abends häufig um das Wirtshaus herumgeschlichen, um, wie er sagte, „frische Luft zu schöpfen oder den Kometen zu sehen". Tatsächlich aber wollte er eine Gelegenheit ausspähen, wie er am sichersten seinen Todfeind aus dem Weg schaffen könnte.[14]

Am Nachmittag des 3. Dezember war er mit seiner Doppelflinte auf die Jagd gegangen und kam um 18 Uhr wieder nach Hause, ohne dass jemand während dieser Zeit einen Schuss von ihm gehört hätte. Sein Gewehr stellte er auf den Abtritt, wo er es leicht und unbemerkt holen und wieder abstellen konnte. Gegen 20.45 Uhr sah man einen wie Ensinger gekleideten Mann am „Hirschen" bei den Fenstern des Nebenzimmers, in dem Scheer saß, und wenige Augenblicke nachher fiel der Schuss, der den Wirt zu Boden streckte.

Unmittelbar nach der Tat ordnete der Böhringer Schultheiß an, dass alle Gewehre im Dorf untersucht werden sollten. Das erste Haus, das durch einen Landjäger und einen Gemeinderat durchsucht wurde, war dasjenige von Ensinger. Als sie dort ankamen, nahmen sie gleich einen Pulvergeruch wahr. Ensinger führte sie zu seinem Gewehrkasten, in dem sich eine Büchse und drei Pistolen befanden. Den Besitz weiterer Waffen verneinte er. Erst als ihm der Landjäger entgegenhielt, dass er doch auch eine Doppelflinte habe, zeigte Ensinger diese vor. Der linke Lauf roch stark nach Pulver, sodass man davon ausgehen konnte, dass daraus kurz zuvor geschossen worden war. Ensinger wurde daraufhin verhaftet.

Ein weiterer Verdachtsgrund bestand darin, dass man von seinem Haus bis zum „Hirschen“ Fußspuren entdeckte, in welche seine Stiefel genau passten. Dazu kam, dass im Kopf des Ermordeten aufgefundene Schrote das gleiche Gewicht und die gleiche Beschaffenheit aufwiesen, wie die, die sich im Schrotbeutel und in der Doppelflinte Ensingers befanden.[15]

Wie schon nach seiner Verhaftung blieb der Angeklagte auch vor dem Schwurgericht bei einem Ableugnen der Täterschaft, dem öffentlichen Ankläger gelang es aber, „das aus Widersprüchen zusammengesetzte Gewebe der Entschuldigungen und Lügen Ensingers zu zerreißen“.[16] Am Nachmittag des 23. März 1854 fasste der Präsident die Verhandlung noch einmal zusammen, worauf sich die Geschworenen mit der ihnen vorgelegten einzigen Frage in ihr Beratungszimmer zurückzogen. Nach Dreiviertelstunden verkündete der Kaufmann Benjamin Knapp aus Reutlingen als Obmann das Schuldig des Mordes, worauf der Präsident das Todesurteil verkündete.[17]

Der am 22. April 1854 hingerichtete Johann Georg Ensinger.

Anfang April schrieb der Verurteilte einen Brief an die Witwe seines Schwagers, worin er ein reumütiges Bekenntnis des Mordes ablegte und sie mehrmals um Verzeihung bat. Er bemerkte zugleich, „im Uracher Gefängniß sei ihm sein getödteter Schwager als Geist in weißer Gestalt erschienen, habe ihm die Hand zur Versöhnung gereicht und ihn dann umarmt, auch sei er hiebei in völlig wachendem Zustande gewesen“.[18]

Ihm wurde am Nachmittag des 18. April eröffnet, dass sein Begnadigungsgesuch und das seiner Familie vom König abgewiesen worden waren.

Seine Hinrichtung nahm man am 22. April 1854 in Tübingen vor, also nur einen Tag nach der Doppelhinrichtung von Fuchs und Mühleisen.[19]

Ein „Freundes-Mörder" aus Bleichstetten vor Gericht, 1858

Am 28. Juni 1858 begann in Tübingen die Schwurgerichtsverhandlung gegen den ledigen Maurer und Glasmaler Stephan Werner aus Bleichstetten (St. Johann) wegen Mordes. Der Beweistisch glich einem „Kramladen, indem auf demselben eine Menge Kleidungsstücke, eine Pistole, eine Terzerole, Prägestempel, falsche Münzen, Glasmalereien, Zeichnungen etc. aufgelegt sind".[20]

Der 31-jährige Angeklagte nahm allein die erste Reihe der Anklagebank ein. Hinter ihm saßen vier Frauen, die der Begünstigung beschuldigt waren, darunter seine Geliebte, die 19 Jahre alte Judith Maria Weiler aus Gächingen (St. Johann).

Porträt von Stephan Werner aus Bleichstetten.

Was das dem Angeklagten zur Last gelegte Verbrechen angeht, war der Anklageschrift Folgendes zu entnehmen: Seit dem Abend des 23. Oktober 1857 wurde in Bleichstetten der ledige, 33-jährige Bauer Andreas Nau vermisst. Er hatte im Haus seiner verstorbenen Eltern, das sein verheirateter Bruder Georg Adam Nau übernommen hatte, in einer Kammer sein Bett und seinen Kasten stehen, in dem er seine Habseligkeiten, Kleidung, Geld und dergleichen, verwahrte. In dieser Kammer hatten auch die Magd Judith Maria Weiler und ein Kindermädchen seines Bruders ihre Schlafstätten. Tagsüber hielt er sich bei einem anderen Bruder auf, dem Gemeinderat Johannes Nau aus Bleichstetten, bei dem er in Arbeit und Kost stand. Da Nachforschungen hinsichtlich des Vermissten erfolglos blieben, musste man befürchten, dass ein Verbrechen zugrunde lag.

Der Angeklagte, Sohn des Waldschützen und Nachtwächters Jakob Friedrich Werner aus Bleichstetten, legte in der Schule außergewöhnliche Begabungen an den Tag. Seine Altersgenossen sagten von ihm, „auf 6 Stunden Wegs habe man keinen besseren Schüler getroffen".[21] In der Lehrzeit bei einem Maurer freundete er sich allerdings mit dem Trinken an und begann mit Diebstählen, Betrügereien und Fälschungen. Das führte dazu, dass er im Laufe der Zeit insgesamt 75 Monate und drei Wochen in württembergischen und badischen Strafanstalten zubringen musste.

Am 25. Juni 1857 aus dem Zuchtpolizeihaus nach Bleichstetten zurückgekehrt, arbeitete er einige Zeit an einem von Johannes Nau betriebenen Bau und trat dann Anfang August in den Dienst von Georg Adam Nau. Seit Ende August ging er keiner regelmäßigen Beschäftigung mehr nach. Zwar beschäftigte er sich mit Glasmalen, verdiente aber damit nicht viel. Dennoch trieb er sich gerne in Wirtshäusern herum und führte ein aufwendiges Leben. Woher aber hatte er das Geld dazu?

Während seiner Beschäftigung bei Johannes Nau hatte er dessen nicht unvermögenden Bruder Andreas kennengelernt und wusste sich in sein Vertrauen einzuschleichen. Obwohl er eine Schlafstelle bei einem Bleichstetter Krämer hatte, nistete er sich bald bei Andreas Nau so sehr ein, dass dieser sein Bett in seiner Kammer mit ihm teilte. Die „Freundschaft" intensivierte sich noch, als Werner bei Georg Adam Nau arbeitete und beköstigt wurde. Mit dessen Magd, Judith Maria Weiler, knüpfte er ein Verhältnis an, und „war nun in diesem Hause wie in seinem eigenen".[22]

Andreas Nau vermehrte zu jener Zeit seinen Besitz durch den Verkauf von Gütern. Das erlöste Geld, etwa 1.000 Gulden, bewahrte er teilweise in seinem Kasten in der Schlafkammer auf, was Werner nicht verborgen blieb. Um diese Geldquelle für sich zu erschließen, machte er Nau vor, er könne Falschgeld herstellen. Er zeigte ihm eine Bleiform, worin er bayerische Zweiguldenstücke gießen zu können vorgab. Auch wollte er Papiergeld „durch Abdrücke ächter Scheine auf Blei" nachmachen können. Die Aussicht, auf so leichte Weise Geld zu bekommen, war zu lockend für Nau, der nun größere Summen zur angeblichen Anschaffung von Materialien beisteuerte.[23]

Wie Werner, der das Geld verprasste, später aussagte, war Nau mit dem Ergebnis der Falschmünzerei höchst unzufrieden. Die wenigen gefertigten Münzen waren nicht unter die Leute zu bringen, und auf Papiergeld wartete er vergebens. Als er schließlich sein Geld zurückverlangte und mit einer Anzeige drohte, verfiel Werner, der keinesfalls wieder ins Zuchthaus wollte, auf den Gedanken, ihn umzubringen. Nach außen ließ er sich nichts anmerken: Am Sonntag, dem 18. Oktober 1857, stürzte er sich auf dem Kirchweihfest in „Tanz- und Trinkgelage, wo er sich durch ungewöhnliche Verschwendung bemerklich machte".[24]

Nachdem er am 23. Oktober bei Georg Adam Nau zu Abend gegessen hatte, nahm Werner eine Pistole an sich und verließ gegen 18.30 Uhr das Haus. Im Dorf wartete er auf Andreas Nau, der von der Arbeit kam, und überredete ihn zu einem Spaziergang, um über Verschiedenes sprechen zu können. Auch stellte er ihm die Rückzahlung von Geld in Aussicht. In einem nur wenige Minuten von Bleichstetten entfernten Wald in Richtung Würtingen angekommen, legte er von hinten aus geringer Entfernung auf den Kopf Naus an, aber die Zündkapsel versagte. Nau hatte das Geräusch des Hahns gehört und sagte: „Was machst du denn? ich glaube, du willst mich erschießen!", worauf Werner antwortete: „Es war nur Spaß!" Er hatte die Pistole inzwischen wieder instand gesetzt und schoss nun aus nächster Nähe dem auf ihn zukommenden Nau in den Unterleib. Dieser hatte dennoch die Kraft, Werner anzugreifen und zu Boden zu werfen. Letzterer lag unter seinem Kontrahenten, als er ein Messer in Naus Tasche bemerkte. Er zog es heraus und versetzte damit Nau einen Stich in den Hals. Werners rechter Arm wurde frei und nun schlug er mit der umgekehrten Pistole Nau so lange auf den Kopf, bis er ihn für tot hielt. In Bleichstetten wusch er sich an einem Brunnen und zog sich saubere Kleidung an. Als er später noch einmal zum Tatort ging, fand er den Verstorbenen an einer anderen Stelle vor – dieser hatte sich also noch ein Stück fortgeschleppt.[25]

Am nächsten Tag sagte Werner der Nau'schen Familie, er habe in der Nacht gesehen, wie Andreas an seinem Kasten gestanden, seine Kleidung eingepackt und sich damit entfernt habe. Er nehme an, dass er in die Schweiz aufgebrochen sei. Später gab er zum Besten, der Verschwundene könnte auch nach Amerika ausgewandert sein, denn er habe sich nach Marschrouten in verschiedene Seestädte erkundigt. Die Angehörigen wunderten sich zwar, nahmen Nau aber offenbar die Geschichte ab.[26]

Dieser begab sich am Tag nach der Tat wieder in den Wald und nahm seinem Opfer das Geld, eine Uhr und einige andere Gegenstände ab. Später wollte er die Leiche begraben, es grauste ihn aber nach eigenen Angaben so sehr, dass er sich damit begnügte, sie mit Laub zu bedecken. In der Kammer Naus öffnete er mit einem dem Toten entwendeten Schlüssel den Kasten seines

Opfers, in dem sich das ersehnte Geld befand. Er verkaufte und versetzte nach und nach den größten Teil der Habe des Getöteten, „vergeudete den Erlös in den Wirthshäusern und führte nun mit seiner Geliebten, Maria Weiler, ein lustiges Leben. [...] Nachts schlief er während dieses Sündenlebens in dem Bette des Ermordeten, das seine Geliebte häufig mit ihm theilte.“[27]

Werner machte aber einen Fehler: Im Weinrausch tätigte er einige Äußerungen, die ihn der Tat verdächtig erscheinen ließen. Auch zeigte er einige Gegenstände vor, die Zeugen als Eigentum Naus erkannten. Als man erfuhr, dass er in Urach eine silberne Kette und eine Hutschnalle verkauft hatte, die offensichtlich Nau gehörten, wurde eine gerichtliche Untersuchung gegen ihn eingeleitet. Das Schultheißenamt Bleichstetten ließ ihn am 7. Dezember 1857 verhaften. Drei Tage später wurde die schon stark verweste Leiche Naus im Wald gefunden. Auf dem Weg zum Oberamtsgericht Urach flüchtete Werner, konnte aber am 15. Dezember in Schemmerberg (Schemmerhofen) wieder festgenommen werden. Nach längerem Leugnen räumte er unter der drückenden Beweislast ein, Nau getötet zu haben, bestand aber darauf, in Notwehr gehandelt zu haben, weil er von Nau mit einem Messer angegriffen worden sei.

☞ 2172) **Werner,** Stephan, Maurer u. Glasmaler a. Blaichstetten. Alter: 30 J.; Statur: schlank, 6'; Haare: schwarzbraun; Augenbr.: dunkel; Augen: grau; Nase: etwas spitz; Mund: gew.; Zähne: gut; Bart: kurzes, schwarzes Schnurrbärtchen; Gesicht: voll, gesund. Sprache: Deutsch im schwäb. u. bad. Dialecte. Benehmen: Gewandt. Bes. Kennz.: Unstäter Blick.. Kleidung: Königsblauer, kurzer Tuchrock mit schwarzem Sammetkragen; dunkele, abgetragene Hosen von Wollenstoff, durch einen schwarzled. Gürtel um den Leib gehalten; neue, carr. Sommerweste; weißer, runder, abgetragener Hut; das Halstuch gewöhnlich in lange Flügel gebunden u. den Hemdkragen darüber herausgeschlagen. Derselbe ist schon mehrmals mit Arbeitshausstrafen belegt worden, neuerdings verdächtig, den seit 23/10. c. mit 3—400 fl. u. fast allen seinen Kleidern vermißt gewesenen u. gestern im Walde zwischen Blaichstetten u. Würtingen getödtet aufgefundenen Andreas Nau a. Blaichstetten ermordet zu haben, seit 7/12. c. Abends flüchtig u. wohlverwahrt anher einzuliefern. Urach, 11/12. 57. K. Württ. O.-Amtsgericht,

Steckbrief zur Ergreifung Werners vom 11. Dezember 1857.

Im Oberamtsgefängnis in Urach setzte Werner alles daran, die Freiheit wiederzuerlangen. Dabei kam ihm zunutze, dass der dortige Gerichtsdiener/Gefängniswärter Epple die Aufsicht über die Häftlinge nur sehr nachlässig führte und auch seine Frau und seine 18-jährige Magd Rosine Rieger damit beauftragte. Unter der Aufsicht dieser beiden Frauen durfte Werner Briefe an seine

Geliebte schreiben und sich von ihr besuchen lassen. Dabei schmuggelte sie – unter anderem in einem Kopfkissen – wiederholt Gegenstände in seine Zelle, die ihm die Flucht ermöglichen sollten. Bei der Beschaffung dieser Gegenstände (beispielsweise Bohrer, Talglichter und Zündhölzer) wurde sie von ihrer Schwester Barbara Weiler unterstützt.

Werner hatte Frau Epple versprochen, sie auf Glas zu malen, und sich damit ihre Gunst erworben. Sie saß sogar in seiner Zelle Modell. Um das Glas „recht schön glatt feilen zu können", erbat er sich von ihr eine Feile, die sie ihm tatsächlich gab. Er benutzte sie, um sich seiner Fußfessel zu entledigen: „Jetzt war er wenigstens im Gefängnisse ganz frei."[28]

Nach einigen Versuchen gelang es ihm, so viele Löcher in die Eichentür seiner Zelle zu bohren, dass er ein Stück herausbrechen konnte. In der Nacht vom 18. auf den 19. April 1858 schlüpfte er durch die entstandene Öffnung und entkam. Seine Flucht führte ihn über die Rheinbrücke bei Diessenhofen auf schweizerischen Boden. Hier glaubte er sich sicher, wurde aber schließlich am 10. Mai bei Konstanz verhaftet. Durch einen Brief an seine Geliebte war sein Aufenthaltsort bekannt geworden.[29]

Nachdem die Voruntersuchung beendigt worden war, kam Werner am 25. Mai 1858 unter großem Menschenzulauf in Tübingen an und wurde im Gefängnis auf dem Schloss inhaftiert. Bei seiner Verhandlung blieb er fortwährend bei der Ausrede der Notwehr. Dass er „nicht zu den gewöhnlichen Alltagsmenschen gehörte, daß er vielmehr mit seltenen Geisteskräften und tiefem Verstande ausgerüstet war, bewies er im Laufe der Schwurgerichtsverhandlung durch seine ins Tiefste durchdachte, oft von juridischem Scharfsinn zeugende Vertheidigung".[30] Dies bewahrte ihn aber nicht davor, am 2. Juli 1858 vom Gerichtshof wegen Mordes zum Tode verurteilt zu werden. Judith Maria Weiler wurde wegen der Unterstützung bei seinem Ausbruch zu sechs Monaten Kreisgefängnis verurteilt. Frau Epple, die Magd Rosine Rieger und Barbara Weiler erhielten Freispruch.[31]

Unter dem Einfluss seines Seelsorgers, Helfer Heermann aus Tübingen, legte Werner am 11. Juli doch noch ein Geständnis ab. Einen Tag später schrieb er seiner Geliebten, die bereits ins Ulmer Kreisgefängnis abgeführt worden war, einen reuevollen Brief. Er bat sie um Verzeihung „und ermahnte sie auf's Dringendste, sich doch ja von den verderblichen Einflüssen der Strafanstalt ferne zu halten; denn er selbst sei schlimmer aus dem Zuchthause herausgekommen, als wie er dasselbe betreten".[32]

Scharfrichter Schwarz nahm am Morgen des 31. Juli 1858 die Hinrichtung Werners im Anatomiegebäude vor. Seit der Bestätigung des Todesurteils durch den König war das Oberamtsgericht zur Erlangung von Einlasskarten zum Hinrichtungsplatz regelrecht überlaufen worden. Nachdem Werner in die Hände des Scharfrichters übergeben und ein Gebet gesprochen worden war, äußerte der Verurteilte: „Ich weiß, daß ich durch mein schweres Verbrechen die Strafe verdient habe, und lege deßhalb mein schuldiges Haupt unter das Fallbeil. Ich bitte Gott um Segen beim Ausgang aus dieser Welt. Herr Jesus, ich befehle meinen Geist in deine Hände."[33]

Raubmord an dem Schultheißen von Altbulach, 1863

Der Straßenwart Schröckh verließ am 11. Dezember 1863 in Begleitung seines Sohnes seinen Heimatort Hohenwart (Stadtteil von Pforzheim), um sich auf seinen Posten auf der nach Calw führenden Landstraße zu begeben. Unterwegs entdeckte er in einem Tannengebüsch in der Nähe eines Baches die Leiche eines älteren Mannes. Er berührte sie nicht und blieb bei ihr stehen, während sein Sohn dem Bürgermeister in Huchenfeld davon Anzeige machte, der schleunigst das Amtsgerichtspersonal herbeiholte.

Man fand bei der Leiche einige Papiere, auf der die Adresse des Schultheißen Schöllhammer aus Altbulach (Stadtteil von Neubulach) notiert war. Nach Huchenfeld geholte Angehörige bestätigten, dass es sich bei dem Toten um den Schultheißen handelte. Dieser hatte am 8. Dezember Altbulach verlassen, um über Pforzheim mit der Eisenbahn nach Stuttgart zu reisen. Nachdem er dort seine Geschäfte erledigt hatte, fuhr er am nächsten Morgen mit der Eisenbahn nach Pforzheim zurück, um von dort zu Fuß nach Hause zu gelangen. Der 62-Jährige war zuletzt auf dem Weg von Pforzheim nach Huchenfeld und von da auf dem durch den Wald führenden Fußweg nach Unterreichenbach gesehen worden, und zwar in Begleitung eines jungen, ziemlich schlecht gekleideten Mannes, der später allein in Unterreichenbach eintraf. Die Ermittlungen ergaben, dass dieser Begleiter der ledige Flößer Christoph Friedrich Kull aus Neusatz (Bad Herrenalb) war. Es gelang der Polizei, ihn am 15. Dezember in seinem Elternhaus in Neusatz zu verhaften. Das Oberamtsgericht in Neuenbürg leitete sofort eine Untersuchung wegen Mordes gegen ihn ein, als deren Folge er sich vor dem Schwurgericht Tübingen zu verantworten hatte.

Der Ende April 1840 geborene Angeklagte, Vater des Zimmermanns Christoph Kull, besuchte bis zu seinem 14. Lebensjahr die Schule in Neusatz und kam danach nach Neuenbürg, um bei einem dortigen Meister die Flößerei zu erlernen. Hinsichtlich seiner anschließenden Militärzeit gab ihm sein Regimentskommando „das Zeugniß eines im nüchternen Zustande brauchbaren, gewandten und zuverlässigen Soldaten".[34] Nach seiner Entlassung aus dem Militär im Jahr 1863 begab er sich nach Neuenbürg zurück, statt aber zu arbeiten, hielt er sich lieber in Wirtshäusern auf, wodurch er in Schulden geriet.

Nachdem drei Versuche, unter anderem beim Wirt des „Adlers“ in Neuenbürg, sich auf verbrecherische Weise Geld zu verschaffen, misslungen waren, hielt sich Kull am 8. Dezember 1863 in Pforzheim auf. Er übernachtete im „Karpfen“ und verließ am nächsten Morgen sein Quartier, ohne bezahlt zu haben.

Beim Durchstreifen der Stadt erblickte er mittags den Schultheißen, bei dem er aufgrund seiner guten Kleidung einiges an Bargeld vermutete. Er verfolgte ihn zur Stadt hinaus und schloss sich ihm unter dem Vorwand an, in die gleiche Richtung zu wollen. Auf dem Fußweg nach Unterreichenbach, „Beutelweg“ genannt, blieb Kull im Wald etwas hinter dem Schultheißen zurück, hob unbemerkt einen Stein auf und eilte seinem Begleiter wieder nach, dem er dann mit dem Stein einen solchen Schlag auf den Kopf versetzte, dass er ohnmächtig zu Boden sank. Um ihn vollends zu töten, schlug er weiter auf ihn ein, schleppte ihn am Mantelkragen zum Rand einer Schlucht und warf ihn hinein. Nun kletterte er hinunter und durchsuchte die Kleidung und die Reisetasche des Schultheißen, der auf eine Steinplatte gefallen war. Als dieser zu röcheln begann, hob Kull mit beiden Händen einen schweren Stein auf und warf ihn mehrmals auf sein Opfer. Seine Beute bestand unter anderem aus dem Bargeld des Getöteten, einer silbernen Uhr, einer silbernen Brille, Lederhandschuhen und einem Hemd, das er an Ort und Stelle statt seines blutigen anzog. Die Stiefel und Socken des Ermordeten versteckte er unter Steinen und Moos, um sie später an sich nehmen zu können. Darauf zog er den Leichnam in das Tannengebüsch, in dem er später gefunden wurde.[35]

Kull erschlägt den Altbulacher Schultheißen Schöllhammer.

Bei seiner Einlieferung an den Sitz des Schwurgerichts äußerte Kull, „wenn ihn der Arm der Gerechtigkeit nicht kürzer mache, so werde er selbst dieß thun, da er keine Freude an längerem Leben mehr habe".[36] Er wiederholte bei seinem Prozess am 4. April 1864 sein schon vorher abgelegtes Geständnis, woraufhin er vom Gerichtshof zum Tode durch Enthauptung verurteilt wurde.[37] Er hoffte auf die Gnade König Wilhelms I., der allerdings am 27. April 1864 das Todesurteil bestätigte, was dem Verurteilten am 2. Mai um 18 Uhr eröffnet wurde.[38] Seine Hinrichtung mit der Guillotine nahm Scharfrichter Schwarz (I. Gehilfe: Kleemeister Sebastian Ritter aus Rottweil)[39] am Morgen des 6. Mai 1864 in Tübingen vor. In früher Morgenstunde verkündigten die Klänge der Armensünderglocke der Einwohnerschaft, dass der Akt bevorstand. Um 5 Uhr morgens verließ der Delinquent die Räume seiner Zelle im oberamtsgerichtlichen Gefängnis auf dem Schlossberg und bestieg mit dem Gefangenenaufseher und dem Ortsgeistlichen seines Heimatorts einen vierspännigen Wagen, der nach dem Einsteigen geschlossen wurde. Die Exekution mit der aus Stuttgart herbeigeschafften „Hinrichtungsmaschine"[40] erfolgte „auf der Anhöhe des Oesterbergs, deren umzäunter Raum hinter dem Anatomiegebäude zur Richtstätte gewählt" wurde.[41]

Doppelmord in Wurmlingen, 1881

Am 18. November 1881 morgens um 8 Uhr wurden der 78 Jahre alte Bauer Josef Weiß aus Wurmlingen und seine drei Jahre jüngere Ehefrau in der Wohnstube ihres von ihnen allein bewohnten Hauses erschlagen aufgefunden. Da sie, wie in der ganzen Umgegend bekannt, ein großes Kapitalvermögen, auch ungarische Ostbahnobligationen, besaßen, nach der Tat aber diese ungarischen Wertpapiere fehlten und auch an barem Geld nur noch wenig vorhanden war, lag von Anfang an der Verdacht eines Raubmordes vor.

Der Täter blieb längere Zeit unbekannt. Erst am 10. Januar 1882 wurde der 40 Jahre alte Nagelschmied Jakob David Reichardt aus Entringen (Ortsteil von Ammerbuch), gebürtig aus Echterdingen (Leinfelden-Echterdingen), der sich durch einen auffallenden Geldbesitz und -aufwand verdächtig gemacht hatte, durch den Tübinger Landjägerstationskommandanten festgenommen, und es zeigte sich schon bei der ersten Vernehmung, dass er, Vater von vier Kindern, der Täter war. Sein Schwurgerichtsprozess fand am 23. März 1882 „unter großem Zudrange des Publikums" in Tübingen statt.

Er gab an, das Verbrechen aus Not und unter großer Schuldenlast verübt zu haben. Am Mittag des 17. November 1881 habe er Weiß in Wurmlingen um ein Darlehen gebeten, sei aber entschieden abgewiesen worden. Auf dem

Heimweg sei ihm der Gedanke gekommen, noch einmal nach Wurmlingen zu gehen, sich dort in das Weiß'sche Haus einzuschleichen und sich durch Diebstahl Geld zu verschaffen. Dies habe er auch sofort ausgeführt, sei gegen 21 Uhr durch ein an der Hinterseite des Stalles angebrachtes Fenster in das Haus eingestiegen und dann mit ausgezogenen Stiefeln die Treppe hinauf ins Wohnzimmer geschlichen, wo die Frau geschlafen habe. Da er kein Behältnis gesehen habe, in dem Geld hätte sein können, sei er in die nebenanliegende Kammer gegangen, wo der 78-Jährige anscheinend fest schlafend im Bett gelegen habe. Dort habe er nun die nicht verschlossene Klappe eines Kastens geöffnet, um nach Geld zu sehen. Weiß sei aber hierüber erwacht und dabei „Feurio" geschrien, was ihn, Reichardt, veranlasst habe, das Licht zu löschen und die Kammer zu verlassen, um zu fliehen, er sei aber von Weiß mit Geschrei verfolgt und am Arm festgehalten worden. Jetzt habe er diesem mit einem Beil mehrere Schläge auf den Kopf versetzt, bis er nur noch geröchelt habe. Da gleichzeitig Frau Weiß in ihrem Bett angefangen habe zu schreien, habe er auch auf sie eingeschlagen, bis sie still gewesen sei. Hierauf habe er sein Licht wieder angezündet, um nach dem „Geldvorrathe" zu suchen. Aus einer Kommodenschublade habe er acht Staatsobligationen und aus einem Kästchen ein Säckchen mit Bargeld an sich genommen. Dann habe er sich auf den Heimweg nach Entringen begeben, wo er um 23 Uhr angekommen sei.

Schon um 3 Uhr sei er aber wieder aufgestanden, nach Tübingen gegangen und mit dem Frühzug nach Stuttgart gefahren. Hier habe er fünf der ungarischen Obligationen an Bankiers verkauft. Von dem Geld habe er etwa 1.000 Mark zur Schuldenrückzahlung verwendet und den Rest von etwa 1.400 Mark in einem Säckchen vergraben. Dieses habe er einige Wochen nach der Tat, als er sich in Rottenburg über Papiere für eine Auswanderung nach Amerika habe erkundigen wollen, in den Neckar geworfen, da er sich verfolgt zu sein geglaubt habe. Diese Angabe war offenbar unwahr, da die nach dem Geld angestellten Nachforschungen – selbst ein Taucher wurde zu diesem Zweck eingesetzt – ohne jeden Erfolg geblieben waren.

Wenn auch der Angeklagte die Täterschaft uneingeschränkt einräumte, so leugnete er doch ebenso entschieden, hierbei die Absicht gehabt zu haben, die Weiß'schen Eheleute zu töten. Sich dem anschließend, plädierte sein Verteidiger, Rechtsanwalt Hofmeister aus Tübingen, auf qualifizierten Totschlag, während seitens des Staatsanwalts die für Mord sprechenden Gründe dargelegt wurden. Den Geschworenen legte man drei Fragen bezüglich Mord, Raub und Totschlag vor. Sie bejahten nach kurzer Beratung die beiden ersten Fragen, worauf das Gericht den Angeklagten wegen zweifachen Mordes und schweren Raubes zur Todesstrafe verurteilte.[42]

Am 17. Mai 1882 gegen 5 Uhr fand die Enthauptung des Verurteilten in Tübingen statt. Schon lange vor der festgesetzten Stunde war der Weg vom Schlossberg bis zum Eingang der zur Anatomie führenden Österbergstraße von einer großen Menschenmenge umlagert, die von Minute zu Minute wuchs. Der Zutritt zur Anatomie war nur den mit Einlasskarten versehenen beziehungsweise offiziell zur Hinrichtung berufenen Personen gestattet, darunter zwölf von den bürgerlichen Kollegien abgeordnete Zeugen. Insgesamt waren 100 Einlasskarten ausgegeben worden, viele darum Nachsuchende mussten abgewiesen werden. Von 4.30 Uhr an nahmen die zugelassenen Personen innerhalb der Hinrichtungsstätte, die von einer sechs Meter hohen Bretterwand umgeben war, auf dem für sie bestimmten, etwas erhöhten Raum Aufstellung. Das Schafott mit der Guillotine befand sich auf der entgegengesetzten Seite der Richtstätte, unmittelbar an der den Hof abschließenden Mauer. Die Hinrichtung nahm Scharfrichter Schwarz mit zwei Gehilfen vor.[43]

Die Stieftochter verbrannt, Kiebingen 1887

Im September 1887 stand die 29-jährige Franziska Langheinz (geborene Eggenweiler)[44] aus Kiebingen (Stadtteil von Rottenburg am Neckar) unter der Anklage des Mordes an ihrer Stieftochter vor dem Schwurgericht Tübingen. Die Details der Tat waren so entsetzlich, „daß das zahlreich anwesende Publikum am liebsten Lynch Justiz an der Verbrecherin geübt hätte".[45]

Die angeklagte frühere Dienstmagd hatte 1885 ihren Arbeitgeber, den Bauern Joachim Langheinz aus Kiebingen, geheiratet, dessen erste Frau (Katharina, geborene Balm)[46] drei Jahre zuvor gestorben war. Aus dieser ersten Ehe stammte seine am 16. Februar 1879 geborene Tochter Juliane, die ein in der Nutznießung des Vaters stehendes Erbe ihrer Mutter besaß.

Das Verhältnis zwischen Franziska Langheinz und ihrer Stieftochter war anfangs erträglich, als Frau Langheinz aber zwei eigene Kinder bekam, wurde ihr das Stiefkind verhasst. Außerdem hatte sie es offensichtlich auf dessen Erbe abgesehen. Sie schlug es in Abwesenheit ihres Mannes, was dann zu ehelichen Streitigkeiten führte, wenn das Mädchen seinem Vater die erlittenen Misshandlungen mitteilte. Einmal kam dieser hinzu, als seine Frau die Stieftochter von der Wohnstube aus auf den Plattenboden im Hausflur warf. Er verbot ihr, das Kind auf diese Weise zu behandeln, andernfalls müsse sie das Haus verlassen. Bei ihren Überlegungen, wie Juliane aus dem Weg zu schaffen sein könnte, dachte Frau Langheinz zunächst an Gift, „dann sei ihr ein paar Tage vor der That der Gedanke an Verbrennen gekommen“.[47]

Am 30. August 1887 drängte sie ihren Mann, eine Besorgung in Rottenburg zu machen. Nachdem er gegen 17 Uhr aufgebrochen war, füllte sie nach eigenen Angaben ein Gefäß mit Weingeist, zündete ihn an und goss ihn über die am Herd stehende Stieftochter, wodurch das Kopftuch und die Haare gleich zu brennen anfingen. Dann schüttete sie Petroleum auf das Kind, das nun hellauf brannte und umfiel. Schließlich nahm sie noch einen Holzscheit und schlug mit dessen scharfem Ende auf den Kopf des Kindes. Als eine Schwägerin, Katharina Geiger, hinzukam, hörte sie die schwerverletzte Stieftochter, die in der Küche lag, rufen: „Ich bin zu tot geschlagen.“ Eine halbe Stunde später erlag sie ihren Verletzungen.

Der Schwägerin gegenüber und später bei den ersten gerichtlichen Verhören gab Frau Langheinz an, dass sie auf dem Hopfenacker gewesen sei und bei ihrer Heimkehr das Mädchen an der Treppe in ihrem Blut liegend und halbverbrannt vorgefunden habe. Das Kind habe sich im Herd Äpfel braten wollen und sei dabei gefallen.

Die Ärzte kamen nach der Untersuchung der Leiche zu der Überzeugung, dass die Angeklagte das Kind zunächst durch einen kräftigen Schlag auf den Kopf betäubt, die auf dem Boden Liegende noch weiter mit Holzscheitern geschlagen und erst danach mit brennendem Weingeist und Petrolium übergossen habe, vermutlich, um durch die Verbrennung die Spuren der Schläge zu überdecken.[48]

Die Geschworenen verkündeten am Ende des Prozesses am 27. September 1887 nach kurzer Beratung durch ihren Obmann, den Grafen von Üxküll, ihren im Sinne der Anklage lautenden Wahrspruch, worauf die Angeklagte, die zuvor noch um eine gnädige Strafe gebeten hatte, vom Schwurgericht zum Tode verurteilt wurde.[49]

Am Morgen des 3. November begaben sich der Staatsanwalt und einige andere Offizielle zu der im Schlossgefängnis Inhaftierten, um ihr ein Dekret vom 28. Oktober zu verlesen, nach welchem ihr König Karl eine Begnadigung verwehrt hatte. Ihre Mutter verweilte einen halben Tag bei ihr und nahm einen herzergreifenden Abschied. Die Verurteilte äußerte den Wunsch, auch ihre Kinder und ihren Mann zu sehen.[50] Dieser ging zwei Minuten lang in ihrer Zelle hin und her, ohne ein Wort zu sagen. Seine Frau bat ihn weinend um Verzeihung. Schließlich sprach er sie an, „sie solle ihm doch sagen, was sein Kind zu ihr sagte, als sie es anzündete. Die Frau schlug die Hände zusammen und sagte, sie wisse es nicht mehr. Sie bat wiederholt um Verzeihung. Langheinz gab ihr die Hand nicht."[51]

In Anwesenheit von etwa 85 Personen vollzog Scharfrichter Schwarz am Morgen des 5. November 1887 die Hinrichtung auf dem hinteren Anatomiehof in Tübingen. Die Guillotine war in einem „besonderen Möbelwagen" von Stuttgart nach Tübingen gebracht worden. Franziska Langheinz war die letzte Frau, die in Tübingen hingerichtet wurde.[52]

Untat an zwei Mädchen aus Grunbach, 1900

Am 31. Juli 1900 ermordete der streunende Dienstknecht Karl Anton Steinacher aus Herbertingen/Saulgau im Wald an der Büchenbronner (Stadtteil von Pforzheim) Gemarkungsgrenze nach Grunbach die neunjährige Pauline Merkle sowie die siebenjährige Emilie Schnürle, beide aus Grunbach, und vergewaltigte eines der Mädchen, die im Wald nach Heidelbeeren gesucht hatten.

Schon am Morgen des nächsten Tages fand man die Leichen der Mädchen in einem Dickicht. Fast ganz Grunbach hatte sich an der Suche beteiligt. Viele Einwohner aus der Umgegend strömten betroffen und empört an die Mordstätte. Für den Fall, dass sie dem Mörder begegnen würden, hatten sie sich mit Gabeln und Hacken bewaffnet. Der 24-jährige Täter konnte bereits am 2. August in Sandweier (Baden-Baden), wo er umherbettelte, festgenommen werden. Noch am selben Abend wurde er dem Staatsanwalt in Stuttgart vorgeführt, wo er ein umfassendes Geständnis ablegte. Nach der Mordtat fand der übliche Lokaltermin statt, „wobei der tierische Mörder von der aufgebrachten Menge fast gelyncht worden wäre".[53]

Das Schwurgericht in Tübingen verurteilte Steinacher am 10. Oktober 1900 zweimal zum Tode und zu zehn Jahren Zuchthaus.[54] Am Morgen des 8. November wurde er durch eine Eskorte von acht Landjägern vom Oberamts- zum Amtsgerichtsgefängnis auf dem Schloss überführt, wo ihm der Staatsanwalt mitteilte, dass König Wilhelm II. eine Begnadigung abgelehnt hatte. Diese Nachricht nahm Steinacher weinend entgegen. Er erklärte auf die an ihn gestellten Fragen ganz ruhig, „daß er auf alles gefaßt sei, von seinen Angehörigen habe er sich verabschiedet und mit Gott sich ausgesöhnt".[55]

Scharfrichter Siller nahm die Hinrichtung des Verurteilten am 10. November 1900 morgens um 8 Uhr auf dem Hof der Anatomie vor.[56] Der Leichnam wurde der Tübinger Anatomie übergeben. Zur Erinnerung an den Doppelmord errichtete man am Tatort einen Gedenkstein.[57]

Raubmord an einem Privatier in Tübingen, 1903

Im Polizeiarrest in Tübingen lernte der 20-jährige Tagelöhner Wilhelm Räpple aus Ohmden (bei Kirchheim unter Teck) den Privatier Jakob Krauß aus Tübingen kennen, während sie Mitte Juli 1903 eine Nacht zusammen in einer Zelle verbrachten. Nachdem Räpple nach der Entlassung den schon betagten Privatier einige Tage lang gepflegt hatte, bestahl er ihn um 30 Mark und setzte sich nach Göppingen ab.

Hier traf er am 24. Juli einen alten Bekannten, den 24-jährigen Hausknecht Johann Georg Hespeler aus Horlachen (Gschwend), mit dem er den Plan entwarf, Krauß in seinem etwas außerhalb von Tübingen gelegenen Haus zu überfallen. Noch am gleichen Abend machten sie sich zu Fuß auf den Weg und besprachen unterwegs, wie sie am besten vorgehen sollten.

Am Abend des 25. Juli in Tübingen vor dem Haus angekommen, zog Räpple die Glocke und rief Krauß zu, er solle aufmachen, dieser jedoch gab zur Antwort, er fühle sich unwohl und Räpple solle am nächsten Tag wiederkommen, was dieser auch tat. Nachdem Räpple an jenem Morgen des 26. Juli in das Haus eingelassen worden war und Milch und Brot für Krauß geholt hatte, gab er dem auf der Lauer stehenden Hespeler ein Zeichen, nun ihr Vorhaben in die Tat umzusetzen. Räpple packte Krauß und warf ihn zu Boden. Als dieser um Hilfe rief, eilte Hespeler herbei und würgte ihn. Er forderte Räpple auf, die Läden und Türen zu schließen, er werde allein mit Krauß fertig. Räpple besorgte nun eine Gartenschnur, machte eine vierfache Schlinge und zog dem Privatier damit den Hals zu, er war aber schon tot.

Sie trugen nun den Leichnam in die Wohnstube, um ihn dort aufzuhängen und einen Selbstmord vorzutäuschen. Dies misslang aber, sodass sie Krauß auf dem Boden liegen lassen mussten. Sie durchsuchten nun die Leiche und das Haus nach Geld, insgesamt fielen ihnen aber nur zehn Mark und einige Dollarstücke in die Hände. Sie teilten den Raub sofort auf, schlossen das Haus ab und warfen den Schlüssel weg. Gegen 22 Uhr waren sie wieder in Göppingen, wo sie in den folgenden Tagen ein verschwenderisches Leben führten und ihre Beute bis auf zwei Mark vertranken, ehe sie festgenommen wurden.[58]

Aus dem Zeugenverhör bei ihrem Prozess vor dem Tübinger Schwurgericht war „eine Episode besonders kennzeichnend für die Verworfenheit der Burschen, die keine Spur von Reue zeigten. Als der Wachtmeister Distelmann von Göppingen den Hespeler als einen widerspenstigen, jähzornigen und gefährlichen Menschen schilderte, entgegnete dieser: ‚Wachtmeister, Sie sind ein Lügner! Wenn nur die Leute nicht da wären, dann wollte ich Ihnen etwas anders sagen und es Ihnen machen wie dem Krauß!' Dabei drohte er ihm mit der

Faust.“ Die Geschworenen befanden die beiden Angeklagten am 5. Oktober 1903 des Raubmordes für schuldig, worauf das Todesurteil erging.[59]

Als die beiden Verurteilten mit dem Gefängniswagen fortgebracht wurden, lupfte Hespeler mit gefesselten Händen seinen Hut und sagte: „Adje, meine Herren, viel Vergnügen“, und fing in dem Wagen zu singen an. Einem Polizeiwachtmeister versprach er, „gelegentlich ihn einmal mit dem Kopf unter dem Arm zu besuchen“. Das Gefängnis begrüßten die Verurteilten „mit Luftspringen und Juhschreien“.[60]

Auf die Eröffnung, dass sie nicht begnadigt worden waren, reagierten sie zunächst gelassen, nach kurzer Zeit begann jedoch Hespeler am ganzen Leib zu zittern und erklärte auf Befragen, er habe nur noch den Wunsch, einen Brief zu schreiben. Ihrer Bitte, die letzten beiden Tage zusammen verleben zu dürfen, wurde nicht stattgegeben. Sie verabschiedeten sich voneinander „unter Tränen und indem sie sich Trost zusprachen“.[61]

Die Doppelhinrichtung fand am Morgen des 12. November 1903 auf dem Tübinger Anatomiehof statt: „Hespeler, welcher zuerst hingerichtet wurde, zeigte sich ziemlich gefaßt und bat um Verzeihung. Räpple schaute überall umher und sagte noch Adieu. Der ganze Vorgang dauerte ungefähr 12-15 Minuten.“[62]

33. Weitere Hinrichtungen in Württemberg

Stockach

Am 20. Juli 1809 wurde die über Conrad Grim aus Rielasingen wegen Raubmords und Diebstählen verhängte Todesstrafe durch das Rad „dahin allergnädigst gemildert", dass er mit dem Schwert vom Leben zum Tod gebracht und sein Körper auf ein Rad geflochten werden sollte. Dieses Urteil vollstreckte man am 29. Juli 1809 in Stockach, das zunächst zu Württemberg gehörte, am 23. November 1810 aber zu Baden kam.[1]

Leonberg

In Leonberg nahm am 3. Februar 1810 Scharfrichter Neher die Hinrichtung von Katharina Maier (geborene Wagner) aus Merklingen vor. Sie hatte ihren am 2. Juni 1809 in Merklingen verstorbenen Mann Johann Georg mit Arsenik vergiftet. Er verschied unter starkem Erbrechen und heftigen Schmerzen, nachdem er zuvor völlig gesund seiner Arbeit nachgegangen war.[2]

Altdorf

In Altdorf (1810 entstand aus dem Oberamt Altdorf das Oberamt Ravensburg) wurde am 27. Februar 1810 Franz Joseph Reiser aus Seibranz (Stadtteil von Bad Wurzach) im damaligen Oberamt Altdorf wegen Raubmordes mit dem Schwert hingerichtet.[3]

Urach

Ursprünglich wurde der in Urach verhaftete ledige Metzger Johannes Faßnacht aus Reutlingen wegen Raubmordes, verübt an einem Kuhhirten aus Sondelfingen, zu der Strafe des Rades von oben verurteilt. Auf dem Weg der Begnadigung legte König Wilhelm I. hingegen fest, dass Faßnacht mit dem Schwert hingerichtet, sein Körper auf ein Rad geflochten und sein Kopf auf einen Spieß gesteckt werden sollte. Auf diese Weise verfuhr man am 10. Juni 1818 in Urach.[4]

Münsingen

In Münsingen wurde am 5. Juni 1820 der aus Österreich-Ungarn stammende Zimmermann und Tagelöhner Michael Starkmann wegen eines Raubmordes an dem elfjährigen Josef Wiker aus Emeringen mit dem Schwert hingerichtet. Scharfrichter Georg Friedrich Belthle misslang die Enthauptung, sodass ihm sein Gehilfe, der Reutlinger Scharfrichter Johannes Kratt, helfen musste. Starkmann war aus den Diensten des Vaters von Josef entlassen worden und fasste den Entschluss, sich der silbernen Uhr des Jungen, der täglich allein zu Fuß von Emeringen nach Zwiefalten zum Lateinunterricht ging, zu bemächtigen. Am 12. August 1818 lauerte er dem Jungen auf dem Emerberg auf und erstach ihn. In Indelhausen (Hayingen) wurde er verhaftet. Ursprünglich sollte er mit dem Rad von oben herab vom Leben zum Tode gebracht werden, König Wilhelm I. aber begnadigte ihn am 12. Mai 1820 zur Todesstrafe durch das Schwert. Ein Gedenkstein auf dem Emerberg erinnert an das Verbrechen.[5]

Nagold

Am 14. August 1821 erkannte der Kriminalgerichtshof für den Schwarzwaldkreis in der vom Oberamtsgericht Nagold verhandelten Untersuchungssache gegen den Bauernknecht Jakob Friedrich Renz aus Emmingen-Liptingen wegen Gattenmordes zur Schleifung auf die Richtstätte, Hinrichtung mit dem Rad von oben, Abtrennung des Kopfes, Flechtung des Körpers auf das Rad und Anbringung des Kopfes auf einem Spieß. Da König Wilhelm I. am 7. September 1821 das Urteil auf dem Gnadenweg dahin abmilderte, dass der Verurteilte mit dem Schwert hingerichtet werden sollte, wurde die Todesstrafe am 10. September 1821 in Nagold auf diese Weise (mit Flechtung des Körpers auf das Rad und Stecken des Kopfes auf einen Spieß) vollzogen.[6]

Horb am Neckar

In der zur Revision vorgelegten, vom Oberamtsgericht Horb verhandelten Untersuchungssache gegen Martin Grieb aus Rexingen (Ortsteil von Horb am

Neckar) erkannte der Kriminalsenat des Obertribunals, dass der Angeschuldigte wegen Raubmordes zur Enthauptung durch das Schwert zu verurteilen und sämtliche Kosten aus seinem Nachlass zu entrichten seien. Nach der Bestätigung des Urteils durch König Wilhelm I. am 13. Dezember 1826 wurde es am 23. Dezember jenes Jahres in Horb am Neckar vollstreckt.[7]

Liste der Hinrichtungen 1808-1932

1)	1808, 23. Feb.	Knieser, Georg Michael	Ellwangen
2)	1809, 1. Juli	Werner, Franz	Mergentheim
3)	1809, 1. Juli	Kilian, Peter	Mergentheim
4)	1809, 2. Juli	Heim, Josef	Mergentheim
5)	1809, 2. Juli	Aichinger, Paul	Mergentheim
6)	1809, 2. Juli	Haun, Lorenz	Mergentheim
7)	1809, 2. Juli	Schieß, Franz	Mergentheim
8)	1809, 17. Juli	Schmezer, Johann Lorenz	Öhringen
9)	1809, 29. Juli	Grim, Conrad	Stockach
10)	1810, 27. Feb.	Reiser, Franz Joseph	Altdorf
11)	1810, 3. Feb.	Maier, Katharina	Leonberg
12)	1812, 18. Jan.	Kienle, Franziska	Rottweil
13)	1812, 18. Jan.	Mattes, Donat	Rottweil
14)	1812, 2. Okt.	Jäger, Johannes	Calw
15)	1812, 2. Okt.	Jäger, Jakob Bernhard	Calw
16)	1812, 6. Okt.	Rohleder, Johann Andreas	Ludwigsburg
17)	1812, 19. Okt.	Denteler, Johann	Ellwangen
18)	1812, 5. Nov.	Schmid, Johannes	Esslingen
19)	1814, 23. Aug.	Doderer, Georg Adam	Heilbronn
20)	1815, 28. Feb.	Mohring, Michael	Göppingen
21)	1815, 14. Aug.	Landwehr, Georg	Öhringen
22)	1815, 9. Sept.	Harscher, Matthäus	Ulm
23)	1815	Kübele, Matthäus	Wangen?
24)	1816, 23. Feb.	Bezlen, Michael	Ravensburg
25)	1816, 23. Feb.	Mayer, Johann	Ravensburg
26)	1816, 2. Aug.	Reichert, Wilhelm Heinrich	Göppingen
27)	1818, 10. Juni	Faßnacht, Johann	Urach
28)	1818, 9. Juli	Singer, Michael	Mergentheim
29)	1818, 16. Juli	Lehner, Leonhard (Bernhard)	Göppingen
30)	1818, 28. Aug.	Pfeifflin, Gertrude	Calw
31)	1818, 10. Sept.	Dietrich, Johann Georg	Mergentheim

32)	1819, 12. Okt.	Hahn, August Gotthilf	Böblingen
33)	1819, 12. Okt.	Waldenmayer, Michael	Böblingen
34)	1820, 5. Juni	Starkmann, Michael	Münsingen
35)	1821, 8. Jan.	Riesenmann, Johann Jacob	Aalen
36)	1821, 8. Jan.	Riesenmann, Elisabeth Magdalena	Aalen
37)	1821, 3. Mai	Sing, Lorenz	Ellwangen
38)	1821, 10. Sept.	Renz, Jakob Friedrich	Nagold
39)	1821, 18. Sept.	Binnhammer, Johann Ludwig	Gaildorf
40)	1823, 11. Sept.	Blumenstock, Johann Michael	Gerabronn
41)	1823, 17. Okt.	Molt, Christoph Friedrich	Welzheim
42)	1824, 24. Juli	Bauer, Carl	Schwäbisch Hall
43)	1825, 21. Feb.	Datpheus, Johann Georg Philipp	Stuttgart
44)	1826, 23. Dez.	Grieb, Martin	Horb am Neckar
45)	1827, 4. April	Bauer, Joseph	Weinsberg
46)	1827, 14. Sept.	Raff, Johann Friedrich	Göppingen
47)	1827, 8. Okt.	Schnezler, Matthias	Rottweil
48)	1827, 20. Nov.	Saier, Johann Georg	Herrenberg
49)	1828, 8. April	Preiß, Martin	Blaubeuren
50)	1829, 2. April	Weller, Johann Georg	Welzheim
51)	1829, 16. Mai	Stölzel, Christian Wilhelm	Ludwigsburg
52)	1829, 18. Juli	Brehm, Joseph	Reutlingen
53)	1830, 8. März	Haas, Johann Konrad	Pfedelbach
54)	1830, 19. Okt.	Gerbing, Johann Michael	Gerabronn
55)	1830, 19. Okt.	Hafner, Magdalene	Gerabronn
56)	1831, 10. Feb.	Dietenberger, Franz Xaver	Ravensburg
57)	1832, 26. Nov.	Schwarz, Veronika Barbara	Weinsberg
58)	1834, 3. Juli	Rammenstein, Thomas Friedrich	Göppingen
59)	1834, 10. Juli	Edelmann, Joseph	Geislingen (an der Steige)
60)	1839, 23. Sept.	Stettner, Matthias	Schwäbisch Gmünd
61)	1840, 21. April	Schindel, Johann Friedrich	Öhringen
62)	1841, 23. März	Schneider, Gottfried Michael	Gaildorf
63)	1841, 14. Juni	Flock, Matthäus	Biberach
64)	1842, 27. Jan.	Kinzelmann, Justinus	Wangen
65)	1843, 5. Sept.	Appel, Joseph Bernhard	Künzelsau
66)	1843, 5. Sept.	Arnold, Regine	Künzelsau
67)	1843, 5. Sept.	Herold, Walburga	Künzelsau
68)	1843, 22. Nov.	Häußler, Johann Michael	Reutlingen
69)	1845, 27. Juni	Ruthardt, Christiane	Stuttgart

70)	1848, 8. Jan.	Armbruster, Heinrich Wilhelm	Backnang
71)	1848, 1. April	Frei, Joseph	Tettnang
72)	1848, 14. Juni	Mauthe, Conrad	Cannstatt
73)	1848, 14. Juni	Schaff, Georg Friedrich	Cannstatt
74)	1854, 27. Jan.	Merk, Johann Martin	Biberach
75)	1854, 21. April	Fuchs, Robert	Tübingen
76)	1854, 21. April	Mühleisen, Franz Jakob	Tübingen
77)	1854, 22. April	Ensinger, Johann Georg	Tübingen
78)	1855, 7. Juli	Wiest, Johannes	Biberach
79)	1856, 2. Mai	Roller, Johann Michael	Rottweil
80)	1857, 28. April	Bacher, Sebastian	Rottweil
81)	1857, 23. Okt.	Ziegler, Christian	Schwäbisch Hall
82)	1858, 31. Juli	Werner, Stephan	Tübingen
83)	1860, 13. Juli	Bauer, David Wilhelm	Ulm
84)	1860, 6. Nov.	Armbruster, Joseph	Rottweil
85)	1862, 30. Juli	Schweizer, Barbara	Ellwangen
86)	1862, 16. Aug.	Braun, Georg Friedrich	Ulm
87)	1863, 6. Juni	Orsolin, Giacomo	Rottweil
88)	1863, 6. Juni	Tisott, Guiseppe	Rottweil
89)	1863, 6. Juni	Boso, Vittorio	Rottweil
90)	1863, 6. Juni	Marcon, Antonio	Rottweil
91)	1864, 6. Mai	Kull, Christoph Friedrich	Tübingen
92)	1864, 28. Mai	Pfeiffer, Gabriel	Biberach
93)	1866, 18. Dez.	Stierlin, Margarethe	Esslingen
94)	1866, 18. Dez.	Hörtig, Lukas	Esslingen
95)	1880, 15. April	Rapp, Mathias	Ravensburg
96)	1882, 17. Mai	Reichardt, Jakob David	Tübingen
97)	1887, 5. Nov.	Langheinz, Franziska	Tübingen
98)	1895, 27. Juli	Mauth, Martin	Stuttgart
99)	1895, 22. Aug.	Vöster, Christian Gottlob	Stuttgart
100)	1896, 26. März	Eisele, Quirin	Ravensburg
101)	1898, 30. Juni	Fauser, Eberhard Friedrich	Stuttgart
102)	1899, 25. Nov.	Vogl, Franz Xaver	Heilbronn
103)	1900, 10. Nov.	Steinacher, Karl Anton	Tübingen
104)	1900, 6. Dez.	Andrä, Ernst	Ulm
105)	1901, 13. Juni	Englert, Viktor	Heilbronn
106)	1903, 11. Feb.	Wielath, Anton Zacharias	Ravensburg
107)	1903, 28. Mai	Schenzle, Margarete	Ulm

108) 1903, 28. Mai	Raach, Jakob	Ulm
109) 1903, 12. Nov.	Hespeler, Johann Georg	Tübingen
110) 1903, 12. Nov.	Räpple, Wilhelm	Tübingen
111) 1904, 10. Feb.	Fink, Emil Chr. Josef	Ellwangen
112) 1905, 1. Dez.	Mogler, Ernst	Heilbronn
113) 1921, 21. März	Orlowski, Josef	Ellwangen
114) 1921, 23. März	Monkosa, Franz	Heilbronn
115) 1921, 11. Mai	Sitschewitsch, Paul	Ulm
116) 1921, 11. Mai	Birjukow, Nikita	Ulm
117) 1921, 4. Juni	Gürr, Karl	Stuttgart
118) 1921, 4. Juni	Ruffner, Gotthold	Stuttgart
119) 1921, 3. Aug.	Michelberger, Johann	Ravensburg
120) 1921, 14. Dez.	Etzel, Karl	Ulm
121) 1922, 29. März	Müh, Richard	Tübingen
122) 1922, 15. Juli	Reusch, Gotthilf	Ravensburg
123) 1923, 29. Dez.	Richmann, Ernst	Ellwangen
124) 1923, 29. Dez.	Geist, Wilhelm	Ellwangen
125) 1925, 25. Feb.	Neff, Karl	Tübingen
126) 1926, 6. Aug.	Veil, Alber	Stuttgart
127) 1926, 21. Aug.	Schroff, Eduard	Ulm
128) 1926, 4. Sept.	Eberhardt, Franz Xaver	Ellwangen
129) 1930, 21. Juni	Zell, Julius	Ravensburg
130) 1932, 17. Juni	Beyle, Eugen	Tübingen
131) 1932, 12. Aug.	Lachenmaier, Gotthelf	Stuttgart

Liste der Hinrichtungen 1808-1932 nach Städten:

Ellwangen:

1808, 23. Feb.	Knieser, Georg Michael
1812, 19. Okt.	Denteler, Johann
1821, 3. Mai	Sing, Lorenz
1862, 30. Juli	Schweizer, Barbara
1904, 10. Feb.	Fink, Emil Chr. Josef
1921, 21. März	Orlowski, Josef
1923, 29. Dez.	Richmann, Ernst
1923, 29. Dez.	Geist, Wilhelm
1926, 4. Sept.	Eberhardt, Franz Xaver

Mergentheim:

1809, 1. Juli	Werner, Franz
1809, 1. Juli	Kilian, Peter
1809, 2. Juli	Heim, Josef
1809, 2. Juli	Aichinger, Paul
1809, 2. Juli	Haun, Lorenz
1809, 2. Juli	Schieß, Franz
1818, 9. Juli	Singer, Michael
1818, 10. Sept.	Dietrich, Johann Georg

Öhringen:

1809, ca. 20. Juli	Schmezer, Johann Lorenz
1815, 14. Aug.	Landwehr, Georg
1840, 21. April	Schindel, Johann Friedrich

Stockach:

1809, 29. Juli	Grim, Conrad

Leonberg:

1810, 3. Feb.	Meier, Katharina

Altdorf:

1810, 27. Feb.	Reiser, Franz Joseph

Rottweil:

1812, 18. Jan.	Kienle, Franziska
1812, 18. Jan.	Mattes, Donat
1827, 8. Okt.	Schnezler, Matthias
1856, 2. Mai	Roller, Johann Michael
1857, 28. April	Bacher, Sebastian
1860, 6. Nov.	Armbruster, Joseph
1863, 6. Juni	Orsolin, Giacomo
1863, 6. Juni	Tisott, Guiseppe
1863, 6. Juni	Boso, Vittorio
1863, 6. Juni	Marcon, Antonio

Calw:

1812, 2. Okt.	Jäger, Johannes
1812, 2. Okt.	Jäger, Jakob Bernhard

1818, 28. Aug.	Pfeifflin, Gertrude

Ludwigsburg:

1812, 6. Okt.	Rohleder, Johann Andreas
1829, 16. Mai	Stölzel, Christian Wilhelm

Esslingen am Neckar:

1812, 5. Nov.	Schmid, Johannes
1866, 18. Dez.	Stierlin, Margarethe
1866, 18. Dez.	Hörtig, Lukas

Heilbronn:

1814, 23. Aug.	Doderer, Georg Adam
1899, 25. Nov.	Vogl, Franz Xaver
1901, 13. Juni	Englert, Viktor
1905, 1. Dez.	Mogler, Ernst
1921, 23. März	Monkosa, Franz

Göppingen:

1815, 28. Feb.	Mohring, Michael
1816, 2. Aug.	Reichert, Wilhelm Heinrich
1818, 16. Juli	Lehner, Leonhard (Bernhard)
1827, 14. Sept.	Raff, Johann Friedrich
1834, 3. Juli	Rammenstein, Thomas Friedrich

Ulm:

1815, 9. Sept.	Harscher, Matthäus
1860, 13. Juli	Bauer, David Wilhelm
1862, 16. Aug.	Braun, Georg Friedrich
1900, 6. Dez.	Andrä, Ernst
1903, 28. Mai	Schenzle, Margarete
1903, 28. Mai	Raach, Jakob
1921, 11. Mai	Sitschewitsch, Paul
1921, 11. Mai	Birjukow, Nikita
1921, 14. Dez.	Etzel, Karl
1926, 21. Aug.	Schroff, Eduard

Ravensburg:

1816, 23. Feb.	Bezlen, Michael

1816, 23. Feb.	Mayer, Johann
1831, 10. Feb.	Dietenberger, Franz Xaver
1880, 15. April	Rapp, Mathias
1896, 26. März	Eisele, Quirin
1903, 11. Feb.	Wielath, Anton Zacharias
1921, 3. Aug.	Michelberger, Johann
1922, 15. Juli	Reusch, Gotthilf
1930, 21. Juni	Zell, Julius

Urach:

1818, 10. Juni	Faßnacht, Johann

Böblingen:

1819, 12. Okt.	Hahn, August Gotthilf
1819, 12. Okt.	Waldenmayer, Michael

Münsingen:

1820, 5. Juni	Starkmann, Michael

Aalen:

1821, 8. Jan.	Riesenmann, Johann Jacob
1821, 8. Jan.	Riesenmann, Elisabeth Magdalena

Nagold:

1821, 10. Sept.	Renz, Jakob Friedrich

Gaildorf:

1821, 18. Sept.	Binnhammer, Johann Ludwig
1841, 23. März	Schneider, Gottfried Michael

Gerabronn:

1823, 11. Sept.	Blumenstock, Johann Michael
1830, 19. Okt.	Gerbing, Johann Michael
1830, 19. Okt.	Hafner, Magdalene

Welzheim:

1823, 17. Okt.	Molt, Christoph Friedrich
1829, 2. April	Weller, Johann Georg

Schwäbisch Hall:

1824, 24. Juli	Bauer, Carl
1857, 23. Okt.	Ziegler, Christian

Stuttgart:

1825, 21. Feb.	Datpheus, Johann Georg Philipp
1845, 27. Juni	Ruthardt, Christiane
1895, 27. Juli	Mauth, Martin
1895, 22. Aug.	Vöster, Christian Gottlob
1898, 30. Juni	Fauser, Eberhard Friedrich
1921, 4. Juni	Gürr, Karl
1921, 4. Juni	Ruffner, Gotthold
1926, 6. Aug.	Veil, Albert
1932, 12. Aug.	Lachenmaier, Gotthelf

Horb am Neckar

1826, 23. Dez.	Grieb, Martin

Weinsberg:

1827, 4. April	Bauer, Joseph
1832, 26. Nov.	Schwarz, Veronika Barbara

Herrenberg:

1827, 20. Nov.	Saier, Johann Georg

Blaubeuren:

1828, 8. April	Preiß, Martin

Reutlingen:

1829, 18. Juli	Brehm, Joseph
1843, 22. Nov.	Häußler, Johann Michael -

Pfedelbach:

1830, 8. März	Haas, Johann Konrad

Geislingen (an der Steige):

1834, 10. Juli Edelmann, Joseph

Schwäbisch Gmünd:

1839, 23. Sept.	Stettner, Matthias

Biberach:

1841, 14. Juni	Flock, Matthäus
1854, 27. Jan.	Merk, Johann Martin
1855, 7. Juli	Wiest, Johannes
1864, 28. Mai	Pfeiffer, Gabriel

Wangen:

1842, 27. Jan.	Kinzelmann, Justinus

Künzelsau:

1843, 5. Sept.	Appel, Joseph Bernhard
1843, 5. Sept.	Arnold, Regine
1843, 5. Sept.	Herold, Walburga

Backnang:

1848, 8. Jan.	Armbruster, Heinrich Wilhelm

Tettnang:

1848, 1. April	Frei, Joseph

Canstatt:

1848, 14. Juni	Mauthe, Conrad
1848, 14. Juni	Schaff, Georg Friedrich

Tübingen:

1854, 21. April	Fuchs, Robert
1854, 21. April	Mühleisen, Franz Jakob
1854, 22. April	Ensinger, Johann Georg
1858, 31. Juli	Werner, Stephan
1864, 6. Mai	Kull, Christoph Friedrich
1882, 17. Mai	Reichardt, Jakob David
1887, 5. Nov.	Langheinz, Franziska
1900, 10. Nov.	Steinacher, Karl Anton
1903, 12. Nov.	Hespeler, Johann Georg
1903, 12. Nov.	Räpple, Wilhelm
1922, 29. März	Müh, Richard

1925, 25. Feb.	Neff, Karl
1932, 17. Juni	Beyle, Eugen

Anmerkungen

Ellwangen:

1 Württembergisches Regierungsblatt, 1808, S. 150.

2 Württembergisches Regierungsblatt, 1812, S. 553.

3 Württembergisches Regierungsblatt, 1821, S. 284.

4 Schwäbische Kronik vom 20. Dezember 1853.

5 Regierungs-Blatt für das Königreich Württemberg Nr. 35 vom 8. Oktober 1853, S. 415/16.

6 Bürger, Udo: Die spektakulärsten Kriminalfälle in Altbayern. Bluttat, Raub und Flammentod, Erfurt 2018, S. 87-89.

7 Staatsarchiv Ludwigsburg E 177 I Bü 2803; vgl. dazu: Bürger, Udo: Die spektakulärsten Kriminalfälle in Baden. Von Giftmischern, Amokläufern und Auftragsmördern, Erfurt 2018, S. 15/16.

8 Schwäbische Kronik vom 20. Juni und 4. Juli 1862.

9 Staatsarchiv Ludwigsburg E 342 Bü 17 (mit Protokoll der Schwurgerichtssitzung vom 14./15. September 1860 in Tübingen).

10 Ebda.

11 Ebda.; Fränkischer Herold (Nürnberger Volkszeitung) Nr. 290 vom 9. Dezember 1861; Nürnberger Anzeiger vom 7. Dezember 1861; Augsburger Postzeitung Nr. 287 vom 7. Dezember 1861; Neue Augsburger Zeitung Nr. 337 vom 8. Dezember 1861.

12 Schwäbische Kronik vom 4. Juli 1862; Staatsarchiv Ludwigsburg E 162 I Bü 313.

13 Schwäbische Kronik vom 1. August 1862; Staatsarchiv Ludwigsburg E 342 Bü 17.

14 Staatsarchiv Ludwigsburg E 342 Bü 17.

15 Schwäbische Kronik vom 1. August 1862; Staatsarchiv Ludwigsburg E 312 I Bü 3; Regensburger Zeitung Nr. 212 vom 4. August 1862; Nürnberger Anzeiger Nr. 212 vom 30. Juli 1862; Augsburger Postzeitung Nr. 182 vom 2. August 1862; Passauer Zeitung Nr. 211 vom 3. August 1862.

16 Staatsarchiv Ludwigsburg E 342 Bü 17.

17 Schwäbische Kronik vom 16. Dezember 1903; Seeblatt vom 19. Dezember 1903.

18 Seeblatt vom 13. Februar 1904; Rheinisch-Westfälische Zeitung vom 11. Februar 1904.

19 Schwäbischer Volksbote vom 19. März 1921.

20 Schwäbischer Volksbote vom 2. Oktober 1920.

21 Schwäbischer Volksbote vom 19. März 1921.

22 Schwäbischer Volksbote vom 22. März 1921.

23 Staatsarchiv Ludwigsburg E 342 Bü 24.

24 Ebda.

25 Ebda.; Schwäbischer Merkur vom 27. September 1923.

26 Schwäbischer Volksbote vom 31. Dezember 1923.

27 Ebda.; Rosenheimer Anzeiger Nr. 4 vom 4./5. Januar 1924.

28 Ipf- und Jagstzeitung Nr. 155 vom 10. Juli 1926.

29 Staatsarchiv Ludwigsburg E 342 Bü 25.

30 Ebda.

31 Ebda.; Ipf- und Jagstzeitung Nr. 155 vom 10. Juli 1926.

32 Staatsarchiv Ludwigsburg E 342 Bü 25; Schwäbische Kronik des Schwäbischen Merkur vom 4. September 1926.

Mergentheim:

1 Sauer, Paul: Der Mergentheimer Aufstand vom Juni 1809, in: Zeitschrift für württembergische Landesgeschichte, Bd. 46, 1987, S. 205 (weitere Literaturhinweise auf S. 208); Griesinger, Theodor: Württemberg. Nach seiner Vergangenheit und Gegenwart in Land und Leuten gezeichnet, Stuttgart 1866, S. 319.

2 Kirn, Daniel: Der Mergentheimer Aufstand des Jahres 1809 und das Ende des Meistertums Mergentheim, in: Württembergisch Franken 90/91 (2007), S. 104-108; Sauer (wie Anm. 1), S. 205/06; Gindele, Matthias: Der Aufstand der Bauern des Oberamts Tauber im Jahre 1809, in: Zeitschrift für württembergische Landesgeschichte, Bd. 46, 1987, S. 170; Griesinger (wie Anm. 1), S. 319.

3 Sauer (wie Anm. 1), S. 206/07.

4 Kirn (wie Anm. 2), S. 109; Gindele (wie Anm. 2), S. 171/72.

5 Sauer (wie Anm. 1), S. 206; Griesinger (wie Anm. 1), S. 319; Kirn (wie Anm. 2), S. 110-115; Gindele (wie Anm. 2), S. 172-186; National-Zeitung der Deutschen, 28. Stück vom 13. Juli 1809; Schwäbische Familien-Chronik. Vaterländische Novellen, Sagen und Geschichten Nr. 16 vom 17. April 1859, S. 504/05.

6 Sauer (wie Anm. 1), S. 206.

7 Ebda.; Griesinger (wie Anm. 1), S. 320.

8 Griesinger (wie Anm. 1), S. 320; Kirn (wie Anm. 2), S. 110-117 (S. 116: „An Opfern waren auf Seiten der Bauern zwischen dreißig und einhundertfünfzig Tote zu beklagen, auf württembergischer Seite blieb es bei dem besagten Unteroffizier und den elf Infanteristen“); Gindele (wie Anm. 2), S. 186-190.

9 Gindele (wie Anm. 2), S. 190/91; Kirn (wie Anm. 2), S. 117.

10 Sauer (wie Anm. 1), S. 206/07.

11 Diehm, Franz: Geschichte der Stadt Bad Mergentheim. Äußeres Schicksal und innere Verhältnisse, Mergentheim 1963, S. 77.

12 Kirn (wie Anm. 2), S. 117/18; Gindele (wie Anm. 2), S. 191/92; Hoppe, Alfons: Die Besitznahme von Mergentheim durch die Krone Württemberg im Jahre 1809, Troppau 1888, S. 56-68.

13 Hoppe (wie Anm. 12), S. 57; zu Werner vgl.: Schwäbische Familien-Chronik (wie Anm. 5) Nr. 16 und 17 vom 17. und 24. April 1859.

14 Hoppe (wie Anm. 12), S. 56-59, 66 (Anm. 1) und S. 74.

15 Ebda., S. 62-68 und 72-77 (S. 64/65: Sebastian Scholl aus Markelsheim, 42 Jahre alt, wurde zu fünfjähriger Festungsarbeit verurteilt); Württembergisches Regierungsblatt, 1809, S. 277; Allgemeine Zeitung Nr. 185 und 189 vom 4. und 8. Juli 1809; National-Zeitung der Deutschen, 28., 29. und 30. Stück vom 13., 20. und 27. Juli 1809; Münchener Politische Zeitung Nr. 157 vom 8. Juli 1809; Nouvelles Litteraires et Politiques (Mannheim) Nr. 118 vom 8. Juli 1809; Schwäbische Familien-Chronik (wie Anm. 5) Nr. 17 vom 24. April 1859, S. 533; Gindele (wie Anm. 2), S. 192 (hier heißt es, Werner sei am 2. Juli erhängt und die anderen am 2. und 3. Juli erschossen worden); Kirn (wie Anm. 2), S. 118; Sauer (wie Anm. 1), S. 206/07; Diehm (wie Anm. 11), S. 77.

16 Schwäbische Familien-Chronik (wie Anm. 5) Nr. 16 vom 17. April 1859, S. 506/07; Hoppe (wie Anm. 12), S. 75-77.

17 Diehm (wie Anm. 11), S. 114.

18 Schwäbische Familien-Chronik (wie Anm. 5) Nr. 17 vom 24. April 1859, S. 533.

19 Kirn (wie Anm. 2), S. 118; vgl. auch: Hauptstaatsarchiv Stuttgart E 40/11 Bü 68 (Gründe für die Hinrichtung Kilians), Staatsarchiv Ludwigsburg F 184 I Bü 245 (konfisziertes Vermögen von Franz Schieß), Eckert, Georg: Zeitgeist auf Ordnungssuche. Die Begründung des Königreiches Württemberg 1797-1819, Göttingen 2016, S. 198-202, Schönhuth, Ottmar Friedrich Heinrich: Chronik der vormaligen Deutschordens-Stadt Mergentheim, Mergentheim 1857, S. 92-94.

20 Beßler: Handschriftliche Chronik, in: Stadtarchiv Mergentheim; Diehm (wie Anm. 11), S. 114; Württembergisches Regierungsblatt, 1818, S. 474.

21 Württembergische Jahrbücher für vaterländische Geschichte, Geographie, Statistik und Topographie, 1823, 2. Heft, S. 419 (hier heißt es irrtümlich, Sieger sei aus „Zwisenhausen“ gewesen).

22 Württembergisches Regierungsblatt, 1818, S. 474.

23 Beßler (wie Anm. 20).

24 Ebda.

25 Diehm (wie Anm. 11), S. 114; Beßler (wie Anm. 20, hier wird irrtümlicherweise der 10. August als Tag der Hinrichtung angegeben).

26 Wiechert, Jan: Böse alte Zeit. Kriminalfälle aus der hohenlohischen Geschichte, Meßkirch 2017, S. 166-183.

27 Ebda., S. 186/87.

28 Ebda., S. 188/89; Württembergisches Regierungsblatt, 1818, S. 580; Württembergische Jahrbücher für vaterländische Geschichte, Geographie, Statistik und Topographie, 1823, 2. Heft, S. 420 (Bestätigung des Todesurteils durch den König am 25. August 1818); Theologisches Literaturblatt zur Allgemeinen Kirchenzeitung Nr. 138 vom 15. November 1844 (S. 1156).

29 Wiechert (wie Anm. 26), S. 189.

30 Ebda., S. 166-189.

Öhringen:

1 Württembergisches Regierungsblatt, 1809, S. 350/51; Neue oberdeutsche allgemeine Literatur-Zeitung Nr. 21 vom 30. Januar 1810 (hier wird darauf hingewiesen, dass eine „Kurze Geschichte des von J. L. Schmezer, aus Niedernhall, verübten Raubmordes" erschienen war – der Erlös aus dem Verkauf sollte den fünf hinterlassenen Kindern des am 17. Juli 1809 hingerichteten Schmezer zugutekommen).

2 Staatsarchiv Ludwigsburg D 70 Bü 23.

3 Ebda.

4 Kurze Geschichte des von Georg Landwehr verübten böslichen Todtschlags. Nebst einer nach dessen Hinrichtung am 13. Sonntage nach Trinit. 1815 in der Stiftskirche zu Oehringen gehaltenen Predigt von Carl Friedrich Dietzsch, Stadtpfarrer, Öhringen 1815 („Das Exemplar wird zum Besten der höchst dürftigen und unversorgten 6. Kinder des Hingerichteten für 6. Kreuzer verkauft").

5 Staatsarchiv Ludwigsburg D 70 Bü 23.

6 Kurze Geschichte (wie Anm. 3).

7 Staatsarchiv Ludwigsburg D 70 Bü 23; Württembergisches Regierungsblatt, 1815, S. 349; Allgemeine Literatur-Zeitung, Ergänzungsblätter Nr. 87 vom August 1817, S. 696, National-Zeitung der Deutschen, 41. Stück vom 11. Oktober 1815, Theologisches Literaturblatt zur Allgemeinen Kirchenzeitung Nr. 138 vom 15. November 1844, S. 1156/57.

8 Kurze aktenmäßige Beschreibung des von Johann Friedrich Schindel von Michelbach am Wald, Oberamts Oehringen, in der Nacht vom 13./14. August 1837 an dem Bauern Jakob Bort von da verübten Mords, Stuttgart, o.J., S. 4.

9 Ebda., S. 5-8.

10 Ebda., S. 8; Rechts-Erkenntnisse der Gerichtshöfe des Königreichs Württemberg, 1840, S. 126.

11 Kurze aktenmäßige Beschreibung (wie Anm. 8), S. 8-10; Der Bayerische Eilbote Nr. 52 vom 29. April 1840; Frankfurter Ober-Postamts-Zeitung Nr. 117 vom 27. April 1840; Der Friedens- und Kriegs-Kurier Nr. 121 vom 30. April 1840.

Rottweil:

1 Staatsarchiv Ludwigsburg D 70 Bü 19; Württembergisches Regierungsblatt, 1812, S. 87/88.

2 Der Mörder J. M. Roller aus Grömbach. Zum Tode verurtheilt am 2. April, hingerichtet am 2. Mai 1856. Ausführlicher Bericht über seine Mordthat, Verurtheilung und Hinrichtung. Mit dessen Porträt und einer Abbildung der Guillotine, Rottweil 1856, S. 5; Kapff, F. M. (Hrsg.): Selige letzte Stunden hingerichteter Personen, gesammelt von Johann Jakob Moser, Stuttgart 1861, S. 114.

3 Schwäbische Kronik vom 2. April 1856; Der Mörder J. M. Roller (wie Anm. 2), S. 5/6.

4 Der Mörder J. M. Roller (wie Anm. 2), S. 6-11; Schwäbische Kronik vom 5. April 1856; Kapff (wie Anm. 2), S. 115/16.

5 Schwäbische Kronik vom 5. April 1856; Der Mörder J. M. Roller (wie Anm. 2), S. 11/12.

6 Schwäbische Kronik vom 4. Mai 1856 (s. auch die Ausgabe vom 30. April 1856); Staatsarchiv Ludwigsburg E 312 I Bü 3 und E 177 I Bü 2803; Der Mörder J. M. Roller (wie Anm. 2), S. 13.

7 Schwäbische Kronik vom 30. April 1857; Sebastian Bacher von Wurmlingen. Dessen Leben und Verurtheilung, nach dem Ergebnisse vor dem Geschwornengerichte dargestellt, nebst der Hinrichtung am 28. April 1857, Rottweil o. J., S. 6/7; Staatsarchiv Ludwigsburg E 312 I Bü 3 und E 177 I Bü 2803.

8 Sebastian Bacher (wie Anm. 7), S. 2/3; Schwäbische Kronik vom 7. April 1857.

9 Schwäbische Kronik vom 7. April 1857.

10 Sebastian Bacher (wie Anm. 7), S. 5-7; Schwäbische Kronik vom 7. April 1857 (s. auch die Ausgabe vom 6. März 1857).

11 Allgemeine Zeitung Nr. 122 vom 2. Mai 1857 (gleichlautend: Augsburger Tagblatt vom 3. Mai 1857, Fürther Tagblatt, Nürnberger Beobachter und Bayerisches Volksblatt vom 5. Mai 1857, Kempter Zeitung vom 8. Mai 1857 und Augsburger Postzeitung vom 10. Mai 1857).

12 Beschreibung des Raubmords, welchen der 20jährige Joseph Armbruster von Imbrand bei Oberndorf an der 50jährigen Katharina Summ zu Bergzell bei Wolfach in Baden am 12. März d. J. verübt hat, nebst dessen Hinrichtung durch das Fallbeil zu Rottweil, den 6. November 1860, Reutlingen 1860; Schwäbische Kronik des Schwäbischen Merkurs vom 14. und 17. Oktober 1860; Schwäbische Kronik vom 23. Oktober 1860 („Rottweil den 20. Okt. Sicherem Vernehmen nach hat der zum Tode verurtheilte Armbruster in den lezten Tagen beim K.-Oberamtsgericht reuevoll ein weiteres Bekenntniß dahin abgelegt, daß er mit vorgefaßtem Entschlusse, die Summ zu bestehlen und sie, wenn sie ihm im Wege sei, zu ermorden, an jenem Morgen in das Haus derselben gegangen sei, und daß er sie in ihrer Wohnstube ermordet habe").

13 Schwäbische Kronik vom 8. November 1860 („Ueber sein reumüthiges Benehmen seit seiner Verurtheilung ist in der heute hier erschienenen Lebensbeschreibung Armbrusters Ausführliches zu lesen"); Staatsarchiv Ludwigsburg E 312 I Bü

3; Oberamtsblatt für den Bezirk Reutlingen vom 9., 11., 13. und 16. November 1860; Aschaffenburger Zeitung Nr. 273 vom 13. November 1860.

14 Staatsarchiv Ludwigsburg E 177 I Bü 2803.

15 Der neue Pitaval. Eine Sammlung der interessantesten Criminalgeschichten aller Länder aus älterer und neuerer Zeit, 37. Teil (Neue Serie 1. Bd.), Leipzig 1866, S. 340 (auf S. 337 wird die falsche Angabe gemacht, dass die Leiche Chiognas am 19. März 1861 – statt 1862 – gefunden worden sei); Beschreibung des Raubmords, welcher durch 7 Italiener an einem ihrer Kameraden bei Tuttlingen verübt wurde, sowie die 4fache Hinrichtung der Mörder Orsolin, Tisott, Boso & Marcon am 6. Juni 1863 zu Rottweil a. R., S. 1/2.

16 Der neue Pitaval (wie Anm. 15), S. 372; Schwäbische Kronik vom 1. April 1863.

17 Der neue Pitaval (wie Anm. 15), S. 356; Pusterthaler Bote Nr. 17 vom 24. April 1863; Beschreibung des Raubmords (wie Anm. 15), S. 2-4.

18 Der neue Pitaval (wie Anm. 15), S. 351-357.

19 Pusterthaler Bote Nr. 18, 19 und 20 vom 1., 8. und 15. Mai 1863.

20 Der neue Pitaval (wie Anm. 15), S. 367-377; Beschreibung des Raubmords (wie Anm. 15), S. 4-7; Pusterthaler Bote Nr. 21 vom 22. Mai 1863; Volks- und Schützen-Zeitung Nr. 37 vom 27. März 1863 sowie Nr. 52, 53 und 54 vom 1., 4. und 6. Mai 1863; Schwäbische Kronik vom 3. Mai 1863; Ingolstädter Tagblatt Nr. 143 vom 25. Mai 1863; Zweibrücker Wochenblatt Nr. 64 vom 29. Mai 1863; Südtiroler Volksblatt Nr. 38 vom 13. Mai 1863; Die Glocke. Illustrirte Zeitung Nr. 228 vom 15. Mai 1863; Augsburger Neueste Nachrichten Nr. 123 vom 5. Mai 1863.

21 Landshuter Zeitung Nr. 131 vom 11. Juni 1863.

22 Der neue Pitaval (wie Anm. 15), S. 379-383; Beschreibung des Raubmords (wie Anm. 15), S. 7/8; Pusterthaler Bote Nr. 25 vom 19. Juni 1863; Schwäbische Kronik vom 9. Juni 1863; Staatsarchiv Ludwigsburg E 312 I Bü 3 und E 177 I Bü 2803; Deutsche Blätter (Beigabe zur Gartenlaube) Nr. 25 von 1863, S. 97-99; Didaskalia. Blätter für Geist, Gemüth und Publicität Nr. 160 vom 11. Juni 1863; Fremden-Blatt Nr. 158 vom 10. Juni 1863; Die Glocke. Illustrirte Zeitung Nr. 233 vom 19. Juni 1863; Laibacher Zeitung Nr. 131 vom 12. Juni 1863; Augsburger Postzeitung Nr. 134 vom 10. Juni 1863; Volks- und Schützen-Zeitung Nr. 66 und 68 vom 3. und 8. Juni 1863; Neue Augsburger Zeitung Nr. 158 vom 11. Juni 1863; Augsburger Tagblatt Nr. 153 vom 6. Juni 1863 (bei dem Prozess in Rottweil wurden erstmals Stenographen eingesetzt); Münchener Omnibus Nr. 163 vom 12. Juni 1863; Passauer Zeitung Nr. 158 vom 11. Juni 1863; Aschaffenburger Zeitung Nr. 140 vom 13. Juni 1863.

23 Der neue Pitaval (wie Anm. 15), S. 337-383.
Ein weiteres Todesurteil wurde am 8. Oktober 1827 an dem in Stetten wohnhaften Schneider Matthias Schnezler in Rottweil vollsteckt. In der von Amts wegen zur Revision vorgelegten Untersuchungssache des Oberamtsgerichts Rottweil gegen Schnezler hatte der Kriminalsenat des Obertribunals am 4. September 1827 erkannt, dass der Angeschuldigte wegen Giftmords „an einem neugebornen, von seiner Ehefrau vermeintlich im Ehebruche erzeugten Kinde“ zur Enthauptung

durch das Schwert zu verurteilen sei. König Wilhelm I. lehnte am 21. September 1827 eine Begnadigung ab (Straf-Erkenntnisse der Gerichtshöfe des Königreichs Württemberg vom Jahr 1827, S. 310; Staatsarchiv Ludwigsburg E 177 I Bü 2803).

Calw:

1 Kurze Darstellung des von den Brüdern Johannes und Jacob Bernhard Jäger aus Calmbach, im Schwarzwalde an dem Michael Vogt von Malmsheim den 13ten Februar 1812 verübten Raubmordes, Calw, o. J., S. 5/6.

2 Ebda., S. 10.

3 Ebda., S. 10-14.

4 Gebauer, Hellmut J.: Calw – Geschichte einer Stadt. Recht und Ordnung. Gerichtsbarkeit, Calw 2006, S. 69.

5 Kurze aktenmäßige Beschreibung des von der ledigen Gertrude Pfeifflin von Teinach, den 24. Junius 1817, an der Wittwe Anna Maria Blocher von Nordstetten, geborner Joachim von Bierlingen, begangenen Raub-Mord-Verbrechens, Stuttgart 1818, S. 3-5.

6 Ebda., S. 5-15.

7 Gebauer (wie Anm. 4), S. 69.

8 HStA Stuttgart, E 146/2 Nr. 2284 (Vollstreckung von Todesurteilen, Spezialakten 1812-1866).

9 Württembergisches Regierungsblatt, 1818, S. 527; Kurze aktenmäßige Beschreibung (wie Anm. 5), S. 15/16; Württembergische Jahrbücher für vaterländische Geschichte, Geographie, Statistik und Topographie, 1823, 2. Heft, S. 420; Gebauer (wie Anm. 4), S. 70/71; Schnierle-Lutz, Herbert: Hermann Hesse in Calw. Biografische Informationen und Stadtrundgang auf den Spuren des Dichters, Calw 2002, S. 106/07; Becker, Monika: Kriminalität, Herrschaft und Gesellschaft im Königreich Württemberg. Ein Beitrag zur historischen Kriminologie unter Berücksichtigung von Normen- und Sozialgeschichte in Württemberg von 1830 bis 1848, 2001, S. 172.

Ludwigsburg:

1 Württembergisches Regierungsblatt, 1812, S. 552.

2 HStA Stuttgart, E 146/2 Nr. 2284, Vollstreckung von Todesurteilen / Spezialakten 1812-66.

3 Kurze aktenmäßige Beschreibung des von Christian Wilhelm Stölzel von Backnang, den 12. October 1828 an dem Israeliten Jonas Gutmann von Ludwigsburg begangenen Raubmord-Verbrechens, Stuttgart 1829; Straf-Erkenntnisse der Gerichtshöfe des Königreichs Württemberg vom Jahr 1829, S. 168; Der Bayerische Landbote vom 28. Mai 1829; Zeitung für die elegante Welt Nr. 74 vom 13. April 1829; Neueste Weltbegebenheiten. Erzählt von einem Weltbürger Nr. 80 vom 19. Mai 1829; Regensburger Zeitung Nr. 120 vom 21. Mai 1829.

Esslingen am Neckar:

1 Staatsarchiv Ludwigsburg D 70 Bü 20, 21 und 22.

2 Württembergisches Regierungsblatt, 1812, S. 611.

3 Staatsarchiv Ludwigsburg D 70 Bü 22; Württembergisches Regierungsblatt, 1809, S. 76-79 (Abschaffung der Tortur).

4 Staatsarchiv Ludwigsburg D 70 Bü 22.

5 Ebda.

6 Prozeß gegen die doppelte Mörderin Margar. Dorothee Stierlen und den Mörder Christian Lukas Hörtig. Getreu dargestellt nach der Anklageakte und den Schwurgerichtsverhandlungen mit den Portraits der beiden Verbrecher. Nach der Natur aufgenommen während der Verhandlungen im Schwurgerichtssaale, Stuttgart 1866, S. 7 (Stierlen wurde am 30. März 1824 geboren).

7 Augsburger Neueste Nachrichten Nr. 284 vom 16. Oktober 1866 (s. auch die Ausgabe vom 10. Dezember 1866).

8 Neueste Nachrichten aus dem Gebiete der Politik, Unterhaltungs-Blatt Nr. 81 vom 11. Oktober 1866.

9 Prozeß (wie Anm. 6), S. 19-26; Augsburger Neueste Nachrichten Nr. 284 vom 16. Oktober 1866.

10 Prozeß (wie Anm. 6), S. 12/13.

11 Ebda., S. 13-19 und 26-28.

12 Ebda., S. 31/32; Neueste Nachrichten aus dem Gebiete der Politik, Unterhaltungs-Blatt Nr. 81 vom 11. Oktober 1866; Schwäbische Kronik vom 2., 6. und 9. Oktober 1866; Familienblätter (Unterhaltungsblatt zum Neuen Bayerischen Kurier) Nr. 80 vom 7. Oktober 1866; Conversations-Blatt (Beiblatt zum Regensburger Tagblatt) Nr. 120 vom 10. Oktober 1866; Bohemia Nr. 240 vom 9. Oktober 1866; Aussinger Anzeiger Nr. 41 vom 13. Oktober 1866; Telegraf Nr. 245 vom 12. Oktober 1866; Fremden-Blatt Nr. 279 vom 11. Oktober 1866; Neue Würzburger Zeitung Nr. 277/78 und 280 vom 8. und 10. Oktober 1866.

13 Neue Preußische Kreuz-Zeitung vom 16. Dezember 1866.

14 Neue Preußische Kreuz-Zeitung vom 29. Dezember 1866; Staatsarchiv Ludwigsburg E 312 I Bü 3 (Zeitungsausschnitte über das Thema Todesstrafe).

15 Staatsarchiv Ludwigsburg E 312 I Bü 3.

16 Neue Preußische Kreuz-Zeitung vom 29. Dezember 1866; Innsbrucker Tagblatt Nr. 150 vom 28. Dezember 1866; National-Zeitung vom 21. Dezember 1866; Volks-und Schützen-Zeitung Nr. 154 vom 24. Dezember 1866; Straubinger Tagblatt Nr. 298 und 300 vom 21. und 23. Dezember 1866; Kemptner Zeitung Nr. 300 vom 20. Dezember 1866; Troppauer Zeitung 279 vom 23. Dezember 1866; s. auch: Hauptstaatsarchiv Stuttgart E 14 Bü 306 (Unterstützung der Witwe Hörtig) und E 14 Bü 2058 (Kinder der hingerichteten Margarethe Stierlin).

Heilbronn:

1 Württembergisches Regierungsblatt, 1814, S. 321; Schrenk, Christhard: Heilbronnica. Beiträge zur Stadtgeschichte, Bd. 1, Heilbronn 2000, S. 312.

2 Staatsarchiv Ludwigsburg E 325 Bü 12 und 13.

3 Staatsarchiv Ludwigsburg E 325 Bü 13.

4 Ebda.

5 Ulmer Volksbote vom 4, 5. und 6. Oktober 1899.

6 Seeblatt vom 3. Oktober 1899; Renz, Alexander und Föll, Werner: Chronik der Stadt Heilbronn 1896-1921, Heilbronn 1986, S. 33; Staatsarchiv Ludwigsburg E 325 Bü 13.

7 Neckar-Zeitung Nr. 277 vom 25. November 1899 (auch in: Staatsarchiv Ludwigsburg E 325 Bü 13); Seeblatt vom 28. November 1899 („Die Exekution fand in Gegenwart von Gerichtspersonen, den Vertretern der Stadt und der Presse sowie ca. 300 Privatpersonen statt, denen Karten verabfolgt waren"); Münchener Neueste Nachrichten vom 28. November 1899; BA Potsdam, Rep. 5669.

8 Staatsarchiv Ludwigsburg E 325 Bü 16.

9 Ebda.

10 Ebda. (s. auch Bü 15); Neckar-Zeitung Nr. 84 bis 86 vom 11. bis 13. April 1901 (auch in: Staatsarchiv Ludwigsburg E 325 Bü 16); Seeblatt vom 14. April 1901.

11 Seeblatt und Münchener Neueste Nachrichten vom 15. Juni 1901.

12 Seeblatt, Ulmer Volksbote und Münchener Neueste Nachrichten vom 2. Dezember 1905.

13 Ulmer Volksbote und Rosenheimer Anzeiger (Nr. 136) vom 15. Juni 1905.

14 Badischer Landesbote vom 17. Juni und 8. Oktober 1905; Seeblatt vom 2. Dezember 1905; Rosenheimer Anzeiger Nr. 274 vom 1. Dezember 1905.

15 Schwäbischer Volksbote vom 22. März 1921.

16 Ebda.; Schwäbischer Merkur vom 29. Januar 1921; Badische Presse und Handels-Zeitung Nr. 51 vom 1. Februar 1921.

17 Neckar-Zeitung vom 23. März 1921.

18 Ebda.; Neckar-Zeitung vom 24. März 1921; Schwäbischer Volksbote vom 24. März 1921; Evans, Richard: Rituals of Retribution, Oxford 1996, S. 552.

Göppingen:

1 Württembergisches Regierungsblatt (Königlich-Württembergisches Staats- und Regierungs-Blatt) 1815, S. 135.

2 Württembergisches Regierungsblatt 1816, S. 242.

3 Württembergisches Regierungsblatt, 1818, S. 474.

4 Kurze aktenmäßige Beschreibung des von Johann Friedrich Raff von Göppingen am 8. August 1826 an seiner Ehefrau verübten Meuchelmords, Stuttgart 1827, S. 3.

5 Ebda., S. 4.

6 Ebda., S. 4-7.

7 Ebda., S. 8; Straf-Erkenntnisse der Gerichtshöfe des Königreichs Württemberg vom Jahr 1827, S. 292/93; StadtA Ulm, H Weidenkeller (Gehilfe Weidenkellers war „Adolph Widmann Scharfrichter in Heidenheim"); Staatsarchiv Ludwigsburg E 188 a Bü 126; Engel, M. Christ.: Rede, gehalten nach dem an dem Gattenmörder Friedrich Raff, den 14. Sept. in Göppingen vollzogenen Todesurtheil; Bühler, Heinz: Das beamtete Bürgertum in Göppingen und sein soziales Verhalten, 1815-1848, Göppingen 1976. S. 123.

8 Staatsarchiv Ludwigsburg E 350 Bü 37 (darin: Kurze aktenmäßige Beschreibung des von Thomas Friedrich Rammenstein von Faurndau, Oberamts Göppingen, am 10. September 1833 an dem Schultheißen Auwärter von Faurndau verübten Mordes, Stuttgart 1834).

9 Ebda.

10 Münchener Tagblatt Nr. 185 vom 7. Juli 1834.

11 Staatsarchiv Ludwigsburg E 350 Bü 37; Hegele, Anton: Göppinger Geschichten. Von Menschen, Ereignissen und Bauwerken, Göppingen 2005, S. 112; Württembergische Jahrbücher für vaterländische Geschichte, Geographie, Statistik und Topographie, Jahrgang 1835, Stuttgart und Tübingen 1836, S. 252; Der Bayerische Landbote Nr. 188 vom 7. Juli 1834; Der Bayerische Volksfreund vom 9. Juli 1834; Allgemeine Zeitung von und für Bayern Nr. 188 vom 7. Juli 1834; Regensburger Zeitung Nr. 161 vom 8. Juli 1834; Münchener Politische Zeitung Nr. 159 vom 7. Juli 1834; Kirschmer, Karl: Die Geschichte der Stadt Göppingen, I. und II. Teil, Göppingen 1952, S. 91.

12 Staatsarchiv Ludwigsburg E 350 Bü 37; Rechts-Erkenntnisse der Gerichtshöfe des Königreichs Württemberg, 1834, S. 237/8; StadtA Ulm, H Weidenkeller (Gehilfe war „Kleemeisters Sohn in Geißlingen Paulus Vollmann").

Ulm:

1 Staatsarchiv Ludwigsburg D 70 Bü 24.

2 National-Zeitung der Deutschen, 49. Stück vom 6. Dezember 1815 (Sp. 994-997).

3 Staatsarchiv Ludwigsburg D 70 Bü 24.

4 Ebda.

5 Ebda.; Württembergisches Regierungsblatt, 1815, S. 351; StadtA Ulm, H Weidenkeller (erster Gehilfe war Weidenkellers Vater Joachim Weidenkeller); National-Zeitung der Deutschen, 41. Stück vom 11. Oktober 1815 (Sp. 825).

6 Staatsarchiv Ludwigsburg D 70 Bü 24.

7 Ebda.; Eselbergwald: Genealogisches Jahrbuch, Bd. 43, Neustadt an der Aisch 2003, S. 46.

8 Kapff, F. M. (Hrsg.): Selige letzte Stunden hingerichteter Personen, gesammelt von Johann Jakob Moser, Stuttgart 1861, S. 155-157; Schwäbische Kronik vom 13. und 25. Mai 1860.

9 Kapff (wie Anm. 8), S. 158/59; Schwäbische Kronik vom 28. Juni 1860.

10 Kapff (wie Anm. 8), S. 159-163; Schwäbische Kronik vom 15. Juli 1860 („Für die Intramuranhinrichtung dürfte übrigens kaum ein zweckmäßigerer Plaz gefunden werden können, und daß, so lange noch die Todesstrafe besteht, nur diese Art ihrer Exekution zu empfehlen ist, davon sind wohl sämmtliche in ziemlicher Menge bei dem heutigen Akte Versammelten überzeugt geworden. Die Vergleiche zwischen beiden Hinrichtungsarten lassen sich für uns in der Nähe (Bayern) anstellen. Wir glauben, daß der Vergleich für uns vortheilhaft ausfällt." In Bayern wurde die Intramuranhinrichtung am 10. November 1861 eingeführt – s. Bürger, Udo: Die spektakulärsten Kriminalfälle in Altbayern, Erfurt 2018, S. 30/31); Staatsarchiv Ludwigsburg E 312 I Bü 3; Passauer Zeitung Nr. 195 vom 17. Juli 1860.

11 Schwäbische Kronik vom 17. August 1862; Staatsarchiv Ludwigsburg E 312 I Bü 3; Leben und Tod des Georg Friedrich Braun, gewesenen Schäfers von Botenheim O.-A. Brackenheim, Mörders der Linsenmaier'schen Eheleute von Ohmden O.-A. Kirchheim. Hingerichtet zu Ulm den 16. August 1862. Zum Schrecken aller Bösewichte in Reime gebracht. Mit einer Abbildung seiner Hinrichtung, Ulm o. J., S. 8; Neue Augsburger Zeitung Nr. 224 vom 17. August 1862; Augsburger Postzeitung Nr. 194 vom 18. August 1862.

12 Vollständige Zusammenstellung der Schwurgerichts-Verhandlungen gegen den wegen Doppelmords an den Linsenmaier'schen Eheleuten von Ohmden, O.-A. Kirchheim, angeklagten und nun zum Tode verurtheilten Georg Friedrich Braun, Schäfer von Botenheim, O.-A. Brackenheim. Mit einer Abbildung des Mörders. Verhandelt vor dem Schwurgerichte zu Ulm vom 7.-22. Juli 1862, Ulm 1862; Anklagesache gegen den Schäfer Georg Friedrich Braun von Botenheim O.A. Brackenheim wegen Mords, verhandelt vor dem Schwurgerichtshofe zu Ulm im Juli 1862, Ulm 1862; Schwäbische Kronik vom 18. und 25. Juli 1862.

13 Der Sammler (Beilage zur Augsburger Abendzeitung) Nr. 100 vom 28. August 1862 (s. auch Nr. 98 und 99 vom 23. und 26. August 1862).

14 Schwäbischer Volksbote vom 5. November 1920.

15 Schwäbischer Volksbote vom 6. November 1920.

16 Schwäbischer Volksbote vom 11. Mai 1921; Der Volksfreund vom 12. Mai 1921.

17 Schwäbischer Volksbote vom 2. Juni und 21. August 1926; Allgemeine Zeitung am Abend Nr. 193 vom 23. August 1926; weitere Hinrichtungen in Ulm: 1) Am Morgen des 6. Dezember 1900 wurde in Ulm der 32-jährige Schneider Ernst Andrä aus Söflingen (Stadtteil von Ulm) durch Scharfrichter Siller guillotiniert. Er hatte am 28. August 1900 die fünfjährige Therese Baumgartner, Tochter eines Tagelöhners, getötet. Die Geschworenen des Ulmer Schwurgerichts bejahten am 12. Oktober 1900 die Schuldfrage wegen Mordes und wegen einer gewaltsamen Vornahme unzüchtiger Handlungen an dem Mädchen sowie der 70 Jahre alten

Veronika Breck. Dagegen verneinten sie die Schuldfrage wegen Notzucht an der Fünfjährigen. Das Urteil lautete auf Todesstrafe und zehn Jahre Zuchthaus (Ulmer Volksbote vom 14. Oktober und 7. Dezember 1900; Neue Preußische Kreuz-Zeitung vom 8. Dezember 1900); 2) Scharfrichter Siller nahm am 28. Mai 1903 eine Doppelhinrichtung in Ulm vor. Auf dem Hof des dortigen Kriminalgefängnisses guillotinierte er um 5 Uhr morgens die 47-jährige Maurersfrau Margarete Schenzle aus Indelhausen (Hayingen) und danach den 54-jährigen Bauern und Schafhalter Jakob Raach aus Oberstetten (Hohenstein). Gleichzeitig hielt man in der Wengenkirche eine Totenmesse. Die Hingerichteten hatten im Dezember 1902 gemeinsam den Mann von Frau Schenzle ermordet und waren am 16. April 1903 vom Schwurgericht Ulm zum Tode verurteilt worden. Am 26. Mai 1903 eröffnete man ihnen, dass König Wilhelm II. keine Begnadigung gewährt hatte (Ulmer Volksbote vom 27. und 28. Mai 1903; Seeblatt vom 30. Mai 1903; Rosenheimer Anzeiger Nr. 120 vom 28. Mai 1903); 3) Bei einer weiteren Hinrichtung auf dem Hof des Ulmer Landgerichtsgefängnisses am Morgen des 14. Dezember 1921 wurde der 20 Jahre alte Bauernsohn Karl Etzel aus Weilheim an der Teck mit dem Fallbeil vom Leben zum Tode gebracht. Er hatte am 26. Juni 1921 seine schwangere Geliebte Maria Frank, Tochter eines Messerschmieds aus Weilheim, in einen Wald gelockt und sie dort mit einem Strick erdrosselt. Das Schwurgericht Ulm verurteilte ihn am 28. Oktober 1921 wegen Mordes zum Tode. Das Urteil wurde von Staatspräsident Hieber bestätigt (Rosenheimer Anzeiger Nr. 151 vom 4. Juli 1921; Schwäbischer Merkur vom 29. Oktober 1921; Schwäbischer Volksbote vom 14. Dezember 1921).

Ravensburg:

1 Kurze aktenmäßige Beschreibung des von Franz Xaver Dietenberger von Kemmerlang, Oberamts Ravensburg, den 16. April 1830 verübten Brudermords, so wie des am 14. Juni desselben Jahrs vollführten Todtschlags der Johanna Mayer, 1831, S. 1-3.

2 Ebda., S. 7.

3 Ebda.

4 Straf-Erkenntnisse der Gerichtshöfe des Königreichs Württemberg vom Jahr 1831, S. 54/55; Eben, Johann Georg: Versuch einer Geschichte der Stadt Ravensburg von Anbeginn bis auf die heutigen Tage, 4. Heft, Ravensburg 1832, S. 529-531; Der Bayerische Landbote vom 20. Februar 1831; Neue Augsburger Zeitung Nr. 48 vom 17. Februar 1831; Augsburger Ordinari Postzeitung Nr. 49 vom 18. Februar 1831; Scharfrichter Weidenkeller: Genealogisches Jahrbuch, Bd. 43, Neustadt an der Aisch 2003, S. 46 und StadtA Ulm, H Weidenkeller (der Vorführer/Gehilfe war Michael Däubler, Kleemeister in Biberach).

5 Beschreibung des Oberamts Ravensburg, Stuttgart und Tübingen 1836, S. 131.

6 Schwäbische Kronik des Schwäbischen Merkurs vom 16. März 1880.

7 Ebda.

8 Seeblatt (Friedrichshafen) vom 17. April 1880.

9 Ebda.; Neue Preußische Kreuz-Zeitung vom 20. und 23. April 1880; Schwäbische Kronik des Schwäbischen Merkurs vom 17. April 1880.
In Ravensburg gab es noch einige andere Hinrichtungen:
1) Am 13. Februar 1816 erkannte das Königliche Kriminaltribunal in der Untersuchungssache gegen die Bandenmitglieder Michael Bezlen aus dem ehemaligen Oberamt Tettnang und Johann Mayer (vulgo Sackbaur) wegen mehrerer Brandstiftungen, Raubüberfällen, Diebstählen und Gotteslästerung auf Todesstrafe mit dem Schwert. Das Urteil wurde am 23. Februar 1816 in Ravensburg vollstreckt (Württembergisches Regierungsblatt, 1816, S. 64; Eben, wie Anm. 4, S. 528/29);
2) Am Morgen des 26. März 1896 fand in Ravensburg die Hinrichtung des Korbmachers Quirin Eisele aus Unterbaldingen (Bad Dürrheim) statt, der am 2. März 1896 vom Ravensburger Schwurgericht unter großem Andrang des Publikums zum Tode und 15 Jahren Zuchthaus verurteilt worden war. Er hatte am 24. Dezember 1895 nachts bei Göttlishofen (Argenbühl) den Bauern Alois Bodenmüller durch Schläge mit einem Prügel, Stiche mit einem Küferschnitzer und Schnitte mit einem Rasiermesser ermordet und anschließend beraubt sowie die Bäuerin durch Androhung von Gewalt zur Herausgabe von Geld gezwungen (Seeblatt vom 5. und 28. März 1896; Münchener Neueste Nachrichten vom 28. März 1896);
3) Wegen „Lustmordes" stand der 40-jährige Tagelöhner Anton Zacharias Wielath aus Ravensburg in einer nicht öffentlichen Sitzung vor dem dortigen Schwurgericht. Er war angeklagt, am Abend des 31. Juli 1901 in Weingarten die im Mai 1868 in Buchs (Kanton St. Gallen) geborene Fabrikarbeiterin Christina Darnutzer erwürgt zu haben, und wurde am 18. Dezember 1902 zum Tode verurteilt. Seine Hinrichtung fand am Morgen des 11. Februar 1903 auf dem Hof des Ravensburger Gefängnisses statt (Seeblatt vom 21. Dezember 1902; Ulmer Volksbote vom 12. Februar 1903; Münchener Neueste Nachrichten vom 13. Februar 1903; Rosenheimer Anzeiger Nr. 36 vom 14. Februar 1903);
4) Der Landwirt Johann Michelberger aus Blochingen (Teilort der Stadt Mengen) wurde am 3. August 1921 in Ravensburg guillotiniert. Er hatte am Morgen des 6. Mai 1921 seine Frau mit einem Strick erdrosselt und den Leichnam im Keller aufgehängt, um einen Selbstmord vorzutäuschen. Das Motiv für die Tat lag darin, dass Frau Michelberger ihrem Mann, besonders nachdem er von der Strafkammer Ravensburg wegen eines Sittlichkeitsverbrechens zu zehn Monaten Gefängnis verurteilt worden war, des Öfteren mit Scheidung gedroht hatte, sodass er den Verlust des ziemlich großen Vermögens seiner Frau befürchtete. Am 23. Juni 1921 verhängte das Ravensburger Schwurgericht die Todesstrafe über ihn (Stuttgarter Neues Tagblatt vom 25. Juni 1921; Schwäbischer Volksbote vom 27. Juni und 5. August 1921; München-Augsburger Abendzeitung vom 11. August 1921);
5) Am 17. März 1922 erdrosselte der Bäcker und Reisende Gotthilf Reusch aus Oberailingen in Winterbach die elfjährige Pflegetochter des Schreinermeisters Leutze, um in dessen Haus einen Diebstahl verüben zu können. Nachdem er am 1. Juni 1922 vom Ravensburger Schwurgericht zum Tode verurteilt und das Urteil von Staatspräsident Hieber bestätigt worden war, wurde der 28-Jährige am 15. Juli 1922 in Ravensburg hingerichtet (Stuttgarter Neues Tagblatt vom 2. Juni

1922; Schwäbischer Volksbote vom 14. und 17. Juli 1922 – Ravensburg: „Dies ist innerhalb Jahresfrist die zweite Hinrichtung hier. Konnte letztere nicht auf billigere Weise, durch Erschießen geschehen, als durch das kostspielige Fallbeil?"); 6) Wegen Mordes an seinem Vater Franz Zell verhängte das Schwurgericht Ravensburg am 17. Oktober 1929 die Todesstrafe über den 25-jährigen Landwirt Julius Zell aus Zweifelsberg im damaligen Oberamt Biberach. Nach Bestätigung des Urteils durch Staatspräsident Bolz erfolgte am 21. Juni 1930 die Hinrichtung des Verurteilten auf dem Hof des Amtsgerichtsgefängnisses Ravensburg (Schwäbischer Merkur vom 16., 17. und 18. Oktober 1929 sowie vom 22. Juni 1930; Münchener Neueste Nachrichten vom 23. Juni 1930; Hauptstaatsarchiv Stuttgart Q 1/25 Bü 65: Hinrichtung des Vatermörders Julius Zell).

Böblingen:

1 Staatsarchiv Ludwigsburg E 319 Bü 140.

2 Ebda.

3 Ebda.

4 Ebda.; Kurze aktenmäßige Beschreibung des von August Gotthilf Hahn von Magstadt, Oberamts Böblingen, in Gemeinschaft mit Michael Waldenmayer von Eltingen am 4. April 1818 an seinem Vater, dem Waldhornwirth M. Hahn zu Magstadt verübten Mordes, Stuttgart 1919; Württembergisches Regierungsblatt, 1819, S. 844; Württembergische Jahrbücher für vaterländische Geschichte, Geographie, Statistik und Topographie, 1823, 2. Heft, S. 422.

Aalen:

1 Kurze Beschreibung des vom Schullehrer Johann Jakob Riesenmann in Fachsenfeld und dessen Frau Elisabetha Magdalena, an dem Verwalter und Schulmeister Sartori und dessen Frau verübten Giftmords und Vergiftung. Beide Verbrecher wurden am 8ten Januar 1821 in der Oberamts-Stadt Aalen, mit dem Schwerdte hingerichtet, 1821 (Frau Riesenmann war eine gebürtige Fuchs).

2 Ebda.

3 Münchener politische Zeitung Nr. 18 vom 20. Januar 1821; Oesterreichischer Beobachter Nr. 37 vom 6. Februar 1821; Jurende's vaterländischer Pilger im Kaiserstaate Oesterreichs. Ein Haus- und Geschäfts-Kalender für alle Provinzen des österreichischen Gesammtreiches auf das Jahr 1822, 9. Jahrgang, S. 181.

4 StadtA Ulm, H Weidenkeller.

5 Kurze Beschreibung (wie Anm. 1); Württembergisches Regierungsblatt, 1821, S. 104; Württembergische Jahrbücher für vaterländische Geschichte, Geographie, Statistik und Topographie, 1823, 2. Heft, S. 424; s. auch: Jäger, Viktor August: Kurze Geschichte der beyden Giftmörder, des Johann Jakob Riesenmann und seiner Ehefrau Elisabeth Magdalena, geb. Fuchs, von Fachsenfeld, Ober-Amts Aalen, nebst der von M. Viktor Aug. Jäger, evangel. Stadtpfarrer zu Gmünd nach der Hinrichtung den 8. Januar 1821 in der Stadtkirche zu Aalen gehaltenen Predigt, 1821; Friedrich, Gerd: Die Volkschule in Württemberg im 19. Jahrhundert, 1978, S. 121.

Gaildorf:

1 Württembergisches Regierungsblatt, 1821, S. 785 (Bestätigung des Todesurteils durch König Wilhelm I. am 28. August 1821); Württembergische Jahrbücher für vaterländische Geschichte, Geographie, Statistik und Topographie, 1823, 2. Heft, S. 425.

2 Lebensbeschreibung des Seifensieders Gottfried Michael Schneider, nebst Darstellung dessen Hinrichtung zu Gaildorf, den 23. März 1841, Stuttgart 1841, S. 5; Kurze aktenmäßige Beschreibung des von Gottfried Michael Schneider von Untergröningen, Ob.-A- Gaildorf, im März 1840 an seinem Kinde verübten Giftmordes, 1840, S. 5/6.

3 Lebensbeschreibung (wie Anm. 2), S. 5; Kurze aktenmäßige Beschreibung (wie Anm. 2), S. 6.

4 Lebensbeschreibung (wie Anm. 2), S. 7 (in dieser Schrift auch von Schneider im Gefängnis verfasste Verse an seine Eltern, seine Geschwister und seine Frau); Rechts-Erkenntnisse der Gerichtshöfe des Königreichs Württemberg, 1841, S. 82; Annalen der deutschen und ausländischen Criminal-Rechtspflege, 65. Band, Leipzig 1853, S. 253; Der bayerische Volksfreund Nr. 72 vom 28. März 1841; Neue Speyerer Zeitung Nr. 62 vom 28. März 1841; Bayreuther Zeitung Nr. 76 vom 30. März 1841; Der Bayerische Landbote Nr. 87 vom 28. März 1841; Lebensdaten Seltenreich: Genealogisches Jahrbuch, Bd. 43, Neustadt an der Aisch 2003, S. 46 (hier heißt es irrtümlich, die Hinrichtung Schneiders sei am 23. März 1831 erfolgt), s. auch: Staatsarchiv Ludwigsburg E 173 I Bü 929 (Ableben des Scharfrichters und Kleemeisters Neher in Stuttgart, Wiederbesetzung der Stelle mit dem Metzgermeister Karl Christian Seltenreich aus Stuttgart, 1836).

Gerabronn:

1 Staatsarchiv Ludwigsburg E 341 I Bü 77 (s. auch Bü 73-76).

2 Ebda. (Blumenstock war ein Sohn des 1795 verstorbenen Gemeindehirten Christoph Blumenstock aus Asbach).

3 Württembergisches Regierungsblatt, 1823, S. 824; Aschaffenburger Zeitung vom 25. September 1823; Württembergische Jahrbücher für vaterländische Geschichte, Geographie, Statistik und Topographie, 1823, 2. Heft, S. 428; Kurze aktenmäßige Beschreibung des von dem ledigen Bauernknecht Johann Michael Blumenstock von Asbach, Oberamts Gerabronn, den 8. Februar 1820 an Caspar Hornung zu Reubach verübten Meuchelmords, Stuttgart 1823.

4 Württembergisches Regierungsblatt, 1823, S. 486/87.
In Gerabronn gab es 1830 eine Doppelhinrichtung. Der Kriminalsenat des Obertribunals erkannte am 28. August 1830, dass Johann Michael Gerbing aus Hornberg wegen „mehrfachen wider das Leben seiner Ehefrau gerichteten Unternehmungen" und eines am 13. März 1829 an ihr verübten Meuchelmordes zur Todesstrafe zu verurteilen sei, ebenso die mitbeschuldigte Magdalene Hafner aus Hornberg wegen Anstiftung dazu (Miturheberschaft). König Wilhelm I. bestätigte das Urteil am 4. Oktober 1830, woraufhin die Doppelhinrichtung mit dem Schwert am 19. Oktober 1830 in Gerabronn vorgenommen wurde (Straf-Er-

kenntnisse der Gerichtshöfe des Königreichs Württemberg vom Jahr 1830, S. 302/3; Württembergische Jahrbücher für vaterländische Geschichte, Geographie, Statistik und Topographie, 1830, S. 234).

Welzheim:

1 Frankfurter Oberpostamts-Zeitung Nr. 301 vom 29. Oktober 1823; Der aufrichtige und wohlerfahrene Schweizer-Bote Nr. 45 vom 6. November 1823.

2 Württembergisches Regierungsblatt, 1823, S. 912; Württembergische Jahrbücher für vaterländische Geschichte, Geographie, Statistik und Topographie, 1823, 2. Heft, S. 428; Magdeburgische Zeitung vom 6. November 1823.

3 Kurze aktenmäßige Beschreibung des von Johann Georg Weller vom Vogelhof, Oberamts Welzheim, den 10. Juni 1828 an seinem Stiefvater Christian Müller von Welzheim verübten Raubmords, 1829.

4 Ebda.; Straf-Erkenntnisse der Gerichtshöfe des Königreichs Württemberg vom Jahre 1829, S. 116; Regensburger Zeitung Nr. 84 vom 8. April 1829.

Schwäbisch Hall:

1 Schwäbische Kronik vom 23. September 1857 (s. auch Schwäbische Kronik vom 25. September und 1. Oktober 1857); Staatsarchiv Ludwigsburg E 345 Bü 3 und 4.

2 Staatsarchiv Ludwigsburg E 345 Bü 3 und 4; Schwäbische Kronik vom 12. April 1857.

3 Bayerisches Volksblatt Nr. 236 vom 5. Oktober 1857; Staatsarchiv Ludwigsburg E 345 Bü 3 und 4.

4 Schwäbische Kronik vom 25. Oktober 1857; Der Bayerische Landbote vom 4. Dezember 1857; Staatsarchiv Ludwigsburg E 312 I Bü 3.

5 Schwäbische Kronik vom 25. Oktober 1857.
Zu einer weiteren Hinrichtung in Schwäbisch Hall: In der Untersuchungssache gegen Carl Bauer aus Jagsthausen (bei Schöntal) erkannte der Kriminalsenat des Obertribunals am 15. Mai 1824, dass der Angeschuldigte wegen eines Raubes und vorsätzlicher Tötung des Beraubten sowie wegen mehrerer Diebstähle zur Todesstrafe durch das Schwert zu verurteilen sei. Nach Bestätigung des Urteils durch König Wilhelm I. am 3. Juli 1824 fand die Hinrichtung Bauers am 24. Juli 1824 in Schwäbisch Hall statt (Württembergisches Regierungsblatt, 1824, S. 745).

Stuttgart:

1 Staatsarchiv Ludwigsburg E 319 Bü 150; Kurze aktenmäßige Beschreibung des von Johann Georg Philipp Datpheus von Stuttgart, den 29. September 1824 an dem Spinnhaus-Aufseher Heinrich Gebhard Grempenfort daselbst verübten Mords, Stuttgart 1825.

2 Staatsarchiv Ludwigsburg E 319 Bü 150.

3 Kurze aktenmäßige Beschreibung (wie Anm. 1), S. 7.

4 Staatsarchiv Ludwigsburg E 319 Bü 150.

5 Ebda.; Rechts-Erkenntnisse der Gerichtshöfe des Königreichs Württemberg vom Jahr 1825, S. 35.

6 Magdeburgische Zeitung vom 22. März 1825 (s. auch die Ausgabe vom 5. März); Regensburger Zeitung Nr. 76 vom 30. März 1825; Der bayerische Volksfreund Nr. 35 vom 22. März 1825; Der aufrichtige und wohlerfahrene Schweizer-Bote Nr. 9 vom 3. März 1825; Rede unmittelbar nach der Enthauptung des Mörders J.G.P. Datpheus, den 21. Februar 1825 auf dem Schaffot gehalten von Einem seiner beichtväterlichen Begleiter Diaconus M. Hoffmann. Nebst Bemerkungen über den Seelen-Zustand des Verbrechers in den letzten Wochen vor seiner Hinrichtung von Diaconus M. Gerock, Stuttgart 1825; Vischer, Friedrich Theodor von: Allotria 1892, S. 257 ff. (Wie Johann Philipp Datpheus von Stuttgart den 29. September 1824 daselbst den Spinnhaus-Aufseher Heinrich Gebhard Grempenfort ermordete und hierauf den 21. Februar 1825 hingerichtet wurde).

7 Staatsarchiv Ludwigsburg E 319 Bü 150.

8 Bühler, Susanne: Gift für den Gatten. Ein Stuttgarter Mordfall im 19. Jahrhundert, Tübingen und Stuttgart 1995, S. 15-21, 49 und 139; Staatsarchiv Ludwigsburg E 319 Bü 159-160; Luna, Beiblatt zur Agramer politischen Zeitung Nr. 4 vom 11. Januar 1845.

9 Bühler (wie Anm. 8), S. 22-32; Der neue Pitaval. Eine Sammlung der interessantesten Criminalgeschichten aller Länder aus älterer und neuerer Zeit, 16. Teil (Neue Folge 4. Teil), Leipzig 1850, S. 328-337; Hitzigs Annalen der deutschen und ausländischen Criminal-Rechtspflege, 35. Bd. (Neue Folge 5. Bd.), Altenburg 1846, S. 243-255; Gerichtshalle. Sammlung merkwürdiger Rechtsfälle aus älterer und neuester Zeit, 1848, 2. Bd., Frankfurt/Main 1848, S. 66-71.

10 Bühler (wie Anm. 8), S. 33-48.

11 Kurze aktenmäßige Beschreibung des von der Christiane Ruthardt, gebürtig von Stuttgart, an ihrem Ehemanne, dem Goldarbeiter Eduard Ruthardt von Ludwigsburg, verübten Mords, Stuttgart 1845, S. 4.

12 Literatur und Kriminalität. Die gesellschaftliche Erfahrung von Verbrechen und Strafverfolgung als Gegenstand des Erzählens, Deutschland, England und Frankreich 1850-1880, Tübingen 1983, S. 274; Bühler (wie Anm. 8), S. 140.

13 S. dazu: Literatur und Kriminalität (wie Anm. 12), S. 239-359: Hier sind, wie auch in Hitzigs Annalen (wie Anm. 9, S. 241-360) die wesentlichen, den Fall Ruthardt betreffenden Dokumente im Originalton erfasst, auch die Anklage- und Verteidigungsschrift.

14 Bühler (wie Anm. 8), S. 50; Der neue Pitaval (wie Anm. 9), S. 327/28 und 343.

15 Bühler (wie Anm. 8), S. 50-53; Hitzigs Annalen (wie Anm. 9), S. 266-269; Kurze aktenmäßige Beschreibung (wie Anm. 11), S. 6; Der neue Pitaval (wie Anm. 9), S. 343-347.

16 Genealogisches Jahrbuch, Bd. 43, Neustadt an der Aisch 2003, S. 47 (die Behauptung, die Hinrichtung Ruthardts sei die letzte öffentliche in Württemberg gewesen, trifft nicht zu – die letzten öffentlichen Hinrichtungen waren die von Conrad

Mauthe und Georg Friedrich Schaff am 14. Juni 1848 in Cannstatt); StadtA Ulm, H Weidenkeller („Residenz Stadt Stuttgard. 1845 Den 25t Junius Reißte ich auf Erwünschtes verlange, das Karl Seltenreich Scharfrichter in Stuttgard, dahin, und mit Ihm als Assistirender die Hinrichtung der Christiane Rudhardt zu vollfihren. Den 27t Junius früh 5 uhr wurde angefangen und bis 6 uhr war die Enthauptung mit einem Streich Glücklich vollfihrt, er hat gut gerichtet der vorfihrer war also. Matthäus Weidenkeller Kreis Scharfrichter in Ulm des Obern-Donau Kreiß").

17 Beschreibung der an der Giftmischerin Ruthardt am 27. Juni 1845 zu Stuttgart vollzogenen Hinrichtung. Nach Berichten von Augenzeugen erzählt, Freudenstadt o. J., S. 1-7; Der neue Pitaval (wie Anm. 9), S. 349-351; Gerichtshalle (wie Anm. 9), S. 80-83 und 92/93; Kapff, F. M. (Hrsg.): Selige letzte Stunden hingerichteter Personen, gesammelt von Johann Jakob Moser, Stuttgart 1861, S. 164-170; Der Bayerische Landbote vom 1. Juli 1845; Hauptstaatsarchiv Stuttgart E 146 Bü 9401 (s. auch E 50/51 Bü 1148).

18 Bühler (wie Anm. 8), S.1-173; Literatur und Kriminalität (wie Anm. 12), S. 239-359 (Beitrag von Joachim Lindner und Jörg Schönert); Der neue Pitaval (wie Anm. 9), S. 325-360; Hitzigs Annalen (wie Anm. 9), S. 241-360; Gerichtshalle (wie Anm. 9), S. 65-93; Kurze aktenmäßige Beschreibung (wie Anm. 11), S. 1-7; Mörike, Klaus: Geschichte der Tübinger Anatomie, Tübingen 1988, S. 64 ff.

19 Neue Preußische Kreuz-Zeitung und Badische Landeszeitung vom 28. Juli 1895; Allgemeine Zeitung Nr. 206 vom 27. Juli 1895.

20 Seeblatt vom 1. August 1895.

21 Staatsarchiv Ludwigsburg E 323 I Bü 9.

22 Seeblatt vom 2. Juli 1895.

23 Staatsarchiv Ludwigsburg E 323 I Bü 8.

24 Allgemeine Zeitung vom 9. Juli 1895; Seeblatt vom 2. und 11. Juli 1895.

25 Seeblatt vom 24. August 1895; Münchener Neueste Nachrichten vom 22. und 23. August 1895; Neue Preußische Kreuz-Zeitung vom 23. August 1895.

26 Staatsarchiv Ludwigsburg E 323 I Bü 11; Schwäbische Kronik vom 31. März 1898.

27 Staatsarchiv Ludwigsburg E 323 I Bü 11.

28 Ebda.

29 Schwäbische Kronik vom 31. März sowie vom 2. und 4. April 1898; Seeblatt vom 2. Juli 1898; Schwäbische Kronik vom 30. Juni 1898; Münchener Neueste Nachrichten vom 3. Juli 1898.

30 Am Morgen des 4. Juni 1921 nahm Landesscharfrichter Siller auf dem inneren Hof des Stuttgarter Justizgebäudes die Doppelhinrichtung des Hilfsarbeiters Karl Gürr aus Neckarau (Mannheim) und des Hilfsarbeiters Gotthold Ruffner aus Kaltental vor. Während des Hinrichtungsaktes läutete die Totenglocke der Stiftskirche. Es waren die ersten Hinrichtungen, die im Justizgebäude in Stuttgart stattfanden. Früher war der Hof des alten Zuchthauses in der Ludwigstraße zu diesem Zweck benützt worden. Die beiden Hingerichteten und der später begnadigte Versicherungsagent Eugen Weller aus Stuttgart waren im Dezember 1920 vom

Stuttgarter Schwurgericht wegen Mordes an dem Sparkassenrechner Georg Arnold aus Bernhausen (Filderstadt) zum Tode verurteilt worden. Zwei weitere Mitglieder der Bande erhielten Zuchthausstrafen (Stuttgarter Neues Tagblatt vom 4. Juni 1921; Schwäbischer Volksbote vom 4. und 6. Juni 1921; Schwäbischer Merkur vom 5. Dezember 1920: Die beiden zu Zuchthausstrafen Verurteilten waren der 26-jährige Gipser Karl Wurschel und der 22-jährige Hilfsarbeiter Hermann Köpf aus Böblingen).

31 Schwäbische Kronik des Schwäbischen Merkur vom 11. Februar 1926.

32 Schwäbische Kronik des Schwäbischen Merkur vom 12. Februar 1926.

33 Schwäbische Kronik des Schwäbischen Merkur vom 6. August 1926.

34 Schwäbischer Merkur vom 9. März 1932.

35 Schwäbischer Merkur vom 10. März 1932.

36 Ebda.

37 Schwäbischer Merkur vom 13. August 1932.

Weinsberg:

1 Straf-Erkenntnisse der Gerichtshöfe des Königreichs Württemberg vom Jahr 1827, S. 97; Staatsarchiv Ludwigsburg E 188 a Bü 126 und E 173 III Bü 6798; Hauptstaatsarchiv Stuttgart E 146 Bü 8555.

2 Staatsarchiv Ludwigsburg E 319 Bü 137.

3 Ebda.

4 Ebda. (die Verteidigungsschrift wurde von dem Rechtskonsulenten Schreiber aus Heilbronn eingereicht).

5 Straf-Erkenntnisse der Gerichtshöfe des Königreichs Württemberg vom Jahr 1832, S. 334; Der Bayerische Landbote Nr. 335 vom 30. November 1832; Die Bayerische Landbötin Nr. 144 vom 1. Dezember 1832; Der Bayerische Volksfreund Nr. 89 vom 3. Dezember 1832; Staatsarchiv Ludwigsburg E 173 III Bü 6798.

6 Der Bayerische Landbote Nr. 348 vom 13. Dezember 1832.

Herrenberg:

1 Overath, Petra: Tod und Gnade. Die Todesstrafe in Bayern im 19. Jahrhundert, Köln, Weimar, Wien 2001, S. 82/83; Bürger, Udo: Die spektakulärsten Kriminalfälle in Altbayern. Bluttat, Raub und Flammentod, Erfurt 2018, S, 157/58.

2 Stadtarchiv Herrenberg, Stadtratsprotokolle Bd. 19, 1827/28, S. 117-119; Staatsarchiv Ludwigsburg E 177 I Bü 2803.

3 Kurze aktenmäßige Beschreibung des von Johann Georg Saier von Ober-Jettingen, Oberamts Herrenberg, den 27. April an Anna Maria Völmle von Wildberg, Oberamts Nagold verübten Raubmords, Stuttgart 1827, S. 3/4; vgl. zur „Mundtodt-Erklärung“: Bürger, Udo: Die spektakulärsten Kriminalfälle in Baden. Von Giftmischern, Amokläufern und Auftragsmördern, Erfurt 2018, S. 11/12.

4 Kurze aktenmäßige Beschreibung (wie Anm. 3), S. 4-6.

5 Ebda., S. 6-8; Straf-Erkenntnisse der Gerichtshöfe des Königreichs Württemberg vom Jahr 1827, S. 348.

Blaubeuren:

1 Kurze aktenmäßige Beschreibung des von Martin Preiß von Langenau, Oberamts Ulm, am 27. September 1827 an Konrad Hübsch von Radelstetten, Oberamts Blaubeuren, verübten Raubmords, Stuttgart 1828.

2 StadtA Ulm, H Weidenkeller (die Hinrichtung ging „sehr glücklich mit einem Streich" vonstatten; Vorführer war Matthäus Schwarz, Kleemeister aus Blaubeuren).

3 Kurze aktenmäßige Beschreibung (wie Anm. 1); Straf-Erkenntnisse der Gerichtshöfe des Königreichs Württemberg vom Jahr 1828, S. 125.

Reutlingen:

1 Kurze actenmäßige Beschreibung der von M. Joseph Brehm von Neuenstadt gewesenen Unterhelfer zu Reutlingen den 28. August 1828 an einem von seiner Dienstmagd Anna Kohlberger außerehelich gebornen Kinde verübten vorsätzlichen Tödtung, Stuttgart 1829; Annalen der deutschen und ausländischen Criminal-Rechtspflege 10. Band, Altenburg 1840, S. 273/74 (ganzer Text: S. 266-332, s. auch S. 437-440: Schartenmaier, Philipp Ulrich/Vischer, Friedrich Theodor von: Leben und Tod des Joseph Brehm, gewesten Helfers zu Reutlingen, Tübingen 1829); Annalen der deutschen und ausländischen Criminal-Rechtspflege 5. Band, Berlin 1829, S. 186/87 (ganzer Text: S. 181-190); Der Bayerische Landbote vom 23. Juli 1829.

2 Kurze actenmäßige Beschreibung (wie Anm. 1), S. 5.

3 Annalen, 10. Band (wie Anm. 1), S. 276/77.

4 Kurze actenmäßige Beschreibung (wie Anm. 1), S. 6.

5 Ebda., S. 8/9.

6 Ebda., S. 9.

7 Annalen, 10. Band (wie Anm. 1), S. 279.

8 Ebda., S. 279-321.

9 Straf-Erkenntnisse der Gerichtshöfe des Königreichs Württemberg vom Jahr 1829, S. 204; Kurze actenmäßige Beschreibung (wie Anm. 1), S. 12/13; Annalen, 10. Band (wie Anm. 1), S. 321-324; Annalen, 5. Band (wie Anm. 1), S. 188-190; Der Bayerische Landbote vom 25. Juli 1829.

10 Annalen, 10. Band (wie Anm. 1), S. 324/25; Genealogisches Jahrbuch, Bd. 43, Neustadt an der Aisch 2003, S. 45/46 (Scharfrichter Kratt).

11 Königlich-Württembergisches Staats- und Regierungsblatt Nr. 20 vom 18. Mai 1816, S. 118 und 120 (vgl. dazu auch: Staatsarchiv Ludwigsburg E 177 I Bü 2803).

12 Vgl. dazu: Bürger, Udo: Historische Kriminalfälle in Franken und Schwaben von 1815 bis 1936, Regenstauf 2018, S. 47, 56, 166, 218 und 224/25.

13 Annalen, 10. Band (wie Anm. 1), S. 325; Annalen, 5. Band (wie Anm. 1), S. 190; StadtA Ulm, H Weidenkeller; Regensburger Zeitung Nr. 174 vom 23. Juli 1829; Zeitung für die elegante Welt Nr. 187 vom 24. September 1829; Der bayerische Volksfreund Nr. 116 vom 21. Juli 1829; Münchener Tagblatt Nr. 199 vom 22. Juli 1829.

14 Staatsarchiv Ludwigsburg E 177 I Bü 2803; s. zum Fall Brehm auch: Kurze Lebensgeschichte des M. Joseph Brehm, gewesenen Pfarrhelfers zu Reutlingen, welcher wegen eines verübten Kindsmords den 18. Juli 1829, im 40. Jahre seines Alters, hingerichtet wurde, Reutlingen 1829; Kurzer Lebens-Abriß des M. Joseph Brehm, gewesenen Helfers zu Reutlingen, nebst ausführlicher Darstellung seines im Monat August 1828 verübten Verbrechens und der ... Hinrichtung am 18. Juli 1829, nebst einem Anhang seiner 1816 von ihm gehaltenen Antrittsrede in ... Reutlingen, 1829; Ansichten über eine Ausgabe, welche in Reutlingen über die am 18. July 1829 erfolgten Hinrichtung des Joseph Brehm, gewesenen Helfers zu Reutlingen, im Druck erschienen ist, nebst einem Anhang seiner ... 1818 gehaltenen Confirmations-Predigt; Abschiedsworte von Joseph Brehm, gewesenen Unfallhelfer zu Reutlingen, an seine frühere Gemeinden; Rede nach der Hinrichtung des gewesenen Helfers M. Brehm zu Reutlingen am Blutgerüste, 1829.

15 Schenda, Rudolf: Volk ohne Buch. Studien zur Sozialgeschichte der populären Lesestoffe 1770-1910 (Studien zur Philosophie und Literatur des neunzehnten Jahrhunderts, Bd. 5), Frankfurt am Main 1970, S. 364.

16 Schwäbische Kronik des Schwäbischen Merkur vom 24. November 1843.

17 Ebda.; Kurze aktenmäßige Beschreibung des von Joh. Michael Häußler von Gönningen, Oberamts Tübingen, den 2. Februar 1843 an dem ledigen Georg Kammerer von Weilerspach, großherzoglich badischen Bezirks-Amts Villingen, vollführten Raubmordes, so wie des am 16. desselben Monats an der Ehefrau des Kaufmanns Rehm zu Pfullingen, Oberamts Reutlingen, begangenen Raubmord-Versuchs, 1843 .

18 Schwäbische Kronik vom 24. November 1843.

19 Rechts-Erkenntnisse der Gerichtshöfe des Königreichs Württemberg, 1843, S. 325; Kurze aktenmäßige Beschreibung (wie Anm. 16), S. 5.

20 Genealogisches Jahrbuch (wie Anm. 10), S. 45/46.

21 Staatsarchiv Ludwigsburg E 177 I Bü 2803; StadtA Ulm, H Weidenkeller; Schwäbische Kronik vom 24. November 1843; Wochenblatt für die Bezirke Zweibrücken, Homburg und Cusel Nr. 144 vom 1. Dezember 1843; Oberpfälzisches Zeitblatt Nr. 96 vom 29. November 1843; Frankfurter Ober-Postamts-Zeitung Nr. 328 vom 28. November 1843, Beilage; Der Adler Nr. 283 vom 1. Dezember 1843; Nürnberger Zeitung Nr. 332 vom 28. November 1843; Passavia. Zeitung für Niederbayern Nr. 329 vom 30. November 1843.

Pfedelbach:

1 Kurze actenmäßige Beschreibung des von Johann Konrad Haas aus Steinbrück, Ober-Amts Weinsberg, den 29. März 1829 an der Rosine Gräsle von Siglingen, Ober-Amts Neckarsulm, verübten Mords, Stuttgart 1830, S. 4.

2 Ebda., S. 7.

3 Ebda., S. 7/8; Straf-Erkenntnisse der Gerichtshöfe des Königreichs Württemberg vom Jahr 1830, S. 81.

4 Ebda.; Augsburger Zeitung Nr. 81 vom 22. März 1830; Bayreuther Zeitung Nr. 62 vom 28. März 1830; Regensburger Zeitung Nr. 71 vom 24. März 1830; Abendblatt von München Nr. 62 vom 1. April 1830; Der Friedens- und Kriegs-Kurier Nr. 81 vom 22. März 1830; Der Bayerische Landbote Nr. 36 vom 25. März 1830.

5 Gemeinde Pfedelbach (Hrsg.): Pfedelbach 1037-1987. Aus Geschichte und Gegenwart, Sigmaringen 1987, S. 71/72.

Geislingen an der Steige:

1 Kurze aktenmäßige Beschreibung der von Joseph Edelmann aus Weißenstein, Oberamts Geißlingen, am 13. October 1833 an dem Maurers-Gesellen Bernhard Maichel von Weißenstein verübten Ermordung, Stuttgart 1834 (die Mutter Edelmanns hieß Theresie Edelmann. geborene Herzer).

2 Rechts-Erkenntnisse der Gerichtshöfe des Königreichs Württemberg, 1834, S. 237/38; Regensburger Zeitung Nr. 170 vom 18. Juli 1834; Allgemeine Zeitung von und für Bayern Nr. 193 vom 12. Juli 1834.

3 Genealogisches Jahrbuch, Bd. 43, Neustadt an der Aisch 2003, S. 46/47 (als Gehilfe stand Weidenkeller „Paul Wollmann, ein Sohn des damaligen Geislinger Kleemeisters, zur Seite"); StadtA Ulm, H Weidenkeller (die Exekution war „sehr Glücklich mit einem Streich vollzogen worden. Vorfihrer war Adolph Widmann Scharfrichter zu Heidhausen").

Schwäbisch Gmünd:

1 Annalen der Staatsarzneikunde, 4. Jg., 3. Heft, Freiburg 1839, S. 48.

2 Ebda., S. 50.

3 Kurze aktenmäßige Beschreibung des von Matthias Stettner von Ulm am 12. März 1838 an dem Schmiede Xaver Eierstock von Einsingen verübten Mordes, Stuttgart 1839, S. 4.

4 Ebda., S. 7.

5 Ebda., S. 7.

6 Ebda., S. 13.

7 Rechts-Erkenntnisse der Gerichtshöfe des Königreichs Württemberg, 1839, S. 314/15; Der Bayerische Landbote Nr. 271 vom 28. September 1839; Der bayerische Volksfreund Nr. 52 vom 28. September 1839; Der Sammler (Beilage zur Augsburger Abendzeitung) Nr. 39 von 1839; Frankfurter Ober-Postamts-Zeitung Nr. 266 vom 26. September 1839.

Biberach an der Riß:

1 Kurze aktenmäßige Beschreibung des von Matthäus Flock von Wiesach, Ob.-A. Tettnang, den 8. December 1839 an der ledigen Maria Anna Spohn von Tettnang verübten Mordes, 1841, S. 3/4.

2 Ebda., S. 4-7.

3 Rechts-Erkenntnisse der Gerichtshöfe des Königreichs Württemberg, 1841, S. 186.

4 Der Bayerische Eilbote Nr. 74 vom 20. Juni 1841; StadtA Ulm, H Weidenkeller.

5 Oberpfälzisches Zeitblatt Nr. 50 vom 23. Juni 1841; Nürnberger Allgemeine Zeitung Nr. 171 vom 20. Juni 1841; Der bayerische Volksfreund Nr. 141 vom 22. Juni 1841; Augsburger Tagblatt Nr. 165 vom 18. Juni 1841; Münchener politische Zeitung Nr. 148 vom 22. Juni 1841.

6 Schwäbische Kronik vom 20. Dezember 1853; Aschaffenburger Zeitung Nr. 303 vom 20. Dezember 1853; Die Bayerische Landbötin Nr. 306 vom 22. Dezember 1853; Augsburger Tagblatt Nr. 350 vom 21. Dezember 1853; Bayreuther Zeitung Nr. 354 vom 22. Dezember 1853; Fränkischer Kurier Nr. 362 vom 22. Dezember 1853; Donau-Zeitung Nr. 351 vom 22. Dezember 1853; Neue Münchener Zeitung Nr. 301 vom 20. Dezember 1853, Beilage; Kemptner Zeitung Nr. 356 vom 22. Dezember 1853; Pfälzer Zeitung Nr. 303 vom 21. Dezember 1853; Bayerisches Volksblatt Nr. 320 vom 24. Dezember 1853; Neue Passauer Zeitung Nr. 353 vom 24. Dezember 1853; Allgemeine Zeitung Nr. 354 vom 20. Dezember 1853.

7 Schwäbische Kronik vom 20. Dezember 1853; Augsburger Postzeitung Nr. 220 vom 13. August 1853; Fränkischer Kurier Nr. 221 vom 7. August 1853.

8 Schwäbische Kronik vom 25. Januar 1854.

9 Schwäbische Kronik vom 27. Januar 1854.

10 Schwäbische Kronik vom 25. und 27. Januar 1854.

11 Schwäbische Kronik vom 29. Januar und 1. Februar 1854 („Das in geschlossenem Raume anwesende Publikum zeigte, wie das Protokoll anerkennt, eine durchaus ernste und würdige Haltung"); Bayerisches Volksblatt Nr. 23 vom 27. Januar 1854 (hier heißt es, die Hinrichtung sei durch den Scharfrichter aus Öhringen vorgenommen worden); Regensburger Zeitung Nr. 28 vom 28. Januar und Nr. 33 vom 2. Februar 1854; Neue Passauer Zeitung Nr. 30 und 32 vom 30. Januar und 1. Februar 1854; Allgemeine Zeitung Nr. 26 und 31 vom 26. und 31. Januar 1854; Münchener Bote für Stadt und Land Nr. 23 vom 27. Januar 1854; Ansbacher Morgenblatt Nr. 26 vom 31. Januar 1854; Fürther Tagblatt Nr. 24 vom 28. Januar 1854; Zweibrücker Wochenblatt Nr. 14 vom 31. Januar 1854; Neue Würzburger Zeitung Nr. 27 und 30 vom 27. und 30. Januar 1854; Augsburger Tagblatt Nr. 26 und 34 vom 26. Januar und 3. Februar 1854; Kemptner Zeitung Nr. 25 vom 28. Januar 1854; Pfälzer Zeitung Nr. 22 vom 26. Januar 1854; Der Bayerische Landbote Nr. 29 vom 29. Januar 1854.

12 Schwäbische Kronik vom 17. und 19. Juni 1855; Fränkischer Kurier Nr. 174 vom 23. Juni 1855; Allgemeine Zeitung Nr. 170 vom 19. Juni 1855; Donau-Zeitung Nr. 169 vom 22. Juni 1855.

13 Schwäbische Kronik vom 19. Juni 1855.

14 Schwäbische Kronik vom 8. und 10. Juli 1855.

15 Amts- und Intelligenz-Blatt für den Oberamts-Bezirk Biberach Nr. 79 vom 9. Juli 1855.

16 Ebda.; Schwäbische Kronik vom 10. Juli 1855; Staatsarchiv Ludwigsburg E 312 I Bü 2.

17 Schwurgerichts-Verhandlung und Verurtheilung des Raubmörders Gabriel Pfeiffer von Mühlheim, Oberamts Tuttlingen, welcher die ledige, 23 Jahre alte Crescentia Schlichte, Tochter des Schullehrers Franz Schlichte von Grünkraut, O. A. Ravensburg, auf eine schändliche Weise ermordete, Reutlingen 1864, S. 1.

18 Ebda., S. 1/2; Gabriel Pfeiffer von Mühlheim, württ. Oberamts Tuttlingen, wegen Mords an der led. Crescentia Schlichte von Grünkraut vom Schwurgerichtshof zu Biberach am 16. April 1863 [1864] zum Tode verurtheilt, Biberach und Ravensburg 1864, S. 3/4.

19 Gabriel Pfeiffer (wie Anm. 18), S. 12-15; Schwurgerichts-Verhandlung (wie Anm. 17), S. 11-14.

20 Gabriel Pfeiffer (wie Anm. 18), S. 7.

21 Ebda., S. 7-12; Schwurgerichts-Verhandlung (wie Anm. 17), S. 4-11.

22 Gabriel Pfeiffer (wie Anm. 18), S. 16; Schwurgerichtsverhandlung und Todesurtheil des Mörders Gabriel Pfeiffer von Mühlheim bei Tuttlingen im April 1864. Nebst einem poetischen Anhang, Reutlingen 1864; Schwäbische Kronik vom 12. bis 19. April 1864; Der bayerische Beobachter Nr. 17 vom 24. April 1864.

23 Schwäbische Kronik vom 31. Mai 1864.

24 Urtheil und Hinrichtung des Mörders Gabriel Pfeiffer von Mühlheim bei Tuttlingen am 28. Mai 1864. Nebst einem poetischen Anhang, Reutlingen 1864; Staatsarchiv Ludwigsburg E 312 I Bü 3; Schwäbische Kronik vom 31. Mai 1864; Aschaffenburger Zeitung Nr. 129 vom 31. Mai 1864.

Wangen im Allgäu:

1 Kurze aktenmäßige Beschreibung des von Justinus Kinzelmann von Pfärrich, Oberamts Wangen, am Abend des 31. Juli 1841 an Joseph Pfleghaar von Beutelsau verübten Raubmordes, 1841.

2 Rechts-Erkenntnisse der Gerichtshöfe des Königreichs Württemberg, 1842, S. 53; StadtA Ulm, H Weidenkeller („Ober-Amts Stadt Wangen. 1842 Den 20t Jänner wurde ich vor den Gerichts-hoff Beruffen und durch Höchsten Erlaß eröffnet das ich den Raubmörders Justin Kinzelmann von Pfärrich Oberamt Wangen, mit dem Schwerdte vom Leben zum Todte Hinzurichten habe. Den 23t Jänner Morgens 11 Uhr bin ich dahin Abgereißt. Den 27t Jänner war die Hinrichtung sehr Glücklich mit einem Streich vollfihrt worden, der Vorfihrer war Georg

Michael Schwarz von Oehringen. Dieser ist von dem Justitz-Ministerium dazu Beruffen worden als Assistent, hinsicht dessen da er als Provisorischer Kreis-Scharfrichter für den Jaxt-Kreiß angestellt ist"); Passavia. Zeitung für Niederbayern Nr. 37 vom 6. Februar 1842; Frankfurter Ober-Postamts-Zeitung Nr. 33 vom 2. Februar 1842; Neue Speyerer Zeitung Nr. 25 von 2. Februar 1842; Der Eilbote Nr. 5 vom 5. Februar 1842.
In einer Akte im Staatsarchiv Ludwigsburg (E 179 II Bü 2540) ist die Rede davon, dass 1815 Matthäus Kübele aus Unterhaid (Kißlegg) im damaligen Oberamt Wangen hingerichtet worden sei, ohne dass Wangen als Hinrichtungsort genannt wird.

Künzelsau:

1 Staatsarchiv Ludwigsburg E 341 I Bü 88 (s. auch Bü 87, 89 und 90).

2 Ebda.

3 Ebda.

4 Ebda.

5 Ebda.

6 Rechts-Erkenntnisse der Gerichtshöfe des Königreichs Württemberg, 1843, S. 265.

7 Der Sammler. Ein Blatt zur Unterhaltung und Belehrung (Beilage zur Augsburger Abendzeitung) Nr. 46, 12. Jg., 1843, S. 184; Frankfurter Ober-Postamts-Zeitung Nr. 249 vom 9. September 1843; Nürnberger Kurier Nr. 252 vom 9. September 1843; Neue Würzburger Zeitung Nr. 250 vom 9. September 1843; Aschaffenburger Zeitung Nr. 215 vom 8. September 1843; Wochenblatt für die Bezirke Zweibrücken, Homburg und Cusel Nr. 111 vom 15. September 1843; Regensburger Zeitung Nr. 251 vom 12. September 1843; Passavia. Zeitung für Niederbayern Nr. 253 vom 14. September 1843; Fränkischer Merkur Nr. 254 vom 11. September 1843; Allgemeine Theaterzeitung Nr. 224 vom 19. September 1843.

8 StadtA Ulm, H Weidenkeller (im Gegensatz zur Presse wird hier wird der 4. September 1843 als Tag der Hinrichtung angegeben: „Ober Amts Stadt Künzelsau, im Jax-Kreis [Jagst-Kreis], nacher Elwangen, die Regierung samt Gerichtshoff. 1843 Den 31t August Abends wurde ich vor das Oberamts-Gericht beruffen, und erhielte von den Justitz Ministerium den Hohen Erlaß das ich mich nach Künzelsau in den Jax-Kreis begeben soll, allwo ich die Aufsicht iber die andere Kreis-Scharfrichter mit Anvertraut war, es wurden also drei Mörder Enthauptet, den 4t September Morgens 9 uhr ging der Zug zur Richtstädte [...] Der Vorfihrer war: Alisius Kaufmann aus Dorfmerkingen Oberamt Verresheim, dermahlen Knecht bei Kreis-Scharfrichter Weidenkeller, dieser hatte sich Meisterhaft Erpropt und alle Belobung erhalten").

Backnang:

1 Staatsarchiv Ludwigsburg E 319 Bü 153-154; zu dem Verbrechen Armbrusters und dessen Tierquälerei vgl. auch: Annalen der deutschen und ausländischen Criminal-Rechtspflege, 40. Band, Altenburg 1847 („Der 20jährige Mörder W. H.

Armbruster. Eine Mahnung gegen Thierquälerei"), Jahresbericht des Münchener Vereins gegen Thierquälerei für das Jahr 1847, S. 14-22, Deutsche Viertel-Jahrsschrift, 1851, 4. Heft, S. 67 ff., Neustadter Wochenblatt Nr. 133 vom 6. November 1847, Der Bayerische Eilbote Nr. 130 vom 29. Oktober 1847, Didaskalia. Blätter für Geist, Gemüth und Publicität Nr. 302 vom 2. November 1847, Münchener Tagblatt Nr. 304 vom 2. November 1847, Allgemeine Theaterzeitung vom 26. Oktober 1847 und Der Volksbote Nr. 70 vom 20. März 1852.

2 Staatsarchiv Ludwigsburg E 319 Bü 153-154; Schwäbische Kronik vom 11. Oktober 1847; Der Eilbote Nr. 37 vom 19. Juni 1847; Neue Würzburger Zeitung Nr. 162 vom 13. Juni 1847; Regensburger Tagblatt Nr. 162 vom 15. Juni 1847; Frankfurter Oberpostamts-Zeitung Nr. 161 vom 13. Juni 1847.

3 Regierungsblatt für das Königreich Württemberg Nr. 27 vom 6. Mai 1848.

4 Staatsarchiv Ludwigsburg E 319 Bü 153-154; Die Bayerische Landbötin Nr. 83 vom 13. Juli 1847.

5 Schwäbische Kronik vom 11. Oktober 1847.

6 Donau-Zeitung Nr. 287 und 288 vom 17. und 18. Oktober 1847; Conversations-Blatt (Beiblatt zum Regensburger Tagblatt) Nr. 129 und 130 vom 27. und 29. Oktober 1847; Rechts-Erkenntnisse der Gerichtshöfe des Königreichs Württemberg, 1848, S. 12.

7 Beschreibung der Hinrichtung des Raubmörders Wilhelm Heinrich Armbruster von Löchgau, Oberamts Besigheim, am 8. Januar 1848 zu Backnang, mit den von den Geistlichen auf dem Blutgerüste und in der Kirche gehaltenen Reden, Backnang, o. J., S. 4/5.

8 Ebda., S. 5-7.

9 Ebda., S. 7.

10 Ebda., S. 7.

11 Staatsarchiv Ludwigsburg E 319 Bü 153-154; Beschreibung der Hinrichtung (wie Anm. 7), S. 8.

12 Beschreibung der Hinrichtung (wie Anm. 7), S. 8; StadtA Ulm, H Weidenkeller; Genealogisches Jahrbuch, Bd. 43, Neustadt an der Aisch 2003, S. 47.

13 Staatsarchiv Ludwigsburg E 319 Bü 153-154.

Tettnang:

1 Rede nach der Enthauptung des Raubmörders Joseph Frei von Gmünd gehalten auf der Richtstätte bei Tettnang am 1. April 1848 von Caplan Pfahler. Mit einer Schilderung der Verbrechen des Raubmörders, Lindau 1848, S. 3/4; Kurze aktenmäßige Beschreibung des von Joseph Frei, Schreiner von Tettnang, an Carl Rimmele, Schreinergesellen von Wittenhofen, großherzoglich badischen Bezirks-Amts Heiligenberg, am 27. April 1847 verübten Raubmordes, Stuttgart 1848, S. 5.

2 Kurze aktenmäßige Beschreibung (wie Anm. 1), S. 6.

3 Ebda., S. 7.

4 Ebda., S. 5/6; Rede nach der Enthauptung (wie Anm. 1), S. 6.

5 Ebda., S. 7.

6 Ebda., S. 7; Rechts-Erkenntnisse der Gerichtshöfe des Königreichs Württemberg, 1848, S. 131; Kurze aktenmäßige Beschreibung (wie Anm. 1), S. 8; Fränkischer Merkur Nr. 12 und 13 vom 12. und 13. Januar 1848; Deutsche constitutionelle Zeitung Nr. 94 vom 3. April 1848.

7 StadtA Ulm, H Weidenkeller (Vorführer war Kreisscharfrichter Matthäus Weidenkeller).

Canstatt:

1 Staatsarchiv Ludwigsburg E 319 Bü 148a-148b.

2 Aktenmäßige Darstellung des von Conrad Mauthe von Hausen und Georg Fr. Schaff von Cannstadt an der 82jährigen Wittwe Haag in Cannstadt begangenen Raubmords. Mit den Lebensbeschreibungen der Ermordeten und der Mörder, nebst Beschreibung der Hinrichtung, Stuttgart 1848, S. 3.

3 Ebda., S. 3-6; Staatsarchiv Ludwigsburg E 319 Bü 148a-148b.

4 Rechts-Erkenntnisse der Gerichtshöfe des Königreichs Württemberg, 1848, S. 216/17; Aktenmäßige Darstellung (wie Anm. 2), S. 6; Staatsarchiv Ludwigsburg E 319 Bü 148a-148b; Schwäbische Kronik des Schwäbischen Merkurs vom 16. und 17. Dezember 1847.

5 Der Lechbote Nr. 167 vom 16. Juni 1848.

6 Königlich privilegirte Berlinische Zeitung von Staats- und gelehrten Sachen Nr. 138 vom 17. Juni 1848.

7 Aktenmäßige Darstellung (wie Anm. 2), S. 7.

8 Königlich privilegirte Berlinische Zeitung von Staats- und gelehrten Sachen Nr. 138 vom 17. Juni 1848; Mittelfränkische Zeitung Nr. 168 vom 16. Juni 1848; Kemptner Zeitung Nr. 169 vom 17. Juni 1848; Regensburger Zeitung Nr. 168 vom 18. Juni 1848; Der Parlamentssaal. Beiblatt zu den Neuesten Nachrichten Nr. 23 und 24 vom 16. und 17. Juni 1848; Aschaffenburger Zeitung Nr. 149 vom 16. Juni 1848; Leipziger Zeitung Nr. 170 vom 18. Juni 1848.

9 Mittelfränkische Zeitung Nr. 169 vom 17. Juni 1848; StadtA Ulm, H Weidenkeller; Augsburger Tagblatt Nr. 167 vom 18. Juni 1848; Augsburger Postzeitung Nr. 168 vom 16. Juni 1848; Magdeburgische Zeitung Nr. 142 vom 18. Juni 1848, Beilage; Der Eilbote Nr. 49 vom 17. Juni 1848.

10 Schwäbische Kronik vom 20. Dezember 1853.

Tübingen:

1 Schwäbische Kronik vom 18. März 1854.

2 Kapff, F. M. (Hrsg.): Selige letzte Stunden hingerichteter Personen, gesammelt von Johann Jakob Moser, Stuttgart 1861, S. 111.

3 Die Raubmörder Fuchs und Mühleisen und der Verwandtenmörder J. G. Ensinger, zum Tode verurtheilt am 18. und 23. März und hingerichtet am 21. und 22.

April 1854. Vollständiger und getreuer Bericht über die öffentlichen Verhandlungen des Schwurgerichts. Mit den Porträts der 3 Verurtheilten und einer Abbildung des württ. Fallbeils, Tübingen 1854, S. 2-14; Kapff (wie Anm. 2), S. 101-113; Schwäbische Kronik vom 16. Februar 1854 (am 13. Februar wurde Fuchs in Tübingen eingeliefert und auf dem Schloss inhaftiert).

4 Die Raubmörder Fuchs und Mühleisen (wie Anm. 3), S. 14-16; Schwäbische Kronik vom 18. und 21. März 1854; Leipziger Zeitung Nr. 70 vom 24. März 1854; Neue Passauer Zeitung Nr. 82 vom 23. März 1854; Aschaffenburger Zeitung Nr. 71 vom 23. März 1854; Allgemeine Zeitung Nr. 79 vom 20. März 1854.

5 Die Raubmörder Fuchs und Mühleisen (wie Anm. 3), S. 19; Schwäbische Kronik vom 19. April 1854; Neue Passauer Zeitung Nr. 111 vom 23. April 1854.

6 Kapff (wie Anm. 2), S. 105; Schwäbische Kronik vom 20. April 1854.

7 Schwäbische Kronik vom 22. April 1854; Neue Münchener Zeitung Nr. 95 vom 21. April 1854 (Joos; s. auch die Ausgabe Nr. 92 vom 18. April 1854).

8 Schwäbische Kronik vom So 23. April 1854.

9 Ebda. (hier heißt es, auch die Scharfrichter Vollmer aus Biberach und Kratt aus Reutlingen seien an der Hinrichtung beteiligt gewesen).

10 Ebda. (s. auch die Ausgabe vom 25. April 1854); Staatsarchiv Ludwigsburg E 177 I Bü 2803; Beschreibung des am 22. April 1854 durch das Fallbeil in Tübingen hingerichteten Mörders J. G. Ensinger von Böringen Oberamts Urach, sowie der am 21. April hingerichteten Raubmörder Robert Fuchs von Reutlingen und Franz Jacob Mühleisen von Eningen Oberamts Reutlingen. Mit den Porträts der 3 Verurtheilten und einer Abbildung des württemb. Fallbeils, Reutlingen 1854, S. 5-8; Neue Passauer Zeitung Nr. 109 und 115 vom 21. und 27. April 1854; Der Bayerische Landbote Nr. 115 vom 25. April 1854; Kemptner Zeitung Nr. 98 vom 25. April 1854; Allgemeine Zeitung Nr. 113 vom 23. April 1854; Münchener Bote für Stadt und Land Nr. 97 vom 23. April 1894; Aschaffenburger Zeitung Nr. 99 vom 25. April 1854; Bayerisches Volksblatt Nr. 100 vom 29. April 1854.

11 Die Raubmörder Fuchs und Mühleisen (wie Anm. 3), S. 20; Beschreibung des am 22. April 1854 (wie Anm. 10), S. 3.

12 Schwäbische Kronik vom 22. März 1854.

13 Kapff (wie Anm. 2), S. 200.

14 Die Raubmörder Fuchs und Mühleisen (wie Anm. 3), S. 20/21; Beschreibung des am 22. April 1854 (wie Anm. 10), S. 3.

15 Beschreibung des am 22. April 1854 (wie Anm. 1), S. 3; Die Raubmörder Fuchs und Mühleisen (wie Anm. 3), S. 21/22.

16 Die Raubmörder Fuchs und Mühleisen (wie Anm. 3), S. 23.

17 Beschreibung des am 3. Dezember 1853 an Hirschwirth Scheer in Böhringen, Oberamts Urach verübten schrecklichen Meuchelmordes mit den gegen den Angeklagten Johann Georg Ensinger, Kaufmann in Böhringen, am 20. bis 23. März 1854 in Tübingen stattgefundenen Schwurgerichts-Verhandlungen und dem am

Schlusse derselben gefällten Todes-Urtheile, Reutlingen 1854, S. 3-8; Schwäbische Kronik vom 22. bis 25. März 1854; Didaskalia. Blätter für Geist, Gemüth und Publicität Nr. 73 und 74 vom 25. und 27. März 1854; Kemptner Zeitung Nr. 75 vom 28. März 1854; Allgemeine Zeitung Nr. 85 vom 26. März 1854; Neue Passauer Zeitung Nr. 88 vom 29. März 1854; Aschaffenburger Zeitung Nr. 75 vom 28. März 1854.

18 Die Raubmörder Fuchs und Mühleisen (wie Anm. 3), S. 23.

19 Ebda., S. 23; Schwäbische Kronik vom 20. und 25. April 1854 (hier heißt es, es habe seit 70 Jahren keine Hinrichtung mehr in Tübingen gegeben); Staatsarchiv Ludwigsburg E 177 I Bü 2803; Neue Passauer Zeitung Nr. 117 vom 29. April 1854; Augsburger Tagblatt Nr. 111 vom 23. März 1854; Bayerisches Volksblatt Nr. 100 vom 29. April 1854; Aschaffenburger Zeitung Nr. 101 vom 27. April 1854.

20 Schwäbische Kronik vom 30. Juni 1858.

21 Der Freundesmörder Stephan Werner von Bleichstetten. Seine Lebensbeschreibung, Flucht, Verurtheilung und Hinrichtung. Nach den öffentlichen Verhandlungen vor dem Schwurgerichte zu Tübingen vom 28. Juni bis 2. Juli 1858. Mit einer Abbildung der Guillotine, Tübingen (1858), S. 3.

22 Schwäbische Kronik vom 30. Juni 1858.

23 Der Freundesmörder (wie Anm. 21), S. 4.

24 Ebda., S. 5.

25 Ebda., S. 6/7; Hinrichtung des Freundes-Mörders Stephan Werner von Bleichstetten am 31. Juli 1858. Mit einer Abbildung der Guillotine, Reutlingen (1858), S. 3/4; Kapff (wie Anm. 2), S. 151/52.

26 Der Freundesmörder (wie Anm. 21), S. 8/9.

27 Ebda., S. 9.

28 Ebda., S. 12.

29 Ebda., S. 12/13; Passauer Zeitung Nr. 114 vom 26. April 1858.

30 Schwäbische Kronik vom 29. Mai und 3. August 1858.

31 Schwäbische Kronik vom 30. Juni und 6. Juli 1858; Der Freundesmörder (wie Anm. 21), S. 13/14.

32 Der Freundesmörder (wie Anm. 21), S. 14; Hinrichtung des Freundes-Mörders (wie Anm. 25), S. 3-5; Kapff (wie Anm. 2), S. 149-151.

33 Schwäbische Kronik vom 3. August 1858; Hinrichtung des Freundes-Mörders (wie Anm. 25), S. 5-8; Der Freundesmörder (wie Anm. 21), S. 15; Staatsarchiv Ludwigsburg E 177 I Bü 2803; Kapff (wie Anm. 2), S. 154/55; Münchener Bote für Stadt und Land Nr. 161 und 183 vom 9. Juli und 4. August 1858; Neue Münchener Zeitung Nr. 184 vom 4. August 1858; Frankfurter Journal Nr. 200 vom 1. August 1858; Schartenmaier, Elias: Die Mordthat und Hinrichtung des Stephan Werner von Bleichstetten in zierliche Reime gebracht durch Elias Schartenmaier, 1858.

34 Der Raubmörder Christoph Friedrich Kull, Flößer von Neusatz, Oberamts Neuenbürg, seine Verbrechen und Mordthaten, seine Verurtheilung und Hinrichtung, Ulm (1864), S. 4.

35 Ebda., S. 3-6.

36 Schwäbische Kronik vom 9. April 1864.

37 Ebda. (s. auch die Ausgabe vom 5. April 1864); Der Raubmörder (wie Anm. 34), S. 7; Fränkischer Kurier Nr. 98 vom 7. April 1864; Würzburger Abendblatt Nr. 85 vom 8. April 1864; Augsburger Postzeitung Nr. 83 vom 7. April 1864; Aschaffenburger Zeitung Nr. 84 vom 7. April 1864; Augsburger Neueste Nachrichten Nr. 100 vom 11. April 1864; Neuer bayerischer Kurier Nr. 97 vom 8. April 1864.

38 Schwäbische Kronik vom 8. Mai 1864; Der Raubmörder (wie Anm. 34), S. 7; Augsburger Neueste Nachrichten Nr. 126 vom 7. Mai 1864.

39 Staatsarchiv Ludwigsburg E 312 I Bü 3 und E 177 I Bü 2803.

40 Ebda.

41 Schwäbische Kronik vom 7. und 8. Mai 1864; Nürnberger Anzeiger Nr. 127 vom 7. Mai 1864.

42 Schwäbische Kronik vom 25. März 1882; Seeblatt vom 17. Januar und 28. März 1882.

43 Seeblatt und Schwäbische Kronik vom 20. Mai 1882.

44 Jeggle, Utz: Kiebingen – eine Heimatgeschichte. Zum Prozeß der Zivilisation in einem schwäbischen Dorf (Bd. 44 der Untersuchungen des Ludwig-Uhland-Instituts der Universität Tübingen), Tübingen 1977, S. 223.

45 Seeblatt vom 1. Oktober 1887.

46 Jeggle (wie Anm. 44), S. 223.

47 Schwäbische Kronik vom 29. September 1887.

48 Ebda.

49 Ebda.; Seeblatt vom 1. Oktober 1887.

50 Seeblatt vom 8. November 1887.

51 Jeggle (wie Anm. 44), S. 223.

52 Schwäbische Kronik, Seeblatt, Rosenheimer Anzeiger und Norddeutsche Allgemeine Zeitung vom 8. November 1887.

53 Heinz, Günter: Berggemeinde Büchenbronn, Pforzheim 1975, S. 124/25.

54 Seeblatt vom 13. Oktober 1900; Ulmer Volksbote vom 12. Oktober 1900.

55 Seeblatt und Ulmer Volksbote vom 11. November 1900.

56 Ebda.; Münchener Neueste Nachrichten vom 10. November 1900.

57 Heinz (wie Anm. 53), S. 125.

58 Badische Landeszeitung Nr. 471 vom 10. Oktober 1903; Seeblatt vom 13. August 1903.

59 Badische Landeszeitung vom 10. Oktober 1903; Badischer Beobachter Nr. 228 vom 8. Oktober 1903; Badische Presse Nr. 234 vom 7. Oktober 1903.

60 Seeblatt vom 10. Oktober 1903.

61 Seeblatt vom 14. November 1903.

62 Ebda.; Münchener Neueste Nachrichten vom 14. November 1903.
Außerdem gab es noch folgende Hinrichtungen in Tübingen:
- 29. März 1922 (Gefängnishof): Richard Müh, 19 Jahre, Müllerknecht aus Erpfingen (Sonnenbühl). Er hatte im Oktober 1921 die gleichaltrige Landwirtstochter Emma Wick ermordet; Urteil des Tübinger Schwurgerichts vom 26. Januar 1922 (Schwäbischer Volksbote vom 29. Januar, 28. März, 30. März und 1. April 1922),
- 25. Februar 1925: Karl Neff aus Bieringen (Rottenburg), zuletzt Tagelöhner in Schwenningen. Er hatte die seit dem 3. Juni 1923 vermisste Rosa Layer aus Pfäffingen (Ortsteil von Ammerbuch) im Weilheimer Wald durch Schüsse in den Kopf ermordet; Urteil des Schwurgerichts vom 24. Oktober 1924 (Stuttgarter Neues Tagblatt vom 25. Oktober 1924; Münchener Neueste Nachrichten vom 26. Februar 1925),
- 17. Juni 1932 (Gefängnishof): Eugen Beyle, Hilfsarbeiter aus Engelsbrand (bei Pforzheim). Er hatte in der Nacht vom 28. März 1931 seine Schwiegereltern, seine Frau und seinen 8-jährigen Sohn ermordet und war am 13. Oktober 1931 vom Schwurgericht dreimal zum Tode verurteilt worden. Am 15. Juni 1932 wurde ihm mitgeteilt, dass Staatspräsident Bolz von seinem Begnadigungsrecht keinen Gebrauch gemacht hatte. Innerhalb von 48 Stunden musste daraufhin das Urteil vollstreckt werden. Die Hinrichtung wurde einer Pressemitteilung zufolge von Nachrichter Karl Holzner aus Cannstatt vollzogen (Schwäbischer Merkur vom 17. und 18. Juni 1932; zu Scharfrichter Karl Holzner, Kleemeister und Pferdehändler aus Laupheim, vgl.: Genealogisches Jahrbuch, Bd. 43, Neustadt an der Aisch 2003, S. 48).

Weitere Hinrichtungen in Württemberg:

1 Württembergisches Regierungsblatt, 1809, S. 351.

2 Staatsarchiv Ludwigsburg D 70 Bü 27.

3 Württembergisches Regierungsblatt, 1810, S. 86.

4 Württembergisches Regierungsblatt, 1818, S. 414; Württembergische Jahrbücher für vaterländische Geschichte, Geographie, Statistik und Topographie, 1823, 2. Heft, S. 419; Aschaffenburger Zeitung vom 4. September 1817.

5 Württembergisches Regierungsblatt, 1820, S. 393/94; Alb-Bote vom 28. August 2009 und 8. Juni 2020; Reutlinger General-Anzeiger vom 5. Juni 2020; Württembergische Jahrbücher für vaterländische Geschichte, Geographie, Statistik und Topographie, 1823, 2. Heft, S. 423; Deigendesch, Roland, Hrsg.: Ritter und Bauern im Lautertal. 900 Jahre Bichishausen, Gundelfingen und Hundersingen, 2005, S. 94.

6 Württembergisches Regierungsblatt, 1821, S. 778/79; Württembergische Jahrbücher für vaterländische Geschichte, Geographie, Statistik und Topographie, 1823, 2. Heft, S. 426.

7 Rechts-Erkenntnisse der Gerichtshöfe des Königreichs Württemberg vom Jahr 1826, S. 370; Staatsarchiv Ludwigsburg E 177 I Bü 2803.

Bildnachweis

Ellwangen

Missglückte Hinrichtung; aus: Neue freie Volks-Zeitung Nr. 265 vom 19. November 1892.

Tatmesser; aus: Staatsarchiv Ludwigsburg E 342 Bü 17.

Foto der Leiche Stingel; aus: Staatsarchiv Ludwigsburg E 342 Bü 24.

Foto der Leiche Karch; aus: Staatsarchiv Ludwigsburg E 342 Bü 25.

Mergentheim

Rathaus; aus: Stadtarchiv Mergentheim.

Rottweil

Porträt Roller; aus: Der Mörder J. M. Roller aus Grömbach. Zum Tode verurtheilt am 2. April, hingerichtet am 2. Mai 1856. Ausführlicher Bericht über seine Mordthat, Verurtheilung und Hinrichtung. Mit dessen Porträt und einer Abbildung der Guillotine, Rottweil 1856.

Porträt Bacher; aus: Sebastian Bacher von Wurmlingen. Dessen Leben und Verurtheilung, nach dem Ergebnisse vor dem Geschwornengerichte dargestellt, nebst der Hinrichtung am 28. April 1857, Rottweil o. J.

Gedicht; aus: Beschreibung des Raubmords, welchen der 20jährige Joseph Armbruster von Imbrand bei Oberndorf an der 50jährigen Katharina Summ zu Bergzell bei Wolfach in Baden am 12. März d. J. verübt hat, nebst dessen Hinrichtung durch das Fallbeil zu Rottweil, den 6. November 1860, Reutlingen 1860.

Fahndungsanzeige Orsolin; aus: Central-Polizei-Blatt Nr. 42 vom 2. Juli 1862.

Hinrichtungsszene; aus: Beschreibung des Raubmords, welcher durch 7 Italiener an einem ihrer Kameraden bei Tuttlingen verübt wurde, sowie die 4fache Hinrichtung der Mörder Orsolin, Tisott, Boso & Marcon am 6. Juni 1863 zu Rottweil a. R.

Calw

Ansicht Calw von 1830; aus: Stadtarchiv Calw Sign. FA 04-010.

Esslingen am Neckar

Stiftskirche; aus: Library of Congress (gemeinfrei).

Porträts Stierlen/Hörtig; aus: Prozeß gegen die doppelte Mörderin Margar. Dorothee Stierlen und den Mörder Christian Lukas Hörtig. Getreu dargestellt nach der Anklageakte und den Schwurgerichtsverhandlungen mit den Portraits der beiden Verbrecher. Nach der Natur aufgenommen während der Verhandlungen im Schwurgerichtssaale, Stuttgart 1866.

Heilbronn

Fotos Viktor und Albert Englert; aus: Staatsarchiv Ludwigsburg E 325 Bü 15.

Göppingen

Oberamtsgefängnis; aus: Stadtarchiv Göppingen.

Ulm

Hinrichtung Braun; aus: Leben und Tod des Georg Friedrich Braun, gewesenen Schäfers von Botenheim O.-A. Brackenheim, Mörders der Linsenmaier'schen Eheleute von Ohmden O.-A. Kirchheim. Hingerichtet zu Ulm den 16. August 1862. Zum Schrecken aller Bösewichte in Reime gebracht. Mit einer Abbildung seiner Hinrichtung, Ulm o. J.

Porträt Braun; aus: Vollständige Zusammenstellung der Schwurgerichts-Verhandlungen gegen den wegen Doppelmords an den Linsenmaier'schen Eheleuten von Ohmden, O.-A. Kirchheim, angeklagten und nun zum Tode verurtheilten Georg Friedrich Braun, Schäfer von Botenheim, O.-A. Brackenheim. Mit einer Abbildung des Mörders. Verhandelt vor dem Schwurgerichte zu Ulm vom 7.-22. Juli 1862, Ulm 1862.

Ravensburg

Ansicht Ravensburg; aus: Beschreibung des Oberamts Ravensburg, Stuttgart und Tübingen 1836.

Böblingen

Rädern; aus: AKG Berlin, Nr. 34252.

Aalen

Hinrichtungsszene; aus: Neue freie Volks-Zeitung Nr. 265 vom 19. November 1892.

Gerabronn

Deckblatt Akte; aus: Staatsarchiv Ludwigsburg E 341 I Bü 77.

Schwäbisch Hall

Anklage-Akt Ziegler; aus: Staatsarchiv Ludwigsburg E 345 Bü 4.

Stuttgart

Gerichtsszene; aus: Gabriel Pfeiffer von Mühlheim, württ. Oberamts Tuttlingen, wegen Mords an der led. Crescentia Schlichte von Grünkraut vom Schwurgerichtshof zu Biberach am 16. April 1863 [1864] zum Tode verurtheilt, Biberach und Ravensburg 1864.

Foto des Ermordeten; aus: Fahndungs-Blatt des Königl. Württ. Landjäger-Korps Nr. 14 vom 18. Januar 1894.

Herrenberg

Mundtodt-Erklärung; aus: Königlich Württembergisches Allgemeines Amts- u. Intelligenzblatt für den Jaxt-Kreis Nr. 91 vom 12. November 1836.

Reutlingen

Porträt Brehm; aus: Annalen der deutschen und ausländischen Criminal-Rechtspflege 10. Band, Altenburg 1840.

Schwäbisch Gmünd

Kloster Gotteszell; aus: Sammlungen Museum Prediger, Schwäbisch Gmünd.

Biberach an der Riß

Ansicht von Pfeiffer; aus: Gabriel Pfeiffer von Mühlheim, württ. Oberamts Tuttlingen, wegen Mords an der led. Crescentia Schlichte von Grünkraut vom Schwurgerichtshof zu Biberach am 16. April 1863 [1864] zum Tode verurtheilt, Biberach und Ravensburg 1864.

Mordszene; aus: Urtheil und Hinrichtung des Mörders Gabriel Pfeiffer von Mühlheim bei Tuttlingen am 28. Mai 1864. Nebst einem poetischen Anhang, Reutlingen 1864.

Backnang

Tatwaffe (Messer); aus: Staatsarchiv Ludwigsburg E 319 Bü 154.

Canstatt

Mordszene; aus: Aktenmäßige Darstellung des von Conrad Mauthe von Hausen und Georg Fr. Schaff von Cannstadt an der 82jährigen Wittwe Haag in Cannstadt begangenen Raubmords. Mit den Lebensbeschreibungen der Ermordeten und der Mörder, nebst Beschreibung der Hinrichtung, Stuttgart 1848.

Tübingen

Porträts Mühleisen und Fuchs; aus: Die Raubmörder Fuchs und Mühleisen und der Verwandtenmörder J. G. Ensinger, zum Tode verurtheilt am 18. und 23. März und hingerichtet am 21. und 22. April 1854. Vollständiger und getreuer Bericht über die öffentlichen Verhandlungen des Schwurgerichts. Mit den Porträts der 3 Verurtheilten und einer Abbildung des württ. Fallbeils, Tübingen 1854.

Guillotine und Beschreibung Guillotine; aus: ebda.

Porträt Ensinger; aus: ebda.

Porträt Werner; aus: Der Freundesmörder Stephan Werner von Bleichstetten. Seine Lebensbeschreibung, Flucht, Verurtheilung und Hinrichtung. Nach den öffentlichen Verhandlungen vor dem Schwurgerichte zu Tübingen vom 28. Juni bis 2. Juli 1858. Mit einer Abbildung der Guillotine, Tübingen (1858).

Steckbrief; aus: Extra-Beilage zu Eberhardts Allgemeinem Polizei-Anzeiger, Bd. XLV, Nr. 50, S. 521/22.

Tatszene; aus: Der Raubmörder Christoph Friedrich Kull, Flößer von Neusatz, Oberamts Neuenbürg, seine Verbrechen und Mordthaten, seine Verurtheilung und Hinrichtung, Ulm (1864).